왜 프로세스 마이닝인가?

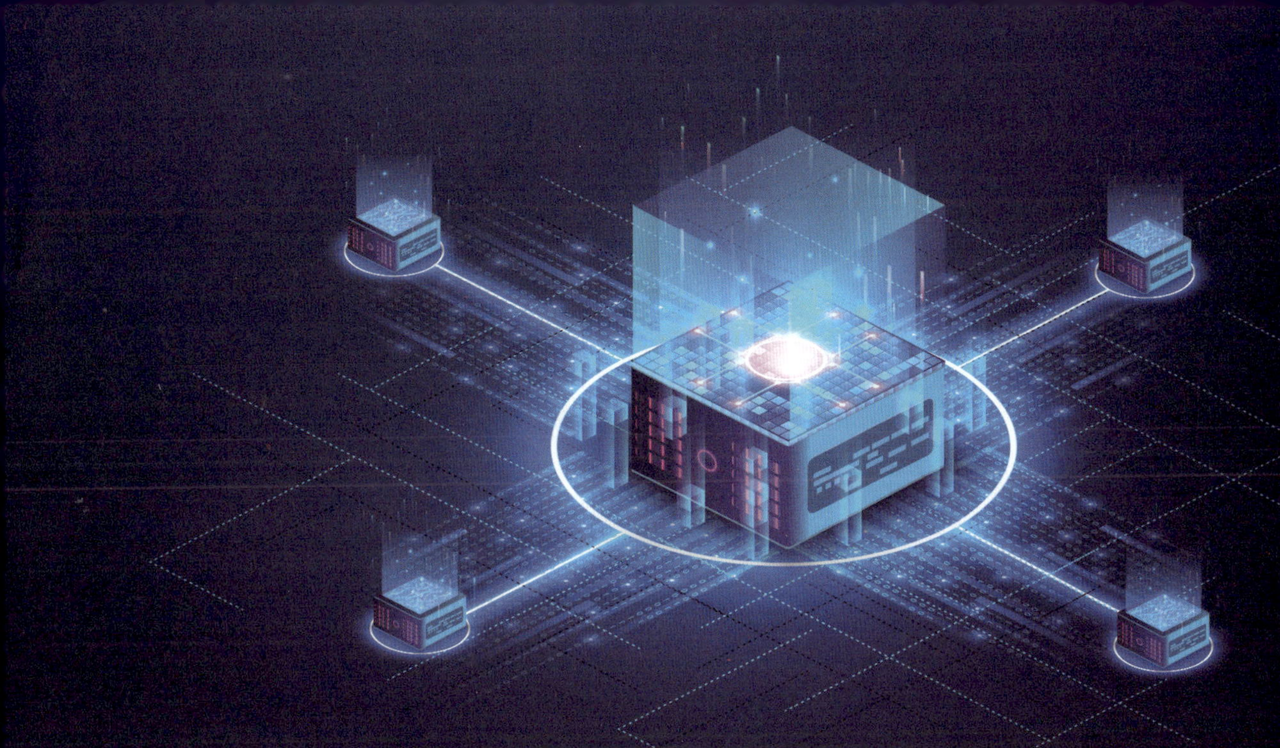

왜 프로세스 마이닝인가?

성공적인 디지털 전환과
프로세스 혁신의 시작점

신동원 · 한경우 共著

프로세스 마이닝, 태스크 마이닝에 대한
이론부터 실무적용, 산업별 사례까지
총 망라한 프로세스 마이닝의 완벽 가이드

좋은땅

| 이 책의 Chapter별 내용

Chapter I   기업 경쟁력을 약화시키는 숨겨진 비효율

"왜 프로세스가 문제인가?"

변화하는 경영 환경 속에서 기업 경쟁력을 약화시키는 숨겨진 비효율의 실체를 밝히고, 프로세스 가시화의 필요성을 제시하고 있습니다.

Chapter II   프로세스 혁신

"왜 우리는 실패했는가?"

프로세스 불투명성이 발생하는 원인을 분석하고, 문서화·경험 중심 접근의 한계를 짚어 내며 개선 방향을 탐색합니다.

Chapter III   디지털 전환 성공의 디딤돌

"어떻게 프로세스를 측정할 것인가"

조직 내 구조적 요인과 정보 단절이 문제를 고착화시키는 메커니즘을 설명하며, 변화의 기반을 다지는 방법을 소개합니다.

Chapter IV   프로세스를 보는 기술

"왜 프로세스 마이닝인가?

이 책에서 가장 분량을 많이 할애하여 다루고 있는 장으로, 프로세스 마이닝의 개념과 가치, 데이터 기반 분석을 통해 숨겨진 흐름과 병목을 발견하는 구체적 방법론을 다루고 있습니다.

Chapter V   태스크 마이닝

"보이지 않는 비효율성을 찾아 내는 현미경"

태스크 마이닝을 통해 사용자 행동과 애플리케이션 사용 패턴을 분석하고 자동화 기회를 발굴하는 절차를 제시합니다.

부록

부록#1: 금융, 제조, 유통, 헬스케어 등 다양한 산업별 프로세스 마이닝 적용 사례를 통해 실제 도입 효과와 성과를 구체적으로 보여 줍니다.

부록#2: 조직 환경과 요구사항에 맞는 프로세스 마이닝 도구 선정 가이드를 제공합니다.

부록#3: 실제 사례를 기반으로 '투자 대비 효과(ROI)'를 분석하여, 프로세스 마이닝 도입의 전략적 가치를 정량·정성적으로 설명합니다.

혁신은 단순히 새로운 기술이나 트렌드를 따르는 것이 아닙니다. 많은 조직이 '혁신'을 외치며 최신 시스템을 도입하고 화려한 방법론을 추구하지만, 정작 무엇을 위해 변화해야 하는지, 어떻게 지속 가능한 성과를 낼 수 있을지에 대한 깊은 고민은 부족한 경우가 많습니다. 진정한 혁신은 겉으로 보이는 변화가 아닌, 프로세스의 본질을 제대로 이해하고 올바르게 바라보는 데서 시작되기 때문입니다.

과거 BPR 등 다양한 프로세스 혁신 관련 컨설팅을 수행하면서 항상 한 가지 의문을 품어 왔습니다. 수개월에서 길게는 1년이 넘는 프로젝트 기간동안 각 현장 작업자, 관리자, 경영층에 대한 인터뷰, 워크숍 등을 통해 수집한 방대한 데이터의 분석과 이를 재설계한 결과물을 수십 권의 문서로 만들었지만, 정작 이 내용을 현장에 어떻게 적용하고 그 효과를 어떻게 정량적으로 측정하며, 지속적인 개선은 어떻게 이룰 수 있을까 하는 것이었습니다.

여기에 프로세스 마이닝은 명확한 답을 제시하고 있습니다. 왜냐하면, 프로세스 마이닝이 실제 프로세스 데이터를 기반으로 프로세스 성과를 정량적으로 측정하고, 비효율적인 부분을 정확하게 식별하며, 최적화를 넘어 지속적인 개선을 가능하게 하는 강력한 플랫폼 역할을 제공할 수 있기 때문입니다.

이 책은 이러한 관점에서, 프로세스에 대한 이론적인 설명과 다양한 실제 사례를 통해 복잡한 개념을 쉽게 이해할 수 있도록 구성했습니다. 또한, 특정 방법론을 단순히 나열하는 것을 넘어, 구체적인 프로세스 마이닝 기법이 어떻게 프로세스 혁신으로 연결되고, 나아가 조직의 지속 가능한 성장을 이끌어 내는지를 심도 있게 다루었습니다.

모쪼록 이 책이 독자 여러분 각자의 조직과 프로세스를 새로운 시각으로 바라보고, 진정한 혁신을 위한 길을 발견하며, 더 나은 성과를 만들어 내는 데 도움이 될 수 있기를 바랍니다.

- 저자 -

"기업 경쟁력은 결국 실행 속도와 민첩성에서 갈립니다. 이 책은 프로세스 마이닝을 통해 그 핵심을 어떻게 확보할 수 있는지를 명확하게 보여줍니다. 경영진뿐 아니라 변화의 최전선에 있는 관리자들에게도 강력히 추천합니다."

롯데건설 대표이사/부회장, 박현철

"프로세스 마이닝은 단순한 기술이 아니라, 조직의 사고방식을 바꾸는 혁신 도구입니다. 이 책은 현장의 관리자가 당장 적용할 수 있는 통찰을 제공할 뿐 아니라 디지털 전환시대에 기업이 직면한 문제 해결의 실마리를 찾는 데 큰 도움이 얻을 수 있을 것입니다.

동부 I&C (전) 부사장, 신종민

"데이터는 넘쳐나지만, 그것을 어떻게 활용해 경영혁신을 위한 프로세스 개선으로 이어갈지는 여전히 난제입니다. 이 책은 프로세스 마이닝의 개념을 알기 쉽게 풀어내면서도 실제 적용 방법까지 구체적으로 설명합니다. 데이터 기반 경영의 교과서라 부를 만합니다."

을지대학교 경영정보학과 교수, 정용규

■ 목차

이 책의 Chapter별 내용 ··· 5

머리말 ·· 6

추천사 ·· 7

1장 기업경쟁력을 약화시키는 숨겨진 비효율: 왜 프로세스가 핵심인가?

1. 변화하는 비즈니스 환경과 위기의식 ································· 16

1.1 과거 성공 방정식의 한계 ·· 17

1.2 고객 기대 변화와 디지털 복잡성의 증폭 ················ 18

1.3 새로운 경쟁력은 '속도'와 '민첩성'이다 ················· 19

1.4 기술보다 먼저, 프로세스 이해가 필요 ··················· 20

2. 프로세스에 숨겨진 비효율성 ······································· 22

2.1 경험 중심 인식이 만드는 사각지대 ······················ 22

2.2 '문서화된 프로세스 = 현실'이라는 오해 ··············· 30

2.3 '암묵지'와 개인 역량에 의존하는 업무 프로세스 ····· 32

2.4 KPI와 성과 지표가 흐름을 왜곡시키는 경우 ·········· 35

2.5 전사적 관점에서의 프로세스 이해 부재 ················· 38

3. 프로세스 혁신의 필요성 ··· 42

3.1 전략과 실행을 연결하는 실질적 수단 ···················· 43

3.2 디지털 기술의 효과를 실현하는 전제 조건 ············· 44

3.3 고객 중심 운영을 위한 기반 마련 ························· 44

3.4 전사적 협업과 책임 구조 재정립 ·························· 45

3.5 변화에 민첩하게 대응할 수 있는 유연성 확보 ········ 46

4. 프로세스 혁신을 가로막는 구조적 장벽 ································· 47

    4.1 부서 간 협업 부재와 책임 회피 문화 ························· 47

    4.2 프로세스 데이터 기반 운영 체계의 미비 ····················· 48

    4.3 변화에 대한 두려움과 관성 ································· 48

5. 프로세스 혁신과 실행 구조 ································· 50

    5.1 기술은 도구일 뿐, 변화의 본질은 프로세스에 있음 ············· 51

    5.2 기술 도입보다 중요한 것은 실행 구조와 문화의 변화 ··········· 52

    5.3 기술 효과 극대화를 위한 전제 조건은 '프로세스 기반' ········· 52

    📖 1장 요약 ··· 54

2장 프로세스 혁신: 왜 과거의 방식은 실패했는가?

1. 과거 프로세스 혁신 방법론과 실패 원인 ····················· 60

2. 왜 비즈니스 혁신의 본질은 실행 가능한 프로세스가 되어야 하는가? ··· 63

    2.1 가치 사슬 관점에서의 프로세스 이해가 필요하다 ·············· 64

    2.2 기술은 프로세스를 바꾸는 '수단'일 뿐이다 ·················· 65

    2.3 경쟁력은 전략이 아니라 실행에서 나온다 ··················· 66

    2.4 엔드투엔드 관점에서의 최적화가 필요하다 ·················· 68

3. '프로세스 불투명'이란 무엇인가? ························· 70

    3.1 '프로세스 불투명'의 정의 ····························· 71

    3.2 '프로세스 불투명' 무엇이 문제인가? ····················· 73

    3.3 '프로세스 불투명'이 초래하는 문제 ······················ 78

4. 기존 프로세스 분석 방식의 한계 ························· 87

    4.1 수작업 방식의 프로세스 분석 ··························· 88

    4.2 편향된 데이터와 부정확한 통찰력 ······················· 93

    📖 2장 요약 ··· 96

3장 디지털 전환 성공의 디딤돌: 어떻게 프로세스를 측정할 것인가?

1. 데이터 기반 프로세스 분석을 통한 정량화된 프로세스 측정 102

1.1 기존 기술만으로 프로세스 측정이 어려운 이유 103

1.2 프로세스를 보지 않고 도입한 기술의 실패 104

1.3 프로세스를 정량화 할 수 있어야 진짜 개선이 가능하다 106

2. 정량화된 프로세스 측정: 개선의 출발점 110

2.1 개선의 출발점은 '프로세스를 보는 것'이다 111

2.2 데이터 기반 프로세스 분석을 통한 프로세스 투명성 확보 114

2.3 프로세스 마이닝 - 프로세스 투명성 확보를 위한 첫 단추 119

📖 3장 요약 123

4장 프로세스를 보는 기술: 왜 프로세스 마이닝인가?

1. 프로세스 마이닝: 프로세스를 '보고 진단하는 기술' 128

1.1 프로세스 마이닝이란? 129

1.2 프로세스 마이닝은 어떻게 진화하고 있는가? 130

2. 프로세스 마이닝의 핵심, '이벤트 로그' 이해하기 137

2.1 '이벤트 로그', 디지털 발자국 - 시스템에 남겨진 업무의 흔적 138

2.2 '이벤트 로그'를 구성하는 필수 데이터 139

2.3 '이벤트 로그'를 구성하는 확장 데이터 140

3. 프로세스 마이닝이 갖추어야 할 5가지 주요 구성 요소 143

4. 프로세스 마이닝 주요 기능 146

4.1 '프로세스 경로 보기' 146

4.2 '경로 분석' 150

4.3 '타임라인 분석' 155

4.4 '지표 히스토리 분석' 160

4.5 '구간 분석' 164

4.6 '병목 분석' 168

4.7 '세분화 분석' 172

4.8 '대기열 분석' 176

4.9 '선행 단계 분석' 181

4.10 '분포 분석' 185

4.11 '기한 초과 분석' 189

4.12 '규정 위반 분석' 193

4.13 '예측 분석' 197

4.14 '시뮬레이션' 202

4.15 '병렬 대조 분석' 207

4.16 '대시 보드' 211

5. 프로세스 마이닝 어떻게 진행할 것인가? **216**

5.1 준비 단계: 성공적인 분석을 위한 기반 마련 218

5.2 PoC 단계: 분석 가능성과 개선 효과 검증 221

5.3 본 프로젝트 단계: 전사적 확산 및 내재화 224

5.4 프로젝트 마이닝 수행을 위한 체크리스트 228

📖 4장 요약 230

5장 태스크 마이닝: 보이지 않는 비효율성을 찾아내는 현미경

1. 태스크 마이닝 개요 **236**

1.1 '태스크 마이닝', 왜 지금 주목받고 있는가? 236

1.2 '태스크 마이닝'은 '프로세스 마이닝'과 어떻게 구분되는가? 237

1.3 '태스크 마이닝'과 '프로세스 마이닝' 통합을 통한 시너지 창출 239

1.4 '태스크 마이닝'의 핵심 가치 240

2. 태스크 마이닝 핵심 기능 **243**

2.1 상세 활동 캡처 및 데이터 전처리 243

2.2 지능형 태스크 식별 및 분류 247

2.3 태스크 분석 및 비효율 진단 250

3. 태스크 마이닝 도입 전략 ·· 257

   3.1 전략 수립 및 목표 정의 ·· 258

   3.2 데이터 수집 및 초기 분석 ·· 259

   3.3 개선 방안 도출 및 자동화 기회 탐색 ··· 261

   3.4 구현 및 지속적인 모니터링 ·· 263

   📖 5장 요약 ··· 265

부록

#1 프로세스 마이닝: 산업별 Case Study ·· 268

   1. 금융 서비스 ·· 268

   2. 제조 ·· 276

   3. 식 · 음료 ·· 280

   4. 유통 ·· 283

   5. 통신 ·· 285

   6. 의료 ·· 290

#2 프로세스 마이닝 도구 선정 가이드 ··· 294

   1. 도구 선정의 전략적 중요성 ·· 294

   2. 주요 평가 항목별 선정 기준 ·· 295

   3. 실무 적용 시 고려 사항 ·· 297

#3 사례로 보는 프로세스 마이닝 투자 대비 효과 ······························ 298

1장

기업경쟁력을 약화시키는 숨겨진 비효율: 왜 프로세스가 핵심인가?

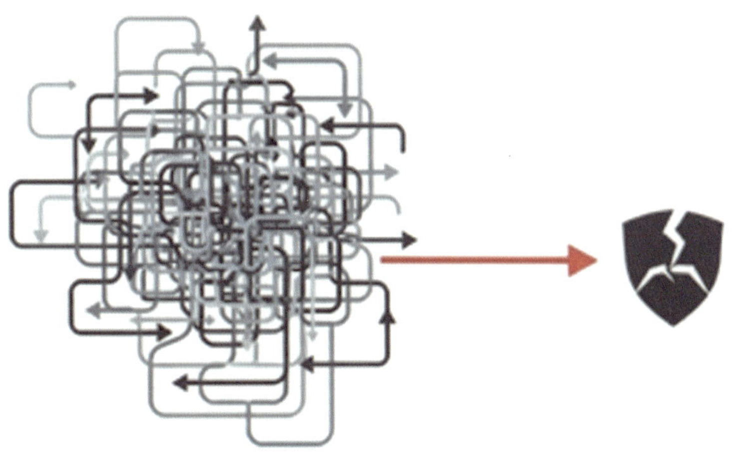

현재 기업들은 급변하는 시장 환경과 격화된 경쟁 상황에서 지속적인 성장을 위해 운영 효율성과 대응 민첩성을 반드시 확보해야 하는 상황입니다. 그러나 이런 핵심 목표를 실현하기 위한 가장 기본적인 전제 조건인 '실제 우리 조직의 업무 흐름이 어떻게 작동하는지'에 대한 정확한 이해는 자주 뒷전으로 밀려납니다.

실제로 많은 경영진과 관리층은 조직 내 업무가 기존 매뉴얼대로 순조롭게 처리될 것으로 생각하지만, 현실에서는 다양한 돌발 상황과 예기치 않은 지연 구간, 중복되는 작업 과정들이 지속적으로 나타나고 있습니다. 이로 인해 조직 내부에 은밀한 비효율성이 축적되어 다음과 같은 심각한 결과를 초래합니다.

- 업무 진행 과정의 숨겨진 지연 시간, 반복 처리, 불필요한 절차, 자원 소모 등이 기업의 수익성과 직원 만족도를 떨어뜨리며 성장 기반을 약화시킴
- 복잡한 규제 체계하에서 규정 미준수나 부정행위가 발생해도 초기 발견이 곤란해 거액의 과징금, 기업 이미지 실추, 법적 리스크에 노출될 위험성이 높아짐
- 지연된 서비스 제공과 미흡한 고객 대응이 고객 만족도를 악화시켜 고객 이탈과 부정적 인식 확산을 야기하고 장기적 성장 가능성을 저해함

결과적으로, 비즈니스를 뒷받침하는 핵심 업무 흐름이 정확히 파악되지 않는다면, 조직의 생산성은 저하되고, 위험 요소는 증가하며, 고객 관계는 악화되는 악순환의 출발점이 됩니다.

본 장에서는 이런 문제들을 실제 사례를 바탕으로 자세히 분석하고, 기업이 지금 즉시 '프로세스' 관리에 집중하고 그 가시성을 높여야 하는 불가피한 이유를 살펴보도록 하겠습니다.

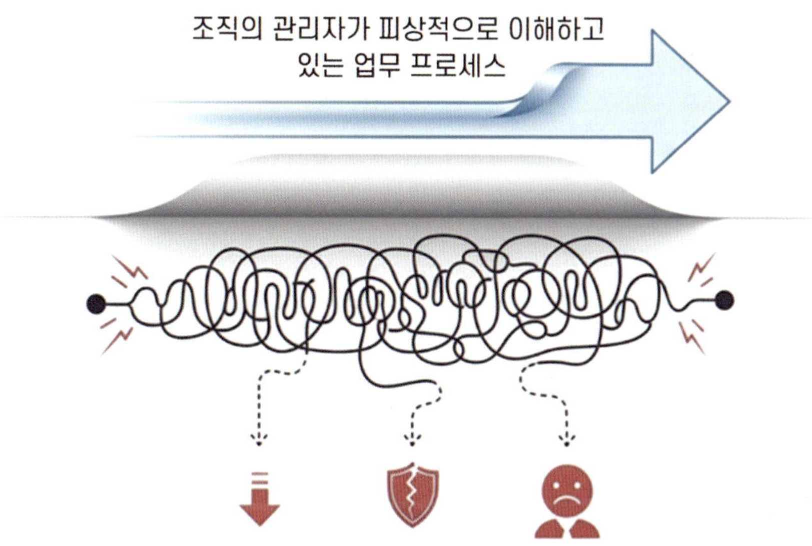

[그림 I-1] 이상과 현실의 괴리, 프로세스의 숨겨진 진실

변화하는 비즈니스 환경과 위기의식:
"기술보다 먼저 프로세스 이해가 필요하다"

현재 기업들이 직면한 경영 환경은 과거와 비교해 훨씬 복잡하고 급속하게 변화하고 있습니다. 고객들의 요구사항은 더욱 까다로워졌고, 기술 발전의 속도는 가파르며, 동시에 각종 규제 기준도 더욱 세밀하고 엄격해지고 있습니다.

이런 변화의 물결 속에서 기업이 지속적인 경쟁 우위를 구축하려면, 단순히 최신 기술을 도입하는 것을 넘어서 업무 프로세스와 이를 기술적으로 구현하는 '실행 체계', 즉 프로세스의 구조와 운영 방식에 대한 본질적 검토가 우선되어야 합니다. 기술은 결국 하나의 강력한 수단일 뿐이며, 그 성과는 기술을 활용해 실현하는 프로세스의 완성도에 달려 있기 때문입니다.

따라서 피상적인 디지털 전환이나 업무 자동화에 앞서 반드시 필요한 것은 조직 내부의 프로세스가 어떻게 구성되고, 현실에서는 어떤 방식으로 작동하는지를 근본적으로 재검토하는 혁신적 시각입니다. 이는 단순한 업무 절차의 개선을 넘어, 조직 전체의 운영 방식과 사고 체계까지 새롭게 설계하는 실행 중심의 전략적 변혁이라고 할 수 있습니다.

이러한 혁신적 접근 방법을 통해서만 기업은 기술의 잠재력을 최대한 활용하고, 급변하는 시장 상황에 신속하고 유연하게 적응할 수 있는 견고한 기반을 구축할 수 있습니다.

왜 프로세스 마이닝인가?

[그림 I-2] 복잡한 업무 프로세스의 시각화를 통한 가시성 확보

1.1 과거 성공 방정식의 한계

과거 기업들의 성공 요인은 주로 독창적인 제품, 뛰어난 기술, 또는 저렴한 가격에 의해 좌우되었습니다. 포드의 Model T, 소니의 워크맨, 인텔의 CPU, 삼성전자의 메모리 반도체 등이 이런 접근법의 대표적 사례들입니다.

하지만 오늘날의 시장 환경에서는 이런 전략만으로는 더 이상 지속적인 우위를 확보하기 어렵습니다. 혁신 기술은 신속하게 모방되고, 새로운 제품도 경쟁업체에 의해 짧은 시간 내에 추월당할 수 있으며, 고객들의 브랜드 선호도는 예전보다 훨씬 유동적이기 때문입니다.

따라서 현재의 기업 경쟁력은 제품 그 자체의 성능만이 아니라, 해당 제품이나 서비스를 고객에게 어떤 방식으로 전달하고 체험시키느냐에 크게 좌우됩니다. 결국 '무엇을 만드느냐'보다는 '어떤 방식으로 제공하느냐'가 훨씬 더 결정적인 요소가 된 시대라고 할 수 있습니다.

[그림 I-3] 제품 중심에서 고객 경험 중심으로: 비즈니스 전략의 전환

1.2 고객 기대 변화와 디지털 복잡성의 증폭

현대 경영 환경에서 기업이 성공하려면 우수한 제품 개발에 그치지 않고, 고객에게 차별화된 경험을 제공하면서 동시에 복잡한 내부 운영 상황에 효과적으로 대처하는 능력이 갈수록 중요해지고 있습니다.

"고객 경험의 중요성"

소비자들은 단순한 상품 구매를 넘어선 총체적 경험을 원합니다. 상품 검색부터 비교 분석, 주문 처리, 결제 완료, 배송 수령, 그리고 사후 서비스까지 전 과정에서 맞춤형 서비스와 신속한 대응, 편리한 이용 환경을 요구합니다. 이런 '고객 여정'은 여러 채널에 걸쳐 진행되기 때문에, 이를 뒷받침하는 모든 단계가 끊어짐 없이 자연스럽게 이어져야 합니다.

"복잡한 경영 환경과 운영 효율성"

동시에 기업은 급속한 기술 변화, 까다로워진 법적 규제, 그리고 불확실성이 높은 글로벌 공

왜 프로세스 마이닝인가?

급망 속에서 사업을 영위하고 있습니다. 특히 ESG[1], 개인정보 보호, 실시간 위험 관리 등 과거에는 주요 고려사항이 아니었던 영역들이 현재는 필수 경영 과제로 부상했으며, 각 업종별 규제 기준도 더욱 엄격해지고 있습니다.

결과적으로, 현재 기업의 성패는 이런 다양한 외부 환경 변화에 대응하여 내부 업무 체계를 얼마나 효율적이고 적응적으로 구축하고 운영하느냐에 크게 좌우됩니다.

1.3 새로운 경쟁력은 '속도'와 '민첩성'이다

디지털 시대의 민첩성은 단순히 빠른 의사결정만이 아니라, 고객의 변화하는 기대를 조직의 프로세스가 얼마나 빠르고 유연하게 수용할 수 있는가로 정의됩니다. 고객 경험의 흐름이 단절되거나 느려질 경우, 불만은 즉각적으로 발생하며 브랜드에 대한 충성도는 급격히 저하됩니다.

대표적인 성공 사례 중 하나가 스타벅스의 '사이렌 오더' 도입입니다.

2014년 스타벅스 코리아는 세계 최초로 모바일 앱 연동 주문·결제·픽업 통합 서비스인 '사이렌 오더'를 출시했습니다. 이 시스템을 통해 고객들은 매장 방문 전에 미리 모바일로 주문하고 결제를 마쳐서, 매장에서의 대기 시간을 대폭 줄일 수 있는 혁신적인 서비스를 경험하게 되었습니다.

이런 변화는 단순한 기술 활용을 넘어서 내부 바리스타의 업무 처리 방식, 매장별 주문량 예측, 음료 제조 우선순위 관리 등 전체 운영 프로세스의 민첩하고 통합적인 혁신을 수반했습니다. 특히 코로나19 확산 이후 언택트 소비 패턴이 확산되면서 사이렌 오더는 전체 주문량의 30~50% 이상을 담당하는 핵심 채널로 성장했습니다.

이는 고객 행동 패턴의 변화를 신속하게 포착하고, 기술을 도구로 삼아 전사적 프로세스를 체계적으로 개편함으로써 고객 만족도를 향상시키는 동시에 기업의 대응력과 운영 효율성을 제고한 모범 사례로 평가받고 있습니다

---

1) ESG는 환경(Environment), 사회(Social), 지배구조(Governance)를 종합적으로 고려해 지속가능한 경영을 추구하는 기업 운영 방식입니다.

[그림 I-4] 사이렌 오더: 프로세스 혁신을 통한 고객 경험 개선

1.4 기술보다 먼저, 프로세스 이해가 필요

지금까지 수많은 기업들이 디지털 혁신을 위해 최신 정보 기술을 경쟁적으로 도입해 왔습니다. 그러나 '기술 투자는 했는데 왜 실질적인 효과를 느끼지 못하는가?'라는 의문은 아직도 많은 현장에서 지속적으로 제기되고 있습니다.

그 원인은 분명합니다. 기술은 결국 수단에 불과하며, 그 기술이 실제로 작동하는 토대는 '업무 프로세스'와 '업무 흐름'입니다. 만약 이 흐름에 장애 요소가 있거나 연결이 끊어져 있다면, 아무리 뛰어난 기술을 적용해도 기대했던 성과를 거두기 힘듭니다.

따라서 기술 도입에 앞서 반드시 우리 조직의 업무가 실제로 어떤 방식으로 진행되고 있는지를 정확하게 파악하고 분석하는 과정이 필요합니다. 이는 업무 프로세스 흐름을 제대로 이해하는 것에서부터 진정한 디지털 전환이 출발하기 때문입니다.

[그림 I-5] 디지털 전환의 핵심: 복잡한 프로세스에 대한 가시성 확보

▶ 기존의 제품 우위 전략은 이미 효용성을 잃어 가고 있으며, 고객 경험을 중심으로 한 가치 경쟁 구도가 새로운 패러다임으로 자리 잡고 있다.

▶ 고객들은 끊김 없는 서비스 연계와 맞춤형 대응을 기대하며, 이런 요구를 충족하려면 부서별 분할된 운영 방식을 시스템적으로 통합해야 한다.

2

프로세스에 숨겨진 비효율성:
"왜 우리가 믿고 있는 프로세스에서 비효율이 발생하는가?"

많은 기업들이 자사의 업무 프로세스를 정확히 파악하고 있다고 확신하지만, 현실적으로는 대부분이 관리자와 업무 담당자들의 경험적 판단과 주관적 인식에 크게 좌우되고 있는 것이 사실입니다.

겉으로는 순조롭게 돌아가는 것처럼 보이지만 내부적으로는 업무 지연, 중복 작업, 불필요한 대기 시간, 규정 위반 등 다양한 비효율적 요소들이 숨어 있으며, 이는 결국 조직 전체의 업무 효율성과 경쟁력을 떨어뜨리는 결과를 낳습니다. '충분히 안다고 생각하는 것'이 오히려 실제 문제들을 보지 못하게 하는 장벽이 되기도 합니다.

본 절에서는 기업의 이러한 숨겨진 비효율성을 야기하는 주요 원인들에 대해 살펴보겠습니다.

2.1 경험 중심 인식이 만드는 사각지대

사업 현장의 실무자들과 관리자들은 자신들이 담당하는 업무가 오랜 경험을 바탕으로 '일부 예외적인 상황을 제외하면 대부분의 업무가 정해진 절차대로 원활하게 처리되고 있다'고 확신하는 경우가 많습니다.

하지만 막상 데이터를 활용한 체계적인 분석을 실시해 보면 예상과는 전혀 다른 현실을 마주하게 됩니다. 표준 프로세스에서 벗어나 임의로 변경된 업무 방식들이 생각보다 훨씬 광범위하게 존재하며, 이들 대부분이 비효율적으로 운영되고 있다는 사실이 드러납니다.

이러한 숨겨진 비효율성의 근본 원인은 업무 프로세스에 대한 전반적인 가시성 부족입니다. 결과적으로 기업의 수익성 악화, 고객 서비스 품질 저하, 시장 경쟁력 상실로 이어질 수 있는 심각한 위험 요소가 됩니다.

예시: 고객 보험 가입 프로세스
- 설계상: [가입 신청 → 본인확인 → 심사 → 승인 → 완료]
- 실제: [가입 신청 → 본인확인 → 서류 누락 → 재요청 → 승인 지연 → 완료]

위의 예시는 설계된 업무 프로세스가 이상적인 경로를 제시하고 있지만, 실제 업무에서는 예상하지 못한 서류 누락이나 승인 지연 등의 프로세스 변형이 발생

→ 데이터 기반의 프로세스 분석은 실제 발생하는 다양한 변형 경로와 문제점을 명확히 파악함으로써, 프로세스 개선 및 병목 해결을 구체적이고 현실적으로 접근할 수 있게 함.

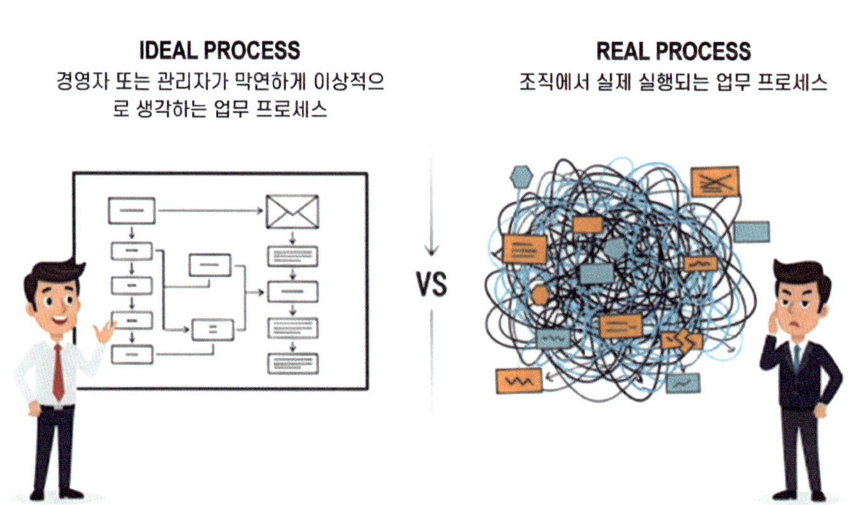

[그림 I-6] 비즈니스 프로세스에 대한 이상과 현실 사이의 괴리

(1) 반복된 경험은 일반화된 신념이 된다

조직 내 의사결정은 종종 경험 기반의 직관과 판단으로 이루어집니다. 오랜 기간 반복된 경험은 마치 진실처럼 여겨지며, 시간이 지나면서 검증되지 않은 고정관념으로 굳어지기 쉽습니다. 이러한 고정관념은 프로세스 전반을 객관적으로 바라보는 시각을 흐리게 만들며, 실제 업무 흐름과 일치하지 않는 판단 오류를 초래하게 됩니다.

▶ 반복의 심리학: '익숙함은 진실이 아니다'

조직 내 구성원은 특정 업무를 수년간 반복하면서 그 과정이 최적화되어 있다고 믿는 경향을 가집니다. 특히 아래와 같은 상황에서는 그 신념이 더욱 강화됩니다.

- 큰 문제가 발생하지 않았던 경험이 누적되었을 때
- 변화에 대한 저항감이 높을 때
- 수치상 KPI가 일정 수준 이상을 유지하고 있을 때
- 동일한 팀 내에서만 업무가 순환되며 외부 검증이 없을 때

이런 상황에서는 현재 방식이 '가장 적절하고 효율적이다'라는 편견이 굳어지게 되고, 이러한 고착화된 사고는 실제 업무 진행 과정의 문제점이나 환경 변화를 제대로 파악하지 못하는 인식의 맹점을 만들어냅니다.

▶ 착각의 구조: '우리는 이미 잘하고 있다'

단순한 경험의 누적이 항상 올바른 판단력으로 연결되는 것은 아닙니다. 객관적 검토 없이 축적된 경험들은 오히려 실상과 괴리된 그릇된 확신을 만들어 내기도 합니다. 이러한 인식 오류는 특히 다음과 같은 환경에서 더욱 가속화됩니다.

　　　　　　　　　　　　　　　　　　　　　　　　　왜 프로세스 마이닝인가?

[표 I-1] 인식된 업무 흐름과 실제 업무 흐름

유형	실제 흐름	인식된 흐름	발생하는 문제
지금까지 문제가 없었음	병목이 존재하나 내부에서 회피	정상 처리로 오인	병목 지속 및 고객 불만 누적
팀 내 관행적 반복	예외 처리가 관행화 됨	표준으로 오해	규정 위반, 통제 불가
시스템 변경 없음	기능 불일치 누적	프로세스가 일관된 것으로 착각	시스템과 현실 간 단절

이와 같이 환경 변화나 성과를 객관적으로 파악할 수 있는 지표나 시스템이 부재한 상황에서 과거의 성공 경험에만 기대어 판단한다면, '현재 우리 방식이 최선이다'라는 착각이 실제로는 조직의 맹점을 키우는 가장 위험한 요소가 됩니다.

■ 사례[2]: "업무는 잘 되어 있다고 믿었지만, 절차는 비효율적이었다"

한 글로벌 제조기업의 인사부서는 신입사원 채용 과정에서 다수 시스템에 반복적으로 수작업 입력하는 문제점이 발생하고 있었음에도 이를 제대로 파악하지 못했습니다. 이후 데이터 분석 도구를 활용해 실태를 조사한 결과, 신입사원 한 명의 정보를 등록하기 위해 6개 시스템에서 총 2~3시간이 소요되고 있다는 사실을 확인하게 되었고, 이것이 조직의 핵심 자원을 낭비시키는 주된 장애 요인임을 깨달았습니다. 비슷한 다른 사례에서는 회계·IT·재무 부서 간 수작업 데이터 처리로 인해 전체 업무 시간의 30%가 지연되는 현상이 나타났으며, 이는 직원들의 업무 만족도에도 악영향을 끼쳤습니다.

> 🔍 **KEY TAKEAWAY**
>
> ▶ 반복된 경험이 주는 익숙함이 효율이라고 착각하는 오류를 경계해야 한다.
> ▶ 데이터 기반의 실제 업무 흐름 분석이 없으면, 반복된 비효율이 신념처럼 굳어질 수 있다.
> ▶ 반복되는 업무흐름은 신념이 아닌 문제의 시작점이므로, 반드시 실제 프로세스 데이터를 통한 진단이 선행되어야 한다.

---

2) 출처: UAI_Labs: HR Automation case study

(2) 상위 관리자의 시각은 전체를 반영하지 않는다

조직의 핵심 의사결정 과정은 대부분 고위 관리자나 부서장 급의 판단에 의존해 진행됩니다. 하지만 이들은 현장 업무를 직접 담당하지 않기 때문에, 실제 프로세스를 단편적이거나 편향된 시각으로 바라볼 가능성이 높으며, 결과적으로 현실적인 업무 진행 상황과 리더십 층의 이해 사이에는 본질적인 차이가 생겨날 수밖에 없습니다. 이런 인식 격차는 전략 기획, 시스템 혁신, 업무 자동화 추진 등 다양한 영역에서 프로젝트 실패로 이어지는 주요 요인이 됩니다.

▶ 상위 관리자의 관점은 종합적이지 않다

경영진과 고위 관리자들은 일반적으로 다음과 같은 정보를 통해 업무 프로세스를 파악합니다.

- 각종 보고서와 대시보드: 핵심성과지표, 평균 소요시간, 오류 발생 빈도 등
- 팀 리더나 실무자의 브리핑
- 공식 문서화된 업무 절차 모델

하지만 이런 자료들은 실제 업무 진행 과정의 복잡한 경로 변화, 돌발적 예외 사항, 업무 지연이 집중되는 특정 구간 등을 제대로 보여 주지 못합니다. 특히 숫자 중심의 보고서들은 대부분 평균치를 기준으로 작성되기 때문에 실제 존재하는 편차와 비정상적 상황들을 은폐하는 결과를 낳습니다.

▶ 인식 오류의 원인

상위 관리자들의 인식 한계는 다음과 같은 요인들로 인해 나타납니다.

- 조직 체계상, 현장 실무에 직접적으로 관여하지 않는 구조
- 실무자와 관리층 간 소통이 주로 말로 전달되며 핵심 내용만 간추려짐
- 내부 회의에서 "문제없다"라는 보고를 받으면 추가 점검을 생략함

- 수치화 가능한 성과 지표만 중시하고 업무 흐름의 복잡성은 놓침

[표 I-2] 상위 관리자의 인식과 실제 수행 현장과의 괴리 예시

구분	상위 관리자의 인식	실제 수행 현장
승인 프로세스	시스템에 의해 일관되게 처리된다고 인식	구두 승인, 이메일 전송, 비공식 루트 다수 존재
처리 시간	평균 2일 이내 완료	케이스에 따라 1시간~5일 이상으로 편차 큼
자동화 범위	80% 자동화 완료	자동화 외 업무가 반복되고 수작업 존재
SLA 충족률	보고서상 95% 이상	SLA 규정을 회피하기 위한 우회 루트 사용 사례 다수

■ 사례[3]: '인식만으로 판단한 시스템 자동화 실패'

한 글로벌 보험회사에서 내부 보험금 청구 검토 업무를 자동화하기 위한 외부 컨설팅을 실시했습니다. 프로젝트 시작 전 경영진은 '현재 업무 절차가 체계적으로 정비되어 있어 자동화 도입률이 70% 이상 달성 가능하다'고 예상했습니다. 하지만 실제 시스템 로그를 상세히 분석해 보니, 자동화가 적용될 수 있는 부분은 전체 업무의 30%에도 못 미쳤고, 대부분은 개별적 판단이나 특수 상황 처리가 요구되는 복잡한 업무였습니다. 결과적으로 초기 자동화 시도는 예상했던 효과를 거두지 못하고 무산되었으며, 이후 실증 데이터에 기반해 현실적인 업무 흐름을 정확히 파악한 뒤에야 성공적인 개선을 이룰 수 있었습니다.

🔍 KEY TAKEAWAY

▶ 상위 관리자는 요약된 지표와 보고서에 의존하기 때문에 실제 업무 흐름을 완전하게 이해하기 어렵다.

▶ 이로 인해 현장과 괴리된 판단이 내려질 수 있으며, 이는 자동화 실패, 리스크 간과, 비효율 유지로 이어질 수 있다.

▶ 실제 실행 데이터를 기반으로 한 가시화 없이는 관리자 시각만으로는 진짜 문제를 발견할 수 없다.

---

3) 출처: ABBYY Timeline Use cases

(3) 실제 프로세스는 시간이 흐르면서 지속적으로 변한다

조직의 업무 절차는 일단 수립되면 영구히 유지되는 것이 아니라, 시간 경과와 함께 인력 교체, 시스템 업데이트, 고객 니즈 변화 등 여러 외부 요인의 영향으로 자연스럽게 변모하게 됩니다. 핵심 문제는 이런 변화들이 계획적인 개선 차원이 아닌, 단발적 대처나 습관적 처리 방식으로 생겨난다는 것입니다. 이로 인해 공식 매뉴얼은 서류상으로만 존재하고, 실제 현장에서는 비공식적 방법으로 업무가 진행되는 이중 구조가 만들어지며, 결국 효율성 저하, 서비스 품질 악화, 위험 관리 체계 약화 등 다방면의 문제를 야기합니다.

그러므로 업무 프로세스는 단순한 제도 마련을 넘어서, 변화하는 경영 환경에 대응하여 꾸준히 점검하고 개선해 나가는 체계적 접근이 반드시 필요합니다.

▶ 변화의 원인은 일상 속에 숨어 있다

업무 절차가 변화하는 핵심 원인들은 주로 미세하고 지속적인 변동에서 출발합니다. 주요 변화 요인들은 다음과 같습니다.

- **담당자 교체나 조직 개편:** 새로운 담당자가 업무를 완전히 파악하지 못해 처리 과정을 단순화하거나 다른 방법을 사용
- **시스템 개선이나 신규 툴 도입:** 변경된 기능에 적응 부족으로 기존 방식과 새 방식을 뒤섞어 사용
- **고객 요구사항이나 서비스 기준 변경:** 업무 우선순위가 바뀌면서 원래 절차를 생략하거나 간소화
- **특수 상황 대응이 일상화:** 일회성 예외 처리가 반복되면서 비공식 업무 관행으로 정착

이러한 변화는 통상적으로 공식 문서나 운영 매뉴얼에 반영되지 않으며, 시스템상 기록도 남지 않는 경우가 많습니다.

▶ 문서와 현실의 간극이 크지는 구조 예시

대부분의 조직에서는 처음 설계된 업무 절차와 달리, 운영 기간이 길어지면서 다음과 같은
격차가 나타납니다.

[표 I-3] 시간 경과에 따라 변화하는 프로세스 예시

구분	초기 프로세스 설계	1년 후 실제 실행 흐름
승인 경로	4단계 공식 절차	· 2단계 생략, · 부서장 구두 승인
업무 처리 방식	시스템 입력 → 자동 전송	· 이메일 첨부 후 수동 전송
예외 처리	별도 승인 및 문서 보관	· 구두로 대체, 기록 없음
KPI 기준	업무 시작 후 24시간 내 완료	· 급한 건 우선 처리 · 기준 불일치

■ 사례[4]: 변화한 흐름을 인지하지 못한 감사 실패

한 유통회사에서 매년 실시하는 내부 감사를 통해 계약 승인 업무를 검토했습니다. 공식 문
서에는 ERP[5] 시스템 기반 3단계 승인 체계가 규정되어 있었지만, 현실적으로는 거래업체의
신용도에 따라 1단계만 거쳐 즉시 승인하거나, 말로 허가한 뒤 시스템 등록만 사후 처리하는
패턴이 일상적으로 정착되어 있었습니다. 감사팀은 초기에 '절차 위반'으로 보았지만, 시스템
로그를 상세 분석한 결과 이런 방식이 벌써 8개월째 계속되어 온 업무 관행이었고, 그동안 특
별한 문제가 없었기 때문에 실질적으로 현장의 '기본 업무 방식'으로 기능하고 있다는 점을 파
악했습니다.

---

4) 출처: 글로벌 컨설팅 사 Internal Audit Insights
5) Enterprise Resource Planning(전사적 자원관리)의 약자로 기업의 모든 업무 영역(재무, 인사, 생산, 물류, 영업 등)을 하나
   의 통합 시스템으로 연결하여 데이터와 프로세스를 표준화하고 실시간으로 관리하는 정보시스템입니다.

2.2 '문서화된 프로세스 = 현실'이라는 오해

많은 조직들이 업무 절차를 체계화하고 지침서로 정리하여 보관하고 있으며, 이를 토대로 직원 교육, 시스템 구축, 감사 준비 등의 활동을 진행합니다. 그러나 실제 현장 업무 수행 과정은 문서로 정리된 절차와는 상당히 다르게 진행되는 것이 현실입니다. 결국 표준 절차는 '이론적 모델'에 불과하고, 실무 현장에서는 '각종 예외 상황과 대안 경로, 중복 처리'가 일상적으로 발생합니다.

(1) 문서화된 프로세스란 무엇을 의미하는가?

문서화된 업무 프로세스란 아래와 같은 형태로 구성된 업무 표준화 자료를 뜻합니다.

- Flowchart 또는 Swimlane[6] 형태의 업무 흐름도
- 표준 작업 절차서
- ERP나 업무시스템에 구현된 작업 시나리오

---

6) Swimlane 형식의 프로세스 맵은 각 참여 주체(부서, 역할 등)를 수평 또는 수직의 '레인(lane)'으로 구분하여 업무 흐름을 시각적으로 표현하는 다이어그램으로, 이를 통해 각 업무 단계의 책임 주체와 상호작용을 명확하게 파악할 수 있습니다.

- BPMN[7] 기반의 모델링 파일

이러한 문서들은 다음과 같은 목적으로 사용됩니다.

- 신규 직원 교육 및 인수인계
- 내외부 감사 준비 및 위험 통제
- 자동화 시스템 구축 기준
- 역할 분담 및 책임 체계 명확화

기업 관점에서 업무 절차의 문서화는 핵심적인 경영 도구이며, 외부 감사나 품질 인증 과정에서도 반드시 갖춰야 할 기본 요소입니다.

(2) 왜 문서화된 프로세스에 의존하게 되는가?

많은 조직에서 문서화된 절차를 실제 상황과 동일하게 여기는 착각이 생기는 배경은 다음과 같습니다.

- **관리층의 판단 편의성:** 문서는 체계적이고 일목요연해서 상황 파악이 용이함
- **규정 준수 중심 운영:** 컴플라이언스 충족을 보여주는 데 집중하다 보니 실제 업무 양상은 놓치게 됨
- **시스템 설계의 한계:** ERP 등 전산시스템이 문서 기준으로 구축되어 현장 사용자의 실제 요구를 지속적으로 수용하지 못함
- **조직 관성의 영향:** '매뉴얼대로 하고 있다'는 가정 하에서 진짜 문제들이 가려지는 현상

---

7) BPMN(Business Process Model and Notation)은 비즈니스 프로세스를 표준화된 기호와 규칙으로 시각화하는 모델링 언어로, IT 전문가가 아닌 일반 사용자도 업무 흐름을 쉽게 이해하고 설계할 수 있도록 도와줍니다.

2.3 '암묵지'[8]와 개인 역량에 의존하는 업무 프로세스

다수 조직에서 업무 프로세스가 매뉴얼화되거나 시스템에 구현된 것처럼 보이지만, 실상은 개별 직원들이 쌓아온 경험과 노하우, 즉 암묵적 지식에 상당히 의존하고 있습니다. 특히 복잡하거나 변수가 많은 업무 영역에서는 공식 규정보다 개인의 직감, 판단력, 숙련 정도가 더 결정적인 요소로 작용합니다.

이런 체계는 단기간에는 업무 효율성을 제고할 수 있지만, 장기적으로는 업무 표준화, 자동화 추진, 지속적 운영에 큰 걸림돌이 됩니다. 특히 숙련된 담당자가 퇴사하거나 부재할 때 조직 전체의 업무 진행이 현저히 지연되거나 정체되는 상황이 자주 나타납니다.

(1) 숙련자 중심의 처리 관행

업무가 숙련된 특정 구성원에게 집중되는 현상은 많은 조직에서 자연스럽게 나타납니다. 반복적인 업무라고 해도 고객 특성, 사안의 복잡성, 시스템 연계 방식 등에 따라 상황 판단이 요구되는 부분이 있으며, 이런 판단을 빠르고 정확하게 내리는 숙련자가 조직에서 핵심 역할

---

8) 암묵지(Tacit Knowledge)는 말이나 글로 쉽게 표현되기 어려운, 개인의 경험이나 직관에 기반한 지식입니다. 숙련된 작업자의 노하우, 감각, 직감 등이 이에 해당하며, 공유나 전수가 어렵다는 특징이 있습니다.

을 담당하게 됩니다.

하지만 숙련자 의존적 업무 처리 방식에는 다음과 같은 문제점이 있습니다.

- **지식의 독점화:** 특정 개인에게만 업무 처리 방법이 집약되어 다른 직원들에게 공유되지 않음
- **문서화 미비:** 숙련자의 업무 과정이 공식 문서에 담기지 않고 대화나 직접 경험을 통해서만 전달됨
- **오·남용 가능성:** 숙련자의 판단 권한이 지나칠 경우 규정을 벗어난 처리나 권한 남용이 일어날 수 있음
- **학습 불균형:** 다른 직원들이 해당 업무를 제대로 익히지 못하거나 학습 기회를 갖지 못함

이런 상황은 조직이 특정 개인의 능력에 업무 연속성을 전면 의존하게 되는 구조적 리스크를 만들어 냅니다.

(2) 표준화·자동화의 충돌

암묵적 지식에 기반한 업무 처리 방식은 표준화나 자동화 추진과 근본적으로 상충하게 됩니다. 시스템은 명확한 규칙과 정해진 업무 절차를 기본으로 구축되지만, 숙련자의 경험 중심 처리는 상황에 따른 유연하고 직관적인 판단을 바탕으로 하기 때문입니다.

이런 이유로 다음과 같은 문제들이 나타납니다.

- **자동화 도입 실패:** 업무 절차가 명확히 정의되지 않아 자동화 범위 설정이나 설계가 어려움
- **운영 일관성 부족 :** 같은 업무라도 담당자별로 처리 방법이 달라져 성과 측정이나 품질 관리에 차질 발생

- **프로세스 모델과의 괴리:** 프로세스 마이닝이나 BPM[9] 도구로 설계한 모델이 실제 상황과 맞지 않음
- **지속적 개선 활동 제약:** 실행 프로세스 중심의 업무 처리보다 개인의 경험에 의존하므로 체계적이고 지속적인 개선이 어려움

결국 암묵적 지식이 주도하는 업무 환경에서는 시스템 구축과 프로세스 표준화가 개념적 차원에 그치고 실질적 효과를 거두지 못하는 상황이 빈번하게 발생합니다.

(3) 인력 이동이나 퇴사 시의 업무 단절 관행

조직의 핵심 업무가 숙련된 특정 인력에게 집중된 상황에서 담당자 이동이나 퇴직이 일어나면, 해당 업무는 즉각 중단되거나 처리 품질이 급속히 악화됩니다. 이는 다음과 같은 구조적 공백으로 연결됩니다.

- **인수인계 비효율:** 업무 처리 방식이 문서화되어 있지 않아 새로운 담당자가 이를 습득하는 데 시간이 많이 소요됨
- **업무 적체 현상:** 숙련자 부재 후 대체 인력이 적응하지 못해 업무 처리 지연이나 정체 상황 발생
- **오류 발생률 증가:** 경험 부족자가 잘못된 판단을 내리거나 시스템 활용에 서툴러 처리 품질이 떨어짐
- **고객 불만 확산:** 서비스 대응 수준이 불안정해지고 처리 시간이 늘어나면서 고객 만족도가 하락함

이런 위험성은 암묵적 지식 의존도가 높은 조직일수록 더욱 심각하며, 업무 지속성과 안정

---

9) BPM(Business Process Management)은 조직의 비즈니스 프로세스를 체계적으로 분석, 설계, 실행 및, 모니터링하여 지속적으로 개선하는 관리 기법으로서, 단순한 문서화를 넘어 실질적인 성과 중심 관리를 통해 조직의 운영 효율성과 대응력을 제고할 수 있게 합니다.

성 확보를 위한 체계적 대안이 반드시 필요합니다.

▶ 암묵적 지식에 의존하는 업무 방식은 단기적 효율성에는 기여할 수 있지만, 장기적으로는 표준화·자동화·지속가능성 확보에 걸림돌이 될 수 있다.
▶ 숙련자 중심의 업무 체계는 본질적으로 위험성을 내포한 구조이며, 업무 처리 관련 지식 공유와 시스템화가 이루어지지 않으면 업무 지속성이 위험에 노출될 수 있다.
▶ 프로세스의 안정적 운영을 위해서는 암묵적 지식을 체계적으로 정리하고 명시적 지식으로 변환하는 작업이 반드시 필요하다.

2.4 KPI와 성과 지표가 흐름을 왜곡시키는 경우

많은 조직이 성과 관리를 위해 '핵심 성과 지표'나 '서비스 수준 협약'와 같은 지표 중심의 운영 방식을 채택하고 있습니다.

그러나 이런 지표들이 조직의 진정한 목표나 고객 가치를 적절히 반영하지 못하거나, 측정 가능한 요소에만 치우칠 경우, 도리어 실제 업무 진행 과정을 비틀어버리는 역효과가 나타날 수 있습니다.

특히 수치 중심의 성과 평가 체계는 직원들이 지표 달성 자체에만 집중하도록 만들며, 이 과정에서 비효율적인 업무 방식이나 비정상적인 처리 경로가 정당화되는 현상이 나타납니다. 결과적으로 조직은 겉으로는 목표 수치를 달성하고 있지만, 실제 업무 흐름과 진정한 성과는 도리어 악화되는 모순적 상황에 직면하게 됩니다.

(1) 지표 중심 운영이 불필요한 작업을 유발시키는 관행

KPI는 원래 조직 목표 달성을 위한 도구이지만, 측정 활동 자체가 목적으로 변질되거나 잘못 활용되는 사례가 빈번합니다. 이런 상황에서 다음과 같은 현상들이 자주 나타납니다.

- **보고용 데이터 중복 작업**

  같은 정보를 여러 시스템에 반복 입력하거나, 실질적 의미가 없는 보고서를 계속 작성

- **SLA 충족을 위한 업무 순서 변경**

  실제 중요도와 관계없이 SLA 기한에 맞추기 위해 작업 우선순위를 인위적으로 변경

- **지표 개선을 위한 인위적 분할·통합병합**

  하나의 업무를 부자연스럽게 나누어 처리 건수를 늘리거나 반대로 통합하여 처리 시간을 단축

이런 행동들은 실제 고객 가치나 업무 효율성과는 무관하게 작업량만 늘리며, 장기적으로 조직 경쟁력을 저하시킬 수 있습니다.

(2) 단편적 최적화가 전체 흐름을 망친다

각 부서나 직원이 자신의 KPI에만 매달리게 되면, 조직 전체의 업무 흐름은 도리어 왜곡되고 분절될 수 있으며, 이로 인해 다음과 같은 문제가 발생합니다.

- **책임 전가를 통한 회피**

  중간 처리 부서가 지연을 피하려고 다음 단계 부서로 부담을 떠넘김

- **처리 시점 조절로 인한 흐름 왜곡**

  KPI 측정 기준점을 피하기 위해 업무 접수를 지연시키거나 임시 보류 처리

- **병목 구간에 대한 공동 대응 기피**

  병목 문제점을 인지하고 있어도 자신의 지표에 무관하므로 개선 노력에 참여하지 않음

이러한 현상은 결국 업무 처리가 지표상으로는 정상적으로 진행되는 것처럼 나타나지만, 실제로는 고객 관점에서 비효율적이고 단절된 서비스 경험을 제공하게 됩니다.

(3) 지표 달성을 위한 비정상 루트 사용

성과 지표를 달성하기 위한 압박이 클수록 구성원들은 비정상적이거나 편법적인 루트를 사용하는 경향이 높아집니다.

다음은 대표적인 사례입니다.

- **백-엔드 수작업을 통한 기록 조작**

  처리 완료 시간을 조정하거나, 시스템상 완료 처리 후 실제 업무는 나중에 수행

- **우회 경로 사용**

  SLA 기준 시간 내 처리를 위해 공식 시스템 대신 이메일, 메신저 등을 활용해 임시 처리

- **데이터 필터링을 통한 지표 왜곡**

  SLA 실패 건을 분석에서 제외하거나, 성과 통계 대상에서 제외

이러한 행동은 단기적으로는 지표를 달성하는 것처럼 보일 수 있지만, 장기적으로는 신뢰성 저하와 운영 리스크 증가를 초래합니다.

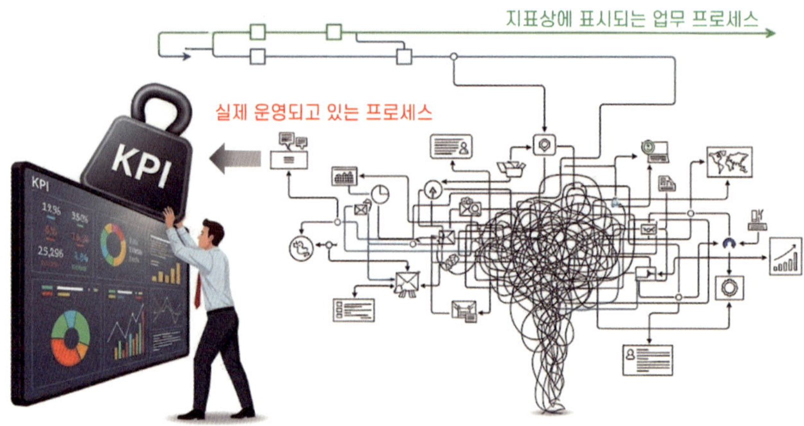

[그림 I-7] 지표중심 관리의 맹점

▶ KPI나 SLA는 목표 달성을 위한 수단이지만, 숫자 자체에 매몰된 조직 문화는 오히려 업무 흐름을 왜곡시킬 수 있다.

▶ 지표 중심 운영은 불필요한 작업 증가, 부서 간 책임 회피, 편법 사용 등의 부작용을 낳을 수 있다.

▶ 진정한 성과 관리는 개별 지표가 아닌 프로세스 전체의 가치와 일관성을 반영한 통합적 운영 지표 설계에서 시작된다.

2.5 전사적 관점에서의 프로세스 이해 부재

많은 기업이 클라우드 도입, 모바일 앱 확장 등 다양한 프로젝트를 통해 디지털 전환을 추진해 왔지만, 대부분 새로운 기술 도입에만 집중할 뿐 비즈니스 프로세스의 구조적 연결성과 투명성은 간과합니다. 그 결과 업무 프로세스 각 단계의 연결 고리를 파악하지 못해 디지털 전환이 겉핥기식에 그치고, 많은 시간과 노력을 투입했음에도 실질적인 경쟁력 확보에는 한계를 보입니다.

이처럼 단편적인 디지털 전환 시도와 전체 업무 프로세스에 대한 정량적 이해 부족은 다음

왜 프로세스 마이닝인가?

과 같은 문제점을 야기합니다.

- **진정한 디지털 전환의 실패:**

  부분적 관점의 프로세스 최적화는 전체 프로세스의 비효율을 해결하지 못합니다. 예를 들어 특정 업무를 자동화하는 RPA[10]를 도입했음에도, 프로세스 전체 흐름을 파악하지 못해 자동화 성과가 제한적인 경우가 대표적입니다.

  업무 간 연결 고리가 투명하게 파악되지 않으면, 기술은 도입했지만 실제 문제 해결이나 경쟁력 향상에는 기여하지 못하는 '반쪽짜리 디지털 전환'에 머무르게 됩니다.

- **숨겨진 비효율의 지속 및 악화:**

  업무 흐름을 고려하지 않고 특정 부서의 프로세스만 개선하면 오히려 다른 부서 업무에 지장을 주고 불필요한 작업만 늘릴 수 있습니다. 그 결과 직원들은 밤 늦게까지 일하고 모든 시스템이 바쁘게 돌아가도 중요한 고객 요청은 제때 처리되지 못하고 신제품 출시가 늦어지는 등 답답한 상황이 지속됩니다. 바로 이 때문에 '우리 회사는 왜 이렇게 바쁜데 성과는 안 오를까?'라는 의문이 생기게 됩니다.

- **의사결정의 오류 및 비효율적인 투자:**

  프로세스 전 과정에 대한 투명성이 간과되면, 경영진과 관리자는 정확한 데이터 없이 직관이나 주관적인 보고에 의존하여 의사결정을 내리게 됩니다. 이 경우 어디서 문제가 발생하는지, 어떤 개선 방안이 가장 효과적일지 객관적으로 파악할 수 없어 비효율적인 부분에 불필요한 투자를 하거나, 문제의 근본 원인을 해결하지 못하는 잘못된 의사결정을 내릴 위험이 커집니다. 이는 기업의 재정적 손실은 물론 고객 만족도 하락, 시장 경쟁력 약화로 직결됩니다.

---

10) Robotic Process Automation(로봇 프로세스 자동화)은 반복적이고 규칙 기반의 업무를 소프트웨어 로봇이 사람 대신 자동으로 처리하도록 하여 업무 효율성을 높이는 기술입니다.

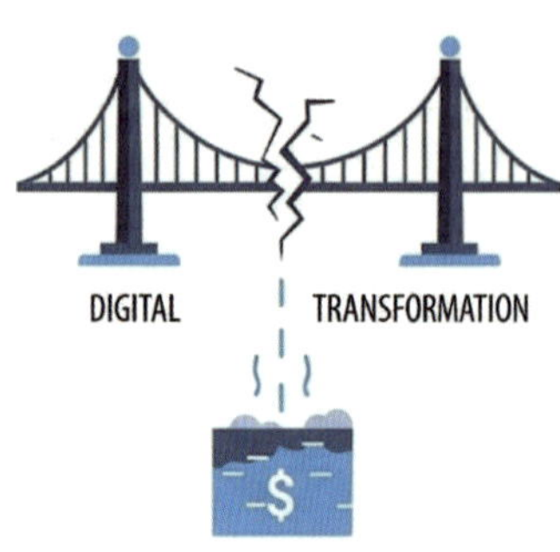

[그림 I-8] 비즈니스 프로세스의 정량적 이해부족이 야기하는 문제점

> 🔍 **KEY TAKEAWAY**

▶ 클라우드나 모바일 앱 등 신기술 도입만으로는 디지털 전환의 본질적 목표인 경쟁력 향상을 달성하기 어렵다.

▶ 프로세스의 연결성과 투명성이 확보되지 않으면 자동화의 효과는 제한적이며, 숨겨진 비효율이 지속될 수 있다.

▶ 특정 부서 중심의 개선은 다른 부서의 병목을 유발하거나 반복 작업을 심화시켜 전체 성과를 저해할 수 있다.

▶ 직관이나 주관적 보고에 의존한 의사결정은 잘못된 투자와 리스크를 초래하여 기업의 전반적 경쟁력을 약화시킬 수 있다.

▶ 효과적인 디지털 전환은 전사 업무 흐름에 대한 정량적이고 실증적인 이해에서 출발해야 한다.

왜 프로세스 마이닝인가?

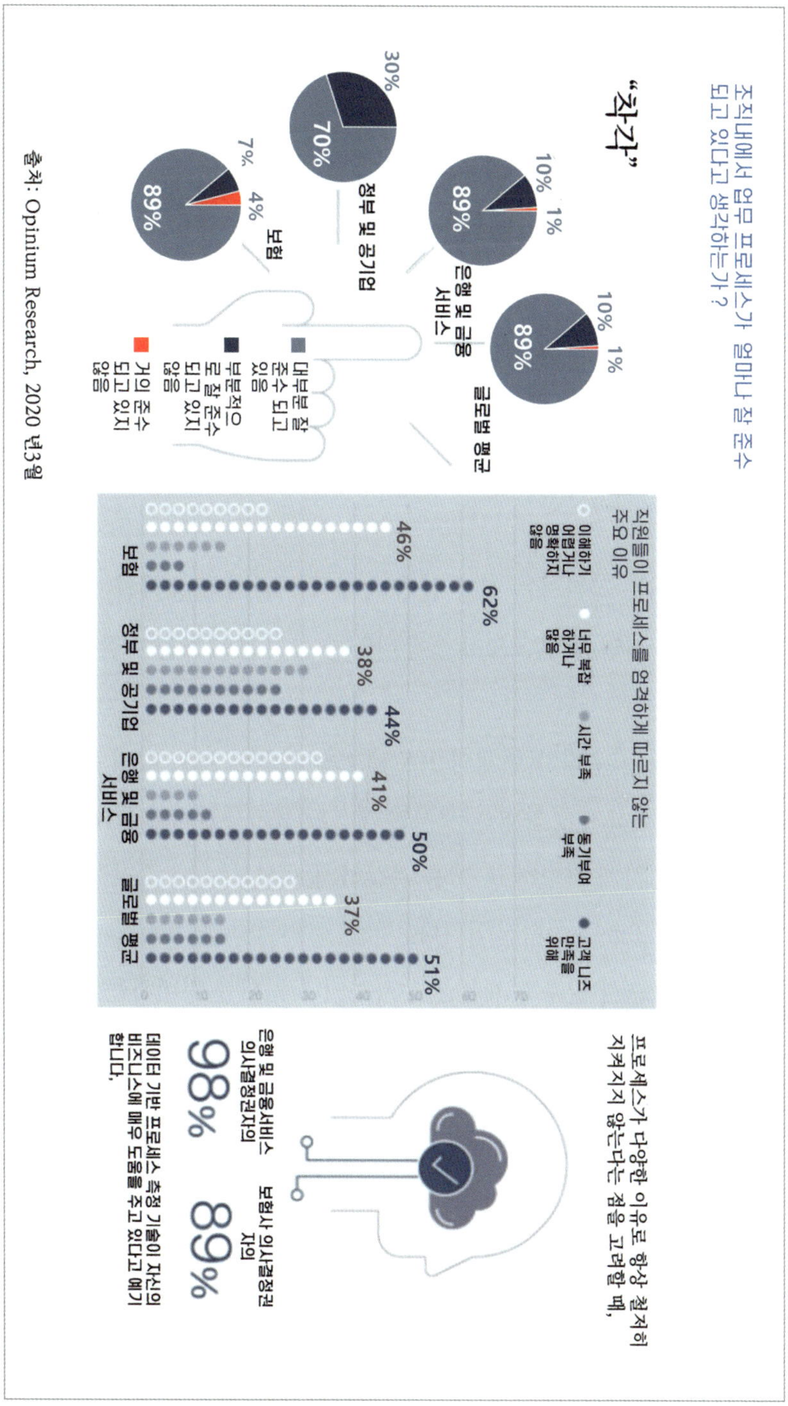

[그림 I-9] 조직 내 업무 프로세스 가시성 부족 현황

3

프로세스 혁신의 필요성:
"경쟁 우위 확보를 위한 핵심 동력"

앞서 1절과 2절에서는 급변하는 시장 환경 속에서 기존의 전통적인 방식이 더 이상 유효하지 않다는 점, 그리고 기업 내부 프로세스에 다양한 숨겨진 비효율이 존재한다는 점을 심층적으로 살펴보았습니다.

이러한 문제의 본질은 '우리가 현재의 프로세스를 정확히 보고 있지 못한다'라는 데 있습니다. 문제를 정확히 인식하지 못하면 체계적인 개선도 불가능합니다. 따라서 이제는 기업이 자신의 프로세스를 투명하게 파악하고, 이를 과감하게 개선하는 데 주저하지 않아야 합니다. 이때 필요한 것이 바로 '프로세스 혁신'입니다.

프로세스 혁신은 단순히 일부 단계를 자동화하거나 문서를 정비하는 수준의 표면적 활동이 아닙니다. 이는 조직의 전략, 실행, 기술, 고객 가치 창출을 하나의 통합된 흐름으로 연결하기 위한 근본적 구조 개편이자 지속가능한 경쟁 우위의 핵심 기반입니다.

프로세스 혁신 없이는 아무리 탁월한 전략도, 최신 디지털 기술도, 친절한 고객 서비스도 지속 가능한 경영 성과로 이어질 수 없습니다.

또한 프로세스 혁신은 조직이 수립한 비전과 전략을 구체적인 실행 가능한 행동으로 전환하기 위한 핵심 수단입니다. 아무리 훌륭한 전략이라도 이를 실질적으로 뒷받침할 실행 구조가 없다면 현실에서 실질적 성과를 창출하기 어렵습니다.

많은 기업이 화려한 전략만 강조한 채 실행에서 실패하는데, 이는 대부분 프로세스의 체계
적 정비가 부족하기 때문입니다. 업무 흐름이 명확하지 않거나, 중복되고 복잡한 절차가 많을
수록 전략은 현장에서 왜곡되거나 지연됩니다.

[그림 I-10] 프로세스 혁신을 통한 경쟁우위 확보

3.1 전략과 실행을 연결하는 실질적 수단

프로세스 혁신은 조직이 수립한 전략적 방향을 구체적이고 실행 가능한 행동으로 전환하기
위한 핵심 수단입니다. 아무리 훌륭하고 치밀한 전략이라도 이를 체계적으로 뒷받침할 실행
구조가 없다면 현실에서 의미 있는 성과를 창출하기 어렵습니다.

많은 기업이 전략 수립만 강조한 채 정작 이의 실질적 실행에는 실패하는 경우가 빈번한데,
대부분은 조직 내 프로세스의 체계적 정비가 부족하기 때문입니다. 업무 흐름이 명확하지 않
거나, 중복되고 복잡한 승인 절차가 많을수록 전략은 현장에서 왜곡되거나 심각하게 지연됩
니다.

- 전략은 단순한 선언이나 문서만으로는 의미가 없으며, 반드시 체계적 실행으로 이어져
  야 실질적 효과를 발휘함

- 실행을 가능하게 만드는 핵심 구조가 바로 프로세스이며, 명확하게 정의된 프로세스는 전략을 현실화하는 가장 효율적인 지름길이 됨
- 불명확하거나 중첩된 업무 절차, 반복적인 승인 경로, 비효율적 의사결정 구조 등은 전략의 추진 속도를 크게 늦추는 주요 장애 요인이 됨

3.2 디지털 기술의 효과를 실현하는 전제 조건

디지털 기술은 단순 도입만으로는 성과를 보장하지 않습니다. 오히려 프로세스가 정비되지 않은 상태에서 기술을 도입하면, 기존 비효율을 그대로 자동화하는 역효과가 발생할 수 있습니다.

기술은 프로세스 위에서 작동하는 도구이므로, 기술의 잠재력을 제대로 활용하려면 먼저 프로세스 혁신이 선행되어야 합니다. 특히 AI, RPA, 클라우드 같은 첨단 기술은 체계적이고 표준화된 프로세스에서만 진정한 효과를 발휘할 수 있습니다.

- AI, RPA, 클라우드 등의 기술은 효율적이고 체계적으로 정비된 프로세스에서 최대 효과를 발휘함
- 프로세스가 비효율적이면, 기술 도입은 결국 '비효율의 자동화' 로 전락함
- 프로세스 혁신은 디지털 기술의 가치를 극대화하기 위한 필수 선행 조건임

3.3 고객 중심 운영을 위한 기반 마련

오늘날 고객은 제품이나 서비스 품질 못지않게 그것이 제공되는 과정과 방식에 더욱 민감하게 반응합니다. 고객 여정 전반에서 일관되고 신속한 서비스 경험을 기대하며, 이 과정에서 작은 지연이나 혼선조차 큰 불만으로 이어집니다. 결국 고객 만족의 핵심은 내부 프로세스에

달려 있으며, 프로세스가 체계적으로 정비되어야만 고객 응대의 일관성과 민첩성을 확보할
수 있습니다.

- 고객이 실제로 체감하는 서비스 품질은 결국 기업의 내부 프로세스에 의해 결정됨
- 고객 응대 지연, 반복 요청, 부정확한 정보 전달 등은 대부분 비효율적 내부 프로세스에
서 발생함
- 고객 기대에 신속하고 정확하게 대응하는 민첩한 프로세스는 고객 충성도를 높이는 핵
심 요소임

3.4 전사적 협업과 책임 구조 재정립

많은 조직에서 업무 흐름이 여전히 부서 중심의 사일로[11] 구조에 갇혀 있어 부서 간 협업이
제대로 이루어지지 않는 현상을 자주 볼 수 있습니다. 이런 구조에서는 전체 프로세스 흐름이
단절되고, 각 부서가 자신의 성과만 추구하게 되어 조직 전체의 실행력이 크게 떨어집니다.
프로세스 혁신은 업무 흐름을 중심으로 조직을 재설계하고, 책임과 권한을 명확히 정의함으
로써 진정한 협업 체계를 구축합니다.

- 기존의 사일로 구조에서는 부서 간 협업이 단절되고, 프로세스 전반의 흐름이 왜곡됨
- 프로세스 혁신은 부서 간 업무 흐름을 연결하고, 각 단계별 책임과 권한을 명확히 설정하
여 조직 전체의 실행력을 강화함
- 부분적 개선이 아닌, 전사적 관점에서 통합적으로 프로세스를 재설계하는 것이 핵심

---

11) 사일로 구조란 조직 내 각 부서나 팀이 서로 정보를 공유하지 않고 독립적으로 운영되는 구조를 말합니다. 이름처럼 곡물
저장고(Silo)처럼 닫힌 공간에서 각자 고립된 방식으로 일하는 것을 비유한 표현입니다.

3.5 변화에 민첩하게 대응할 수 있는 유연성 확보

디지털 시대에는 변화 속도가 매우 빠르므로, 기존의 경직된 프로세스로는 시장과 고객 요구에 신속하게 대응하기 어렵습니다.

기업이 지속가능한 성장을 유지하기 위해서는 변화를 받아들이고, 이를 바로 일하는 방식에 적용할 수 있는 유연한 업무 프로세스를 만들어야 합니다. 프로세스 혁신은 이런 빠른 대응 능력을 회사 전체에 뿌리내리게 하는 핵심 방법이며, 이를 통해 기업은 시장 환경 변화에 적극적으로 대응할 수 있습니다. 예측하기 어려운 시장에서 성공하려면, 변화를 빠르게 받아들이고 바로 적용할 수 있는 민첩한 조직 운영이 꼭 필요합니다. 기존의 경직된 업무 방식으로는 이런 요구에 제대로 대응하기 어렵고, 오히려 변화에 뒤떨어지는 위험만 키웁니다. 프로세스 혁신의 핵심은 정해진 틀이 아닌, 상황에 맞춰 유연하게 바꿀 수 있는 업무 구조를 통해 조직의 변화 대응 능력을 최대한 높이는 것입니다.

- 시장과 고객의 변화에 빠르게 반응하는 능력이 경쟁에서 이기는 핵심 요소임
- 고착화된 업무 프로세스는 빠른 변화에 적응하지 못함
- 프로세스 혁신은 변화 대응력을 갖춘 '유연한 실행 시스템'을 만드는 과정임

🔑 KEY TAKEAWAY

▶ 프로세스 혁신은 전략과 실행을 연결하고, 기술과 고객 가치를 실현하며, 조직 전체의 협업을 이끌어 내는 근본적 변화의 출발점이다.

▶ 기존의 비효율과 불투명성 업무 방식을 해결하기 위한 유일한 해답은 '프로세스를 정확히 파악하는 것'에서 시작되는 프로세스 혁신이다.

▶ 경쟁 우위를 확보하려는 모든 조직은 프로세스 중심의 사고방식과 구조적 혁신을 더 이상 미룰 수 없다.

왜 프로세스 마이닝인가?

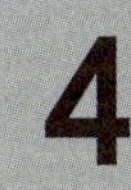

프로세스 혁신을 가로막는 구조적 장벽:
"실행을 방해하는 조직 내 숨은 저항"

프로세스 혁신은 경쟁력을 높이는 핵심 방법이지만, 실제로 성공하기는 쉽지 않습니다. 많은 회사가 혁신이 필요하다는 것을 잘 알고 있지만, 막상 실행하려면 계속 미뤄지거나 아예 실패하는 경우가 자주 발생합니다. 이는 단순히 기술이나 돈이 부족해서가 아니라, 회사 안에 오랫동안 굳어진 구조적인 문제들 때문입니다. 이런 눈에 보이지 않는 벽들이 변화에 대한 강한 거부감을 만들어 내고, 기존의 익숙한 일하는 방식을 계속 유지하게 하며, 새로운 업무 방법을 받아들이기 매우 어렵게 만듭니다.

4.1 부서 간 협업 부재와 책임 회피 문화

프로세스 혁신이 실패하는 가장 큰 원인은 부서 간 협업이 제대로 안 되고, 책임을 회피하려는 조직 문화 때문입니다. 각 부서가 자기들 목표에만 신경 쓰고 회사 전체의 업무 흐름은 고려하지 않으면, 부서 간 장벽이 높아져서 원활한 소통이 어려워집니다. 그러면 문제가 발생했을 때 누구 잘못인지 애매해지고, 프로세스 개선을 위해 협력하기보다는 각자 자기 부서만 보호하려는 방어적인 태도가 강해집니다.

- 부서 중심의 성과 관리 체계로 인해, 회사 전체보다는 각 부서의 목표 달성에만 집중하게 됨
- 문제 발생 시 책임 소재가 불분명해져서 서로에게 책임을 전가하는 부정적 문화가 확산됨
- 프로세스 개선이 특정 부서에게만 불리한 구조라면, 해당 부서의 반발과 저항이 클 수밖에 없음

4.2 프로세스 데이터 기반 운영 체계의 미비

대부분의 프로세스 혁신을 진행할 때, 아직도 과거 경험과 감에 의존해서 결정을 내리는 경우가 많습니다. 이런 방식으로는 실제 상황을 객관적으로 파악하기 어렵고, 제대로 실행할 수 있는 개선 방안을 만들어 내기도 어렵습니다. 다시 말해, 실제 업무 진행 과정에서 나오는 데이터를 체계적으로 모으고 분석해서 의사결정에 활용하는 시스템과 문화가 부족하면, 업무 혁신은 방향을 잃고 추진력도 떨어지게 됩니다.

- 직감에 의존해서 업무를 처리하는 기존 문화가 여전히 뿌리 깊게 남아 있음
- 프로세스 관련 데이터는 있지만 이를 제대로 분석할 능력과 시스템이 부족해서 실제로 활용하기 어려움
- 데이터를 바탕으로 한 의사결정 체계가 제대로 갖춰지지 않으면, 혁신을 추진할 근거가 약해짐

4.3 변화에 대한 두려움과 관성

변화를 막는 또 다른 핵심적인 요인은 조직 안에서 나타나는 정서적 저항과 기존 방식에 안주하려는 관성입니다. 익숙한 일하는 방식을 바꾸기 싫어하는 고집, 새로운 업무 방법에 대한 막연한 불안감, 그리고 변화로 인해 생길 수 있는 혼란과 어려움을 미리 걱정하는 마음이 혁신

을 가로막는 가장 큰 장벽이 됩니다.

따라서 변화 자체보다도 먼저 그 변화를 받아들이는 조직 구성원들의 마음가짐과 태도가 프로세스 혁신이 성공할지 실패할지를 좌우하는 결정적 요인이라고 할 수 있습니다.

[그림 I-11] 프로세스 혁신을 가로막는 장벽

▶ 많은 기업이 프로세스 혁신이 꼭 필요하다는 것을 알고 있지만, 막상 실제로 실행하려면 여러 어려움에 부딪히고 있다.

▶ 그 주된 원인은 부서 간 정보 단절, 협업 부족, 데이터 활용 미흡, 변화를 싫어하는 분위기 등 조직 내부에 뿌리 박힌 구조적 문제들 때문이다.

▶ 이런 장벽들은 단순히 기술을 도입하거나 전략을 바꾸는 것만으로는 해결하기 어렵고, 조직 문화와 실행 시스템을 함께 바꿔야 극복할 수 있다.

▶ 성공적인 프로세스 혁신을 위해서는 새로운 기술을 도입하기 전에 먼저 조직 내부의 장벽들을 찾아내고 제거하는 작업부터 시작해야 한다.

▶ 프로세스 혁신은 전략과 실행을 이어 주고, 기술과 고객 가치를 실현하며, 회사 전체의 협업을 이끌어 내는 근본적인 변화의 출발점이다.

5

프로세스 혁신과 실행 구조:
"기술만으로 바뀌지 않는다"

최신 기술은 분명히 기업의 경쟁력을 크게 높일 수 있는 강력한 잠재력을 가지고 있습니다.

하지만 많은 회사가 디지털 전환을 진행하면서 그냥 좋은 기술만 도입하면 모든 문제가 해결될 거라고 생각하는 경우가 많습니다. 이는 기술에 대한 지나친 믿음에서 나온 것이며, 실제로는 기술을 도입하기 전에 먼저 현재의 업무 프로세스를 제대로 파악하고 정리하는 것이 더 중요합니다.

기술은 결국 잘 설계된 프로세스를 자동화하고 더 강화해주는 도구일 뿐입니다. 비효율적인 업무 수행 방식 아래에서는 아무리 훌륭한 기술을 적용하더라도, 그 기술은 결국 기존의 비효율적인 패턴을 그대로 따라 하게 됩니다.

기술이 제대로 효과를 내려면 먼저 '정확하고 유연한 프로세스'가 바탕이 되어야 합니다. 그렇지 않으면 많은 비용을 들여 시스템을 바꿔도 기대했던 성과를 얻기 어렵습니다.

게다가 기술 위주의 접근 방식은 사람들의 행동 패턴이나 조직 구조를 바꾸지 못합니다. 직원들이 기존의 일하는 방식을 그대로 유지한 채 새로운 시스템만 사용하게 되면, 겉으로는 바뀐 것 같지만 실질적인 변화는 오래 지속되지 못합니다. 따라서 진짜 혁신은 기술이 아니라, 반드시 조직의 실행 체계와 업무 흐름, 그리고 문화와 구성원들의 인식이 함께 바뀌는 데서 시작되어야 합니다.

[그림 I-12] 디지털 혁신은 프로세스에서 시작

5.1 기술은 도구일 뿐, 변화의 본질은 프로세스에 있음

디지털 기술 도입은 기업에게 아주 매력적인 해결책처럼 보일 수 있습니다. 특히 업무를 빠르게 자동화하거나 데이터를 바탕으로 한 의사결정을 가능하게 해 주는 최신 솔루션들은 마치 혁신의 핵심인 것처럼 여겨지곤 합니다. 하지만 실제로는 이런 기술들이 기존의 업무 프로세스 문제를 제대로 해결하지 못하는 경우가 많은데, 그 이유는 기술이 프로세스와 연결되어 지원하는 것이 아니라 따로 독립적으로 돌아가기 때문입니다. 기술은 결국 프로세스라는 기반 위에서 작동하는 것이며, 기술 그 자체만으로는 근본적인 변화의 본질을 바꿔 낼 수 없습니다.

- 기술은 업무 프로세스를 자동화해주는 도구에 불과함
- 비효율적인 업무 방식을 그대로 자동화하면 오히려 더 큰 혼란과 자원 낭비만 불러일으킴
- 기술 위주의 접근은 변화의 '최종 목표'가 아니라, 프로세스 혁신을 위한 '첫걸음'이어야 함

5.2 기술 도입보다 중요한 것은 실행 구조와 문화의 변화

기술이 도입되더라도, 실제로 조직 안에서 직원들이 어떤 방식으로 일하느냐에 따라 그 결과는 완전히 달라집니다. 많은 회사가 최신 시스템을 구축하고도 실질적인 업무 처리에 혁신적인 변화가 생기지 않는 이유는, 일하는 방식과 조직 분위기가 예전 그대로이기 때문입니다. 진정한 변화는 좋은 도구를 갖는 것이 아니라, 그 도구를 사용하는 사람들의 행동 패턴과 함께 일하는 방식이 바뀔 때 비로소 일어납니다.

- 새로운 시스템이 도입돼도 구성원이 기존 방식대로 계속 일하면 변화는 실패로 끝남
- 기술은 사람의 행동과 협업 방식을 바꾸지 않으면 효과를 내기 어려움
- 최적화된 프로세스 기반의 업무 체계 개편과 조직 문화 전환이 병행되어야 함

5.3 기술 효과 극대화를 위한 전제 조건은 '프로세스 기반'

최신 기술은 빠른 처리 속도, 정확한 분석, 자동화된 의사결정을 가능하게 해 줍니다. 하지만 이런 좋은 기술도 체계적으로 정리된 업무 프로세스가 없다면 제 역할을 할 수 없습니다. 프로세스 기반 없이 기술만 들여놓으면 업무 흐름은 여전히 끊어지고 연결되지 않아서, 기술이 원래 기대했던 성능을 제대로 발휘하지 못합니다. 따라서 기술의 효과를 최대한 활용하기 위해서는 반드시 그 바탕이 되는 프로세스 혁신이 먼저 이루어져야 합니다.

- 기술은 체계적이고 표준화된 업무 프로세스가 갖춰진 상황에서만 제대로 효과를 낼 수 있음
- 프로세스 개선 없이 기술만 도입하면, 업무의 흐름은 개선되지 않고 여전히 정체된 상태로 남아 있게 됨
- 기술과 프로세스는 반드시 함께 연결해서 설계되어야 함

  왜 프로세스 마이닝인가?

▶ 기술은 도구에 불과하며, 잘못된 프로세스를 자동화하면 오히려 비효율이 가중될 수 있다.

▶ 성공적인 변화는 기술이 아닌 프로세스 중심의 접근에서 출발해야 한다.

▶ 기술은 변화의 '완성'이 아니라, 프로세스 혁신의 '수단'이 되어야 한다.

▶ 사람과 흐름 중심의 구조 개편 없이는 기술 도입도 무용지물이 될 수 있다.

▶ 기술과 프로세스는 함께 설계되어야 진정한 디지털 전환이 실현될 수 있다.

오늘날 비즈니스 환경은 매우 빠르게 변화하고 있습니다.

고객들의 기대 수준은 계속 높아지고, 디지털로 소통하는 접점들이 늘어나며, 시장 변화에 빠르게 반응하고 유연하게 대처하는 능력이 그 어느 때보다 중요해지고 있습니다. 과거에 성공했던 방식들은 더 이상 효과가 없으며, 복잡하게 얽힌 업무 흐름과 다양해진 요구사항 속에서 기업들은 이전과는 완전히 다른 방식의 운영 체계를 갖춰야 하는 상황에 놓여 있습니다.

그런데 많은 기업들은 여전히 예전 방식에 안주하고 있습니다. 특히 프로세스를 바라보는 관점에서 '우리가 어떤 일을 어떻게 처리하고 있는가?'에 대한 인식이 실제 현실과 크게 다른 경우가 많습니다. 관리자들은 자신의 경험에만 의존하거나 문서로 만들어진 프로세스만 보고 전체 상황을 파악하려고 하고, 실제 현장에서는 직원들의 개인적 노하우와 능력에 의존한 채 업무가 진행되고 있습니다. 반복된 경험이 당연한 것으로 여겨지고, KPI와 성과 지표가 오히려 프로세스 흐름을 왜곡시키며, 규정과는 다른 방식으로 일이 처리되는 일도 자주 발생합니다. 이런 현상들이 조직 전체의 비효율로 이어지고, 숨어 있는 업무 병목, 위험 요소, 고객 불만이라는 문제로 나타납니다.

문제는 이런 비효율적인 상황들이 겉으로는 잘 드러나지 않는다는 점입니다. 표면적으로는 별 문제없이 돌아가는 것처럼 보이지만, 실제로는 수많은 예외 상황 처리, 같은 일 반복하기, 부서 간 갈등이 조직 내부에서 끊임없이 일어나고 있습니다. 이렇게 '보이지 않는 업무 흐름의 왜곡'이야말로 조직의 실행 능력을 서서히 갉아먹는 가장 근본적인 원인입니다.

그런데도 많은 기업들은 새로운 시스템을 들여오거나 자동화를 도입하는 것에만 신경 쓰고, 정작 그 시작점이 되는 '현재 실제로 진행되고 있는 프로세스의 진짜 모습'을 제대로 보지 못한 채 부분적인 개선만 시도합니다. 이 때문에 근본적인 문제는 그대로 둔 채, 도입한 새 기술이 오히려 문제를 더 확산시키는 부작용을 만들어 내기도 합니다.

따라서 진정한 변화와 혁신은 '우리의 프로세스가 실제로는 어떻게 돌아가고 있는가?'를 투명하게 파악하는 것에서 출발해야 합니다. 즉, 단순히 새 시스템만 도입하는 것이 아니라, 프로세스가 실행되는 구조 자체를 다시 살펴보는 관점의 전환이 필요한 때입니다.

[그림 I-13] 디지털 혁신은 프로세스 개선을 통해서만 가능

2장

프로세스 혁신:
왜 과거의 방식은 실패했는가?

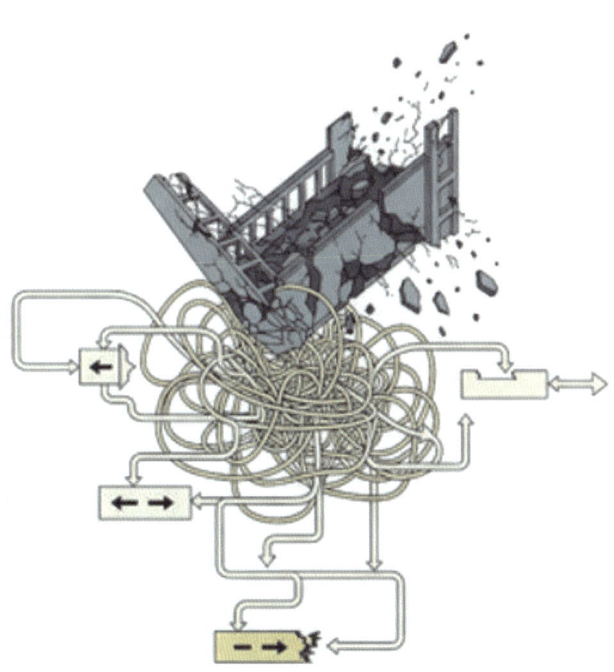

1990년, Harvard Business Review에 실린 마이클 해머의 'Reengineering Work: Don't Automate, Obliterate'는 전 세계 경영계에 새로운 패러다임을 제시했습니다. 미국 거대 기업들이 일본 제조업에 밀려 경쟁력을 잃던 상황에서 BPR[12]은 근본적 해결책으로 확산되었고, 1993년 '기업 재설계' 출간으로 절정에 달했습니다.

국내에서도 1990년대 중반까지 BPR 열풍이 거세게 불었습니다. 한국 기업들은 급속한 IT 발전과 글로벌 경쟁 환경 속에서 막대한 예산을 투입하며 '업무 수행 방식의 혁신'을 추진했습니다.

하지만 현실은 달랐습니다. 거액의 컨설팅 비용으로 얻은 결과물은 두꺼운 문서와 복잡한 시스템뿐이었고, 정교하게 설계된 새로운 프로세스는 실제 현장에서 기존 관행과 조직 문화의 벽에 부딪혀 작동하지 않았습니다.

가장 큰 문제는 BPR의 근본적 접근 방식 자체에 있었습니다. 즉, 기존 업무 프로세스가 어떻게 실제로 진행되고 있는지 정확히 파악하지 않은 채 백지 상태에서 이상적인 모델을 설계하려 했던 것입니다. 그 결과 현재 상황에 대한 체계적 분석 없이 전면적 재설계만 추구하게 되었고, 공식 문서와 실제 업무 현실 사이에 거대한 간극이 발생했습니다.

---

12) Business Process Reengineering의 약자로 1990년대 마이클 해머가 제시한 '기존 프로세스를 백지상태에서 근본적으로 재설계하여 극적 성과 향상을 추구하는 경영 혁신 방법론'입니다.

  왜 프로세스 마이닝인가?

결국, 1990년대 후반 BPR에 대한 환상이 깨지기 시작했습니다. 이 접근 방식은 조직 내 혼란을 가중시키고 구성원들의 강한 저항을 불러일으켰으며, 문서로 만든 프로세스를 실제 실행으로 전환할 현실적 수단도 부족했습니다.

이러한 실패를 통해 기업들은 중요한 교훈을 얻었습니다. 혁신의 핵심은 최신 기술이나 완벽한 이론이 아니라 현재 프로세스의 실체를 정확히 파악하는 것에서 시작된다는 사실이었습니다. 실제로 데이터 기반 프로세스 분석이 발달하면서 문서상의 프로세스와 실제 실행 간의 괴리가 예상보다 훨씬 크고, 눈에 보이지 않는 병목과 재작업, 우회 경로들이 일상적으로 발생하고 있다는 것이 명확히 드러났습니다.

다만 프로세스 자체의 중요성이 경영계에 각인된 것은 긍정적 성과였습니다. 비록 첫 시도는 실패했지만, 이는 향후 더 현실적이고 실행 가능한 프로세스 혁신 방법론 개발의 토대가 되었습니다.

이러한 BPR의 실패 사례를 바탕으로, 이번 장에서는 당시 혁신 방법론들이 화려한 이론적 체계에도 불구하고 현실 적용에서 좌절될 수밖에 없었던 근본 원인을 체계적으로 분석해 보겠습니다. 그리고 진정한 프로세스 혁신이 시작되어야 할 올바른 출발점을 제시하겠습니다.

[그림 II-1] 이상에 치우친 프로세스 혁신의 함정

과거 프로세스 혁신 방법론과 실패 원인

앞에서 언급된 것처럼 아무리 좋은 기술이라도, 기초가 되는 현재의 프로세스를 제대로 이해하고 이를 토대로 혁신을 하지 않으면 업무 효율성, 생산성 향상, 고객 만족도 제고와 같은 효과를 얻기 어렵습니다. 현실을 무시한 이상적인 모델 추구는 마치 기초가 부실한 건물에 화려한 외벽만 덧대는 것과 같습니다.

이러한 관점에서 다시 한번 과거의 프로세스 혁신 방법들을 되돌아볼 필요가 있습니다. 당시 프로세스 혁신을 위해 어떤 기술과 방법론이 활용되었는지, 그리고 왜 많은 경우, 이들이 지속적으로 정착되어 발전하지 못했는지를 살펴보아야 합니다. 이러한 분석을 통해서만, 오늘날 디지털 전환 환경 속에서 '실행가능한 프로세스 중심' 혁신이라는 올바른 방향을 세울 수 있기 때문입니다.

"과거 프로세스 혁신 기술과 방법론은 왜 지속적으로 활용되지 못하였는가?"

1990년대 이후 기업들은 비즈니스 프로세스 최적화를 위해 다양한 혁신 방법론과 기술을 도입했습니다. BPR, TQM[13], Six Sigma[14], Lean[15], WfMS[16] 등은 한때 전 세계적으로 유행하며 기업 혁신의 상징처럼 자리 잡았습니다.

이들 방법론은 프로세스 분석과 재설계, 품질 및 비용 절감, 프로세스 표준화와 통합을 목표로 했으며, 당대 IT 기술과 결합해 상당한 성과를 거둔 사례도 존재했습니다. 그러나 많은 경우, 다음과 같은 구조적 한계로 인해 시간이 지나면서 흐지부지되거나 원래의 혁신 취지를 잃고 형식적인 절차로 전락하는 결과를 맞았습니다.

- **일회성 캠페인화:** 현실을 무시한 프로젝트성 활동에 그쳐 조직 문화로 정착하지 못함
- **기술 도입 중심의 접근:** 이상에 치우치거나 IT 시스템 구현에만 치중하여 프로세스 본질 개선이 간과되었음
- **현장 참여 부족:** 실무자의 인식 변화와 참여 없이 경영진 주도로만 추진
- **지속적 데이터 기반 관리 부재:** 성과 측정과 모니터링이 체계적으로 이루어지지 않음
- **환경 변화 대응 한계:** 초기 설계 이후 프로세스 변화 관리가 미흡하여 시장 변화에 뒤처짐

---

13) Total Quality Management의 약자로 조직 전체가 참여하여 고객 만족을 위해 지속적으로 품질을 개선하는 경영 철학입니다. 1980년대 일본 기업들의 성공 사례로 주목받았지만, 추상적 개념 중심이라 구체적 실행 방법이 모호하고, 품질 개선에만 집중해 비용이나 속도 등 다른 성과 지표는 상대적으로 소홀히 다뤄지는 한계가 있었습니다.

14) Six Sigma는 모토로라에서 개발된 품질 관리 방법론으로, 통계적 데이터 분석을 통해 결함을 100만 개당 3.4개 이하로 줄이는 것을 목표로 합니다. DMAIC(정의-측정-분석-개선-제어) 단계를 통해 프로세스의 변동성을 줄이고 품질을 향상시키지만, 주로 제조업 중심의 정량적 개선에 초점을 맞춰 복합적인 비즈니스 프로세스 혁신에는 한계가 있었습니다.

15) Lean은 도요타에서 시작된 방법론으로 '낭비(Waste) 제거'를 통해 고객 가치를 극대화하는 것이 핵심입니다. BPR과 달리 기존 프로세스를 점진적으로 개선하며 현장 직원의 참여와 지속적 개선(Kaizen) 문화를 중시하지만, 제조업 중심의 물리적 낭비 제거에 초점을 맞춰 복잡한 지식 업무나 서비스업에 적용하기 어렵고, 점진적 개선만으로는 근본적 프로세스 혁신에 한계가 있었습니다.

16) Workflow Management System의 약자로 업무 프로세스를 시스템화하여 작업 흐름을 자동화하고 관리하는 IT 솔루션입니다. 문서 결재, 승인 프로세스 등을 전자화하여 업무 효율성을 높이지만, 기존 프로세스의 근본적 문제는 해결하지 못하고 단순히 디지털화하는 한계가 있었습니다.

[표 II-1] 과거 프로세스 혁신 기술 · 방법론과 지속 활용 실패 원인

시기	기술 및 방법론	주요 특징	지속적 활용 실패 원인
1990년대 초반	BPR	· 프로세스 전면 재설계 · 대폭적 효율 향상 목표	· 이상적 모델추구 · 조직문화와 인적요소 간과 · 변화관리 체계 부족
1990년대 중반	TQM	· 전사 품질 경영, · 지속적 개선, 고객중심	· 측정 지표의 과다 · 현장 실천력 저하
2000년대 초반	Six Sigma	· 데이터 기반 품질 개선 · 결함률 최소화	· 복잡한 절차와 과도한 통계 의존 · 유연성 부족
2000년대 초~중반	Lean	· 낭비 제거 · 흐름 최적화	· 비용절감 중심 변질 · 혁신 의지 약화
2000년대 중반	ERP	· 부서 간 통합 · 표준화된 데이터 관리	· 프로세스 특성 미반영 · 과도한 커스터마이징
2000년대 후반	WfMS	· 업무 절차 자동화, · 승인 경로 전산화	· 예외 처리 한계 · 변화 대응 속도 저하

왜 프로세스 마이닝인가?

왜 비즈니스 혁신의 본질은 실행 가능한 프로세스가 되어야 하는가?

비즈니스 혁신은 흔히 첨단 기술이나 신제품, 새로운 비즈니스 모델 도입과 동일시되지만, 실질적으로는 '프로세스' 변화 없이는 진정한 혁신을 구현할 수 없습니다. 기업의 모든 활동은 프로세스라는 유기적 흐름 속에서 이루어지며, 기술과 전략은 이 흐름을 바꾸는 수단에 불과합니다. 따라서 프로세스는 기업의 혈관이자 신경망이며, 이를 어떻게 설계하고 실행하느냐가 경쟁력을 결정합니다.

기업이 고객에게 가치를 전달하는 과정은 하나의 업무나 특정 부서 활동으로 완결되지 않습니다. 아이디어 발상부터 제품·서비스 설계, 생산, 유통, 판매, 사후 서비스까지 수많은 부서와 사람, 시스템이 긴밀하게 연결된 복합적 흐름을 거칩니다. 이러한 엔드투엔드 프로세스의 품질과 효율성이 고객이 경험하는 가치와 만족도에 직결됩니다.

본 절에서는 이처럼 중요한 프로세스의 현실적 문제들을 구체적으로 살펴보고, 기존의 혁신 방법론이 실패할 수밖에 없었던 근본 원인을 체계적으로 분석합니다. 그리고 진정한 프로세스 혁신을 위한 올바른 출발점과 접근 방향을 제시합니다.

2.1 가치 사슬 관점에서의 프로세스 이해가 필요하다

프로세스 혁신의 출발점은 개별 활동의 개선이 아니라 가치 창출의 전체 흐름을 파악하는 데 있습니다. 마이클 포터[17]가 제시한 가치 사슬 개념은 기업의 활동을 '주요 활동'과 '지원 활동'으로 구분하여, 각각이 고객가치 창출에 어떻게 기여하는지를 분석하게 합니다.

기업의 경쟁우위는 제품이나 서비스 자체의 품질뿐 아니라 고객에게 전달되는 방식, 시점, 경험으로 크게 좌우됩니다. 예를 들어 제조업에서는 원재료 조달부터 최종 제품의 인도까지, 서비스업에서는 고객 접점에서의 응대부터 사후 관리까지 전 과정이 하나의 가치 사슬로 연결됩니다.

이때 어느 한 부분만 최적화하고 나머지 구간을 방치하면, 전체 가치 전달의 속도와 품질이 현저히 저하될 수밖에 없습니다.

- 마이클 포터의 가치 사슬 이론에 따르면, 원재료 조달에서 제품 출하, 마케팅, 판매, 서비스에 이르는 전 과정이 하나의 연결된 가치 창출 흐름임
- 이 흐름의 어느 한 단계라도 병목, 오류, 지연이 발생하면 전체 성과가 저하됨
- 따라서, 프로세스 개선은 단순히 개별 부서의 효율 향상이 아니라 전체 흐름의 최적화를 목표로 해야 함

■ **사례**[18]

LG전자는 BMW와의 협업 물류망 재설계를 통해 자동차 부품 공급망에 프로세스 혁신을 적용했습니다. 기존에는 유럽 보세창고와 물류 허브를 거쳐 아시아 조립 공장에 납품하는 복잡한 구조였으나, 이를 공장에서 조립공장으로 직배송하는 단순 구조로 전환했습니다. 그 결과 전체 리드타임이 16~20주에서 2~5주 수준으로 단축되어 공급망의 속도와 효율성이 크게 개

---

17) 마이클 포터(Michael E. Porter)는 경영 전략과 경쟁 우위 분야에서 세계적으로 가장 영향력 있는 학자 중 한 명입니다. 현재 미국 하버드 경영대학원의 석좌 교수이며, 기업과 국가의 경쟁력을 분석하고 향상시키는 데 필요한 이론과 모델을 다수 제시했습니다.
18) 출처: LG전자 How LG Realizes Customer Value by Supporting BMW Group (5/20/2025)

선되었습니다. 또한 납품 지연이나 예측 불확실성이 줄어들어 운영 안정성과 고객사 신뢰가 강화되었습니다. 나아가 이러한 혁신은 비용 절감뿐 아니라 지속적 파트너십 강화와 경쟁우위 확보라는 정성적 성과로 이어졌습니다.

2.2 기술은 프로세스를 바꾸는 '수단'일 뿐이다

많은 조직이 첨단 기술 도입 자체를 혁신이라고 착각하는 경우가 많습니다. ERP, CRM[19], SCM[20], AI, RPA 등 최신 디지털 기술은 강력한 혁신 가능성을 제공하지만, 기존 프로세스의 근본적 비효율이 개선되지 않은 상태에서 이런 기술을 무작정 적용하면 오히려 문제를 더욱 고착화시킬 위험이 있습니다.

기술은 프로세스를 더 효율적으로 수행할 수 있도록 지원하는 도구이지, 그 자체만으로 혁신을 보장하지는 않습니다. 잘못된 프로세스를 단순히 자동화하면 잘못된 결과를 더 빠르게, 더 가속하는 역효과가 나타납니다.

따라서 기술 도입에 앞서 반드시 현재 진행되고 있는 프로세스의 실제 흐름과 숨어있는 병목 지점, 빈번한 처리 오류, 불필요한 중복 업무들을 체계적으로 식별하고 분석해야 합니다. 그 다음에 구체적인 개선 방안을 마련한 후, 비로소 정비된 프로세스 기반 위에 적합한 기술을 적용해야 진정한 혁신 효과를 거둘 수 있습니다.

- 기술은 문제 해결의 도구이지, 문제를 스스로 없애지 않음
- 문제의 근본 원인(병목, 불필요한 절차, 중복 작업 등)을 제거하지 않으면, 새로운 시스템은 내재된 문제를 해결하는 것이 아니라 그대로 답습하게 됨
- 프로세스 분석과 재설계 없이 기술 도입만 진행하면 '자동화된 혼란Automated Chaos'이 발생

---

19) Customer Relationship Management(고객관계관리)는 고객 데이터를 통합 관리하여 영업, 마케팅, 서비스 활동을 체계화하고 고객과의 관계를 효과적으로 관리하기 위한 시스템입니다.
20) Supply Chain Management(공급망관리)는 원자재 조달부터 최종 고객에게 제품이 전달되기까지의 전체 공급망을 통합적으로 관리하여 비용 절감, 품질 향상, 배송 시간 단축을 추구하는 관리 시스템입니다.

하게 됨

■ 사례[21]

독일 할인형 슈퍼마켓 체인인 Lidl은 2011년부터 전사적 재고관리 시스템인 eLWIS를 도입하기 위해 SAP와 대규모 프로젝트를 추진하였습니다. 약 1,000명의 내부 직원과 수백 명의 컨설턴트가 투입될 정도로 회사 차원의 기대가 컸고, 2017년에는 SAP로부터 '최고 고객상'을 수상하며 성공적인 도입이 가시화되는 듯했습니다. 그러나 불과 1년 뒤인 2018년 7월, 프로젝트는 결국 실패로 판정되었고 Lidl은 다시 기존 재고관리 시스템으로 돌아갈 수밖에 없었습니다. 약 5억 유로라는 막대한 비용이 투입되었음에도 불구하고 "사실상 처음부터 다시 시작해야 한다"는 내부자의 발언처럼, 결과적으로 기업은 아무런 실질적 성과를 얻지 못했습니다. Lidl은 전 세계 29개국에 1만 개가 넘는 매장을 운영하는 Schwarz Group의 핵심 브랜드이자 매출의 80%를 차지하는 거대 유통사임에도, 기존 관행을 유지한 채 ERP를 도입하는 접근은 실패로 귀결되었습니다. 이 사례는 운영 방식과 프로세스를 근본적으로 재설계하지 않으면 ERP 프로젝트가 성공하기 어렵다는 중요한 교훈을 보여 줍니다.

2.3 경쟁력은 전략이 아니라 실행에서 나온다

조직이 아무리 훌륭한 전략을 수립해도, 그것이 현장에서 제대로 실행되지 않으면 아무런 의미가 없습니다. 실행은 단순히 계획서대로 업무를 처리하는 것을 넘어서, 변화 관리, 이해관계자 간 조율, 현장 상황에 맞는 적용을 포함하는 매우 복합적인 활동이기 때문입니다. 앞서 살펴본 과거의 혁신 방법들이 지속적으로 활용되지 못하고 실패한 주된 이유도 바로 전략을 실제로 실행할 수 있는 체계와 이를 지속적으로 개선해 나갈 수 있는 실행 플랫폼이 부재했기 때문입니다.

많은 경우 전략은 경영진의 화려한 프레젠테이션 자료나 보고서에서만 빛을 발할 뿐, 실제

---

21) 출처: henricodonfing "Lidl's €500 Million SAP Debacle", 05/05/2020

현장에서는 기존의 굳어진 관행과 복잡한 권한 구조에 막혀 제대로 실행되지 못합니다. 특히 승인 절차가 지나치게 복잡하거나 부서 간 협업이 원활하지 않으면, 전략 실행 속도가 현저히 늦어지고 시장에서 기회를 포착할 수 있는 중요한 타이밍을 놓치게 됩니다. 따라서 진정한 실행력은 단순화된 의사결정 체계, 명확한 역할과 책임 분담, 그리고 객관적인 성과 측정 지표를 기반으로 체계적으로 구축되어야 합니다.

- 전략의 90%는 실행 과정에서 좌절되고 있음[22]
- 변화에 민첩하게 대응하려면 프로세스가 유연하고 조정 가능해야 함
- 프로세스 투명성과 데이터 기반 의사결정이 확보되면, 변화 요구 → 영향 분석 → 실행의 사이클을 단축할 수 있음

■ 사례[23]

한 스페인에 본사를 둔 Inditex는 전 세계 최대 규모의 패션 그룹으로, Zara를 비롯한 8개 브랜드를 운영하며 독창적인 패스트 패션 비즈니스 모델을 구축했습니다. Inditex는 수직 계열화된 공급망 관리와 인접(proximity) 소싱 전략을 통해 제품 출시 주기를 기존 6개월에서 단 2주로 단축하였습니다. 생산을 스페인, 포르투갈, 모로코 등 본사 인근 지역에 집중함으로써 수요 변화에 신속히 대응할 수 있었고, 이를 통해 유럽 매장에는 24시간, 미주와 아시아 매장에는 48시간 내 배송이 가능하게 되었습니다.

또한 매주 두 차례 전 세계 매장에 신상품을 공급하는 체계를 마련하여 매장 재고를 꾸준히 갱신함으로써 고객이 연평균 17회 방문하는 높은 충성도를 확보하였습니다.

이와 더불어 Inditex는 대규모 광고 캠페인 대신 핵심 상권에 위치한 플래그십 스토어를 통해 브랜드 이미지를 강화하고, 광고 비용을 매출의 0.3% 수준으로 억제하여 경쟁사의 평균 5% 대비 크게 절감했습니다.

22) 하버드 비즈니스 리뷰 조사 결과에서 인용
23) Inditex 사례 연구(2021, University of South Carolina)

2.4 엔드투엔드 관점에서의 최적화가 필요하다

엔드투엔드 최적화란, 프로세스를 시작점부터 완료까지 하나의 연결된 통합 흐름으로 바라보고 전체적인 성과를 극대화하는 체계적 접근 방법입니다. 대부분의 기업은 각 부서별 목표와 성과 지표를 중심으로 운영되는데, 이런 방식은 부분 최적화의 함정에 빠질 위험이 매우 높습니다. 예를 들어, 생산 부서가 자체 효율성을 높이기 위해 대량 생산을 늘리면, 판매 부서가 이를 제때 소화하지 못해 재고가 과도하게 누적되는 전사적 비효율 상황이 발생할 수 있습니다.

엔드투엔드 관점에서는 고객의 초기 주문 접수부터 제품 납품, 사후 서비스까지의 모든 단계를 하나의 유기적 체계로 설계하고 통합 관리합니다. 이를 효과적으로 구현하기 위해서는 프로세스의 체계적 최적화 및 표준화와 더불어 실시간 성과 모니터링 시스템이 필수적이며, 이렇게 접근해야 업무 처리상의 병목 지점들이 부서 간 경계 뒤에 숨지 않고 명확히 드러나며, 진정한 전체 프로세스 흐름의 최적화가 비로소 가능해집니다.

- 부서 간 경계를 제거하여 구매·생산·물류·고객 서비스가 하나의 흐름으로 작동하게 함
- 동일한 프로세스 관련 데이터 소스를 공유하여 승인 지연과 재작업을 최소화
- 고객 리드타임과 완전 납품률 등 엔드투엔드 KPI로 성과를 측정
- 과거·실시간 데이터를 활용해 병목과 수요 급증을 사전에 예측
- 표준 절차를 유지하면서도 시장 변화에 대응할 수 있는 유연성 확보

■ 사례[24]

아마존은 고객 주문이 접수되는 순간부터 재고 확인, 물류센터에서의 상품 피킹·패킹, 최종 배송지까지의 라스트마일 배송에 이르기까지 엔드투엔드 전 과정을 하나의 통합된 시스템에서 실시간으로 모니터링 하고 관리합니다. 이런 통합적 접근을 통해 각 단계별 병목 지점을 즉시 파악하고 신속하게 해결함으로써, 배송 지연율을 기존 15%에서 3%로 대폭 줄이는 놀라운 성과를 달성했습니다.

---

24) 출처: Amazon Sustainability Report 2021

[그림 II-2] 아마존 엔드투엔드 가치 체인

🔍 **KEY TAKEAWAY**

▶ 모든 비즈니스 가치는 프로세스를 통해 창출되므로, 혁신의 출발점은 프로세스에 있다.

▶ 기술·조직·전략의 변화도 결국 프로세스 개선 없이는 효과를 발휘하지 못한다.

▶ 프로세스는 고객 경험과 기업 성과를 직접적으로 연결하는 핵심 연결고리이다.

▶ 엔드투엔드 관점에서의 프로세스 최적화가 기업 경쟁력을 좌우한다.

▶ 프로세스를 무시한 혁신은 단기 성과에 그치고 지속 가능성을 확보하지 못한다.

3

'프로세스 불투명'이란 무엇인가?

투명하지 못한 프로세스는 조직 내에서 실제로 진행되는 업무 흐름과 현재 상태를 명확하게 파악하기 어려운 상황을 의미합니다.

프로세스가 투명하지 않다는 것은 단순히 업무 문서가 부족하거나 설명 자료가 어려운 것을 뜻하지 않습니다. 이는 실제 업무 진행 흐름이 보이지 않고, 업무 병목이나 예외 상황, 불필요한 반복 작업 등 다양한 문제들이 기존 시스템이나 정기 보고서에서는 전혀 감지되지 않는 상태를 의미합니다. 이러한 프로세스 불투명은 단기적인 비효율 문제를 넘어서, 조직의 전반적인 민첩성과 시장 경쟁력을 근본적으로 약화시키는 구조적 원인이 됩니다.

앞서 언급된 BPR, Lean, Six Sigma 같은 프로세스 혁신 방법론들이 지속되지 못하고 실패한 핵심 이유도 바로 여기에 있습니다. 프로세스는 시장 환경과 조직 상황에 따라 끊임없이 변화하는 역동적 특성을 가지고 있는 반면, 이러한 변화를 정량적으로 측정하고 지속적으로 개선해 나갈 수 있는 실질적 수단이 부재했기 때문입니다.

본 절에서는 프로세스 불투명성이 조직에 미치는 구체적 문제점들과 기존 프로세스 분석 방법론의 근본적 한계에 대해 살펴보겠습니다.

3.1 '프로세스 불투명'의 정의

일반적으로 많은 기업들은 프로세스를 체계적으로 수립하고 문서화하면 업무가 제대로 통제되고 관리되고 있다고 믿습니다. 하지만 실제 비즈니스 현장에서는 프로세스가 문서나 시스템 설계도와 달리 다양한 내외부 요인에 의해 끊임없이 변화하고 진화합니다. 이로 인해 실제 업무 실행 흐름이 관리자들의 시야에서 점점 벗어나게 되고, 공식적인 프로세스 문서와 현실 사이에 큰 괴리가 발생하는 일이 빈번하게 일어납니다.

이러한 현상을 바로 '프로세스 불투명'이라고 부릅니다.

(1) '프로세스 불투명'의 의미

'불투명하다'는 것은 단순히 프로세스가 복잡하거나 이해하기 어렵다는 의미가 아닙니다.

보다 정확히 표현하자면, 프로세스가 실제로 '어떻게 수행되고 있는지'를 제대로 파악하지 못하는 상태를 의미합니다. 즉, 특정 업무가 누구에 의해, 언제, 어떤 경로와 방식으로, 그리고 왜 그렇게 처리되었는지에 대한 구체적 정보를 조직 차원에서 확인하거나 체계적으로 추적할 수 없는 상태를 말합니다.

(2) '불투명한 프로세스'의 3가지 특징

'불투명한 프로세스'는 다음과 같은 세 가지 특징을 가집니다.

- **실제 흐름이 '보이지 않는다'**
  - 업무가 어떤 경로를 통해 처리되고 있는지 확인이 불가능함
  - 시스템 로그나 추적 가능한 기록이 부족하거나 존재하지 않음

- **'표준'과 '현실' 간의 괴리가 있다**

- 공식 문서에 정의된 프로세스와 실제 수행 방식이 다름

- 공식 시스템 외 메신저, 이메일, 수기 등의 비공식 루트가 활용됨

- **이상 징후가 '감지되지 않는다'**

  - 병목, 반복 처리, 우회 경로 등 문제 현상이 시스템상에서 드러나지 않음

  - 관리자는 문제 발생 후에야 사후적으로 인지하게 됨

[표 II-2] 투명한 프로세스와 불투명한 프로세스의 차이점

구분	투명한 프로세스	불투명한 프로세스
흐름 파악 가능 여부	흐름도, 시스템 로그 등으로 시각화 가능	일부 단계만 추적 가능하거나 흐름이 단절됨
예외 대응 방식	명확한 예외 처리 루트 및 권한 존재	비공식적 합의, 숙련자의 경험에 의존함
병목 감지	병목 구간이 데이터 기반으로 자동 식별 가능	병목이 발생해도 인지되지 않거나 사후 감지됨
개선 기회	실행 데이터를 바탕으로 지속적 개선 가능	개선 시도가 감에 의존하거나 반복적으로 실패

(3) '프로세스 불투명'이 발생하는 주요 원인

프로세스 불투명은 다음과 같은 구조적 문제에서 기인합니다.

- **이기적인 시스템 구성:** 부서별 시스템이 서로 연동되지 않아 전체 흐름이 보이지 않음
- **실행 데이터 미수집:** 실제 업무 수행 로그가 시스템에 저장되지 않거나, 분석이 불가능함
- **관행과 암묵적 지식:** 문서나 시스템보다 담당자의 관행과 경험에 의존
- **보고서 중심 관리:** KPI 보고서만으로 운영을 판단하며, 업무 흐름 자체를 보지 않음

 왜 프로세스 마이닝인가?

(4) '투명한 프로세스'를 만든다'는 것은 어떤 의미인가?

투명한 프로세스란 단순히 업무 문서를 체계적으로 정비하거나 ERP 시스템을 도입했다고 해서 자동으로 완성되는 것이 아닙니다.

진정한 프로세스의 투명성은 다음과 같은 핵심 조건들을 모두 충족할 때 비로소 확보됩니다.

- 실제 흐름을 정량적 데이터로 확인할 수 있어야 함
- 누가 언제 어떤 경로로 처리했는지를 시각화할 수 있어야 함
- 예외나 반복 작업이 발생했을 때 원인을 추적하고 개선할 수 있어야 함

이러한 투명성 기반이 체계적으로 마련되어야만 조직은 비로소 자신의 업무 프로세스에 숨어있는 다양한 비효율 요소들을 명확히 인식하고, 이를 바탕으로 지속 가능한 프로세스 혁신을 체계적으로 설계할 수 있는 견고한 출발점을 확보하게 됩니다.

> 🔍 **KEY TAKEAWAY**
>
> ▶ 프로세스 불투명은 실제 흐름을 조직이 인지하거나 통제하지 못하는 상태를 의미한다.
>
> ▶ 이는 '문서화되지 않은 비공식적인 프로세스 실행', '시스템 외 처리' 등에서 발생한다.
>
> ▶ 조직은 프로세스를 시각화하고 측정 가능한 프로세스 데이터 기반으로 먼저 프로세스 투명성을 확보해야 개선이 가능하다.

3.2 '프로세스 불투명' 무엇이 문제인가?

앞서 살펴본 것처럼, 프로세스 불투명은 단순히 '모른다'는 수준을 넘어서 실제 업무 흐름을 심각하게 왜곡시키고, 문제를 구조적으로 고착화하며, 개선의 기회를 원천적으로 차단하는

위험한 상태를 의미합니다. 이러한 불투명성은 조직의 각 업무 처리 단계에서 '의도하지 않은 프로세스 흐름의 변화'를 지속적으로 유발하며, 이는 곧 운영 비효율, 비용 증가, 고객 불만 확산, 예상치 못한 리스크 발생 등의 연쇄적 문제로 이어집니다.

실제로 많은 기업들이 '현재 우리가 수행하고 있는 프로세스에는 별다른 문제가 없다'고 안일하게 판단하고 있지만, 대부분의 경우 눈에 보이지 않는 업무 처리 흐름의 미세한 왜곡들이 지속적으로 누적되어, 기업의 핵심 경쟁력을 서서히 그러나 확실하게 침식시키고 있는 경우가 매우 많습니다.

(1) '병목'이 병목으로 인식되지 않는다

프로세스 불투명 환경에서는 업무 병목이 분명히 존재해도 그 현상 자체를 제대로 인식하지 못하는 경우가 매우 빈번합니다.

이는 다음과 같은 구조적 원인들에서 발생합니다.

- 업무 병목이 여러 단계에 분산되어 있어 개별적으로는 미미해 보이지만 누적된 전체 영향이 명확하게 드러나지 않음
- 각 단계별 처리 시간과 대기 시간이 체계적으로 기록되지 않아 전체 리드타임 중 어느 구간에서 문제가 발생했는지 정확히 파악하기 어려움
- 병목 지점을 인지하더라도 해당 업무가 외부 업체나 다른 부서 소관이라는 이유로 직접적인 조치가 불가능하다고 단정하고 방치함

이처럼 업무 병목 지점이 명확하게 보이지 않으면, 조직은 단순히 '전체적으로 처리 시간이 너무 느리다'고만 판단하게 됩니다. 그 결과 정확한 원인 분석 없이 해당 부서에 성과 압박을 가하거나 무작정 인력을 늘리는 등 근본적 해결책과는 거리가 먼 잘못된 대응 방식으로 이어지게 됩니다. 이런 접근은 오히려 비용만 증가시키고 실질적 문제 해결에는 전혀 도움이 되지 않습니다.

   왜 프로세스 마이닝인가?

(2) 반복 작업이 '당연한 절차'로 굳어진다

불투명한 프로세스 환경에서는 불필요한 반복 작업들이 시스템이나 관리자의 시야에서 완전히 벗어나 있으며, 시간이 지나면서 마치 정상적인 업무 절차인 것처럼 조직 내에 완전히 고착화됩니다. 이런 문제의 대표적인 사례들은 다음과 같습니다.

- 동일한 고객 정보나 서류 내용을 서로 다른 시스템마다 매번 중복해서 입력하는 작업
- 승인 프로세스에서 실질적으로 동일한 내용을 여러 부서가 각각 따로따로 검토하고 확인하는 절차
- 단순한 포맷 오류나 양식 문제로 인해 문서를 반복적으로 다시 작성하고 재제출하는 과정이 당연한 일처럼 받아들여짐

이런 반복 작업들이 조직 차원에서 명확하게 드러나지 않는 핵심 이유는, 현장 직원들에게는 일상적이고 익숙한 업무로 인식되는 반면, 전체 시스템 관점에서는 단순한 예외 처리 사안으로만 취급되기 때문입니다.

이러한 구조적 문제는 조직의 생산성과 업무 정확성을 동시에 크게 떨어뜨리는 주요 원인이 됩니다.

(3) 우회 루트가 생겨나고 표준이 무시된다

업무 프로세스가 명확하지 않거나 비효율적일 때, 구성원들은 이런 문제를 해소하기 위해 공식 루트가 아닌 다양한 우회 경로를 자연스럽게 사용하기 시작합니다.

이는 단기적으로는 실용적이고 효율적인 방법처럼 보일 수 있지만, 장기적으로는 다음과 같은 심각한 문제들을 유발합니다.

- 비공식 소통 채널(이메일, 메신저, 전화 등)을 통한 주요 사안의 승인 및 업무 지시 전달

- ERP나 공식 업무 시스템을 통하지 않고 수기 문서나 엑셀 파일로 업무 처리
- 조직 차원의 공유 시스템이 아닌 담당자 개인의 컴퓨터나 개인 파일에만 존재하는 중요 업무 자료들

이처럼 표준화된 공식 프로세스가 지속적으로 무시되고 우회되면, 조직 전체의 일관성 있는 업무 품질 유지가 매우 어려워지고, 문제 상황이 발생했을 때 명확한 책임 소재 파악이나 데이터 추적 자체가 완전히 불가능하게 됩니다.

(4) 잘못된 진단으로는 개선 효과가 없다

업무 처리 흐름이 명확하게 파악되지 않으면, 당연히 문제의 근본 원인 진단도 피상적이고 표면적인 수준에만 머물게 됩니다. 예를 들어, 고객 불만이 지속적으로 증가하는 상황에서 관리자나 담당자는 다음과 같은 성급하고 잘못된 판단을 내릴 가능성이 높습니다.

- '고객 응대 전담 인력을 더 많이 배치하면 문제가 해결될 것이다'
- '복잡한 문서와 양식을 간소화하면 처리 속도가 자연스럽게 빨라질 것이다'
- '신규 시스템만 도입하면 문제는 사라질 것이다'

그러나 실제 문제의 핵심은 중간 승인 담당자의 업무 처리 지연, 불필요한 반복 재요청 발생, 서로 다른 시스템 간 데이터 연동 오류나 인터페이스 누락 등 눈에 잘 보이지 않는 업무 처리 흐름상의 구조적 문제인 경우가 대부분입니다.

이러한 불투명한 상황에서 진행되는 업무 프로세스 개선 노력은 본연의 문제를 전혀 해결하지 못하고, 결국 조직은 '상당한 투자와 노력을 기울였지만 가시적 성과는 전혀 없는 결과'를 계속해서 반복하게 되는 악순환에 빠지게 됩니다.

 왜 프로세스 마이닝인가?

■ 사례[25]: KPI는 달성됐지만 고객은 떠났다

Wells Fargo는 내부 영업조직에 공격적인 교차판매 목표를 부여하며 판매 KPI 달성을 최우선 과제로 삼았습니다.

이 과정에서 직원들은 고객의 동의 없이 수백만 개의 예금, 적금, 신용카드 계좌를 무단으로 개설하는 불법적 행위를 통해 KPI를 맞췄습니다. 표면적으로는 계좌 개설 수, 교차판매 건수 등 핵심 지표가 빠르게 상승했지만, 실제 프로세스는 승인과 통지, 검증 절차가 불투명하게 운영되었고, 감사 추적 역시 제대로 수행되지 않았습니다. 즉, KPI는 달성되었으나 고객 신뢰를 기반으로 한 투명한 절차는 무너진 것입니다.

이러한 불투명성은 결국 고객의 이탈로 직결되었습니다. 스캔들이 공개된 직후 2016년 10월 신규 소비자 계좌 개설 건수는 전월 대비 27%, 전년 동월 대비 44% 감소했고, 신용카드 신청 역시 전월 대비 35%, 전년 동월 대비 50% 줄었습니다. 이어 11월에도 체크 계좌 신규 개설이 전월 대비 9%, 전년 동월 대비 41% 감소하는 등 고객 신규 유입이 급격히 위축되며 사실상 대규모 고객 이탈이 발생했습니다.

이 사례는 단기적인 KPI 성과에만 집중해 프로세스의 투명성을 희생할 경우, 겉으로는 지표가 달성된 듯 보이지만 결과적으로는 고객 신뢰 상실, 신규 고객 유입 축소, 대규모 고객 이탈, 그리고 규제기관의 강력한 제재라는 심각한 대가로 이어질 수 있음을 잘 보여 줍니다.

> **🔍 KEY TAKEAWAY**
>
> ▶ 프로세스 불투명성은 업무 병목, 불필요한 반복 작업, 비공식 우회 경로 같은 프로세스 흐름의 심각한 왜곡을 지속적으로 야기하며, 이는 결국 모든 개선 노력의 실패로 직결된다.
>
> ▶ 눈에 보이지 않는 실제 업무 흐름은 잘못된 원인 진단과 엉뚱한 방향의 개선 시도를 반복적으로 낳으며, 그 결과 예상치 못한 리스크와 운영 비용이 지속적으로 누적된다.
>
> ▶ 실제 업무 실행 기반의 정량적 데이터와 프로세스 흐름의 체계적 시각화 없이는, 진짜 문제의 본질을 정확히 파악할 수 없고 근본적인 해결책을 제대로 설계할 수도 없다.

---

25) 출처: files.consumerfinance.gov, 2016-CFPB-0015 Document 1 Filed 09/08/2016

3.3 '프로세스 불투명'이 초래하는 문제

프로세스가 불투명하다는 것은 단순히 '보이지 않는다'는 차원을 넘어서, 실제 조직 운영 전반에서 다양한 구조적 부작용과 예측 불가능한 리스크를 지속적으로 만들어냅니다. 업무 처리 병목 현상과 불필요한 반복 작업, 각종 규정 위반 및 감사 리스크 노출, 고객 경험의 현저한 저하와 그에 따른 기업 평판 손상은 그 대표적인 결과물들입니다.

이러한 다양한 문제들은 개별적으로 존재하는 것이 아니라 서로 긴밀하게 영향을 주고받으며 점점 더 심각한 악순환 구조를 형성하게 됩니다. 그 결과 장기적으로는 조직의 핵심 경쟁력이 점진적으로 약화되고, 아무리 훌륭한 전략을 수립해도 실제 현장에서의 실행 실패로 이어지는 치명적 결과를 초래하게 됩니다.

(1) 숨겨진 병목과 반복작업

'프로세스 병목'은 단순한 업무 비효율의 문제가 아니라, 업무 흐름이 어떻게 잘못 설계되어 실행되고 있으며, 구체적으로 어느 지점에서 왜곡되고 있는지를 명확히 보여 주는 중대한 경고 신호입니다.

특히 프로세스가 여러 부서나 서로 다른 시스템을 복합적으로 거치는 엔드투엔드 흐름일수록 병목 지점은 조직 차원에서 감춰지기 쉬우며, 불필요한 반복 작업들은 현장에서 무의식적으로 정착되어 당연한 업무로 받아들여지기 쉽습니다.

프로세스 관점에서 파악해야 할 병목 현상의 특징들은 다음과 같습니다.

- **처리량 대비 자원 불균형**
  - 업무가 특정 단계에 몰리면서 다른 단계의 흐름까지 지연됨
  - 대부분 승인·검토·전송 등 의사결정 지점에서 발생

- **병목이 가시화되지 않음**

　　　　　　　　　　　　　　　　　　　

- 프로세스 실행 로그가 수집되지 않아 단계별 처리 시간을 분석할 수 없음
- 병목이 반복되더라도 담당자나 시스템에서 자동 감지되지 않음

• 조치 없이 방치되는 구조

- 병목 지점이 인지되더라도 담당 인력 부족, 부서 간 조직 경계선, 권한 범위 밖이라는 이유로 해결 시도 자체가 계속 지연되거나 회피됨
- 병목 현상을 해결해야 할 '문제'가 아닌 해당 업무 영역의 고유한 '업무 특성'으로 잘못 인식하여 개선 대상으로 보지 않음

프로세스 관점에서의 병목 현상의 특징은 다음과 같습니다.

• 데이터 입력·전송의 중복

- 여러 시스템 간 연동 미비로 인해 동일 데이터를 반복 입력
- 수기로 작성한 정보를 다시 ERP나 CRM에 재입력

• 승인 및 검토의 중첩

- 하나의 문서나 요청 건이 여러 부서나 단계에서 동일한 검토를 반복
- 승인 이력을 남기기 위한 '형식적 확인'이 반복 작업으로 이어짐

• 표준화 미흡

- 표준화되지 않은 입력 항목, 문서 포맷 등으로 인해 자동 처리 불가
- 예외 케이스가 많아, 결국 사람이 수작업으로 보완하는 구조

• 관행적 반복

- 과거 오류나 실수를 방지하기 위한 절차가 현재도 무비판적으로 유지됨
- "예전에 문제가 있었으니 이건 항상 확인해야 해"라는 말로 반복이 정당화

[표 II-3] 프로세스 흐름상의 병목·반복이 초래하는 영향

항목	영향 및 문제점
병목	리드타임 증가, 일정 지연, 부서 간 마찰, 처리 예측 불가
반복 작업	생산성 저하, 업무 집중도 하락, 오류 증가, 인력 비용 증가
공통 문제	실제 흐름 파악 불가, 개선 기회 인식 실패, 사후 대응만 반복

> **🔍 KEY TAKEAWAY**
>
> ▶ 업무 처리 병목은 프로세스 흐름상 특정 단계에서 처리 용량이 수요를 따라가지 못하여 발생하는 구조적 흐름 왜곡 현상이다.
>
> ▶ 반복 작업은 표준화되지 않은 데이터 입력 방식, 시스템 간 연동 부재, 관행적 절차의 무비판적 유지로 인해 업무 흐름상 불필요한 중복을 지속적으로 초래한다.
>
> ▶ 이 두 핵심 문제는 프로세스를 실행 데이터 기반으로 정량 측정하고 시각화하지 않으면 조직 차원에서 구조적으로 감지되지 않으며, 따라서 근본적인 개선 자체가 원천적으로 어렵다.

(2) 규정 위반과 감사 리스크 증가

프로세스 관점에서 규정 위반 및 감사 리스크는 단순히 개별 담당자의 실수나 부주의로 발생하는 것이 아니라, 프로세스 설계와 실제 현장 실행 사이의 구조적 불일치, 불충분한 통제 메커니즘 설계, 그리고 눈에 보이지 않는 각종 예외 처리 경로와 같은 근본적 요인들로 인해 발생합니다.

이는 결국 조직 차원에서의 '업무 처리 흐름에 대한 통제 실패'를 의미하며, 이런 통제력 상실은 필연적으로 조직의 운영 리스크와 컴플라이언스 리스크로 직결됩니다. 결국 조직이 직면하는 리스크 수준은 해당 조직이 프로세스를 어떻게 체계적으로 설계하고, 어떻게 일관되게 운영하며, 어떻게 지속적으로 감시하고 관리하는지에 따라 결정적으로 좌우되는 것입니다.

규정 위반이 발생하는 주요 프로세스 구조적 요인들은 다음과 같습니다.

왜 프로세스 마이닝인가?

- **비표준 경로의 존재**
  - 승인 루트, 예외 처리 방식이 시스템 외부(이메일, 전화 등)에서 이루어짐
  - ERP /BPM 시스템의 경로와 실제 실행 경로가 다름

- **실행 로그 부족**
  - 특정 단계(예: 임원 승인, 수작업 보완)의 기록이 남지 않음
  - 데이터가 시스템에 저장되더라도 누가, 언제, 왜 처리했는지 불명확

- **역할 기반 권한 통제 실패**
  - 권한 없는 사용자가 문서에 접근하거나 수정 가능
  - 업무 인계 시, 권한 회수 누락으로 퇴사자 계정이 사용되는 경우도 존재

- **표준 절차와 암묵지 혼용**
  - 공식 매뉴얼과 실제 업무 처리 흐름이 다르고, 현장에선 관행이 우선됨
  - 예외 처리 기준이 모호하거나 문서화되지 않음

감사 리스크의 프로세스적 특성은 다음과 같습니다.

- **통제점의 누락**
  - 업무 프로세스 중간에 승인자나 확인자가 누락되어 있거나 중복됨
  - 필수 입력값, 증빙 자료 누락 시에도 시스템이 이를 강제하지 않음

- **검증 불가능한 흐름**
  - 요청과 결과 사이에 업무 흐름의 단절이 존재
  - 전자서명, 승인 이력, 사유 기록 등 감사 추적 기능이 없음

- **사후 점검에 의존**
  - 업무 처리상에서 이상 행위가 실시간으로 감지되지 않고, 정기 감사 시 뒤늦게 발견됨
  - 이는 곧 기업의 지속적인 규정 위반 상태 방치로 이어짐

■ 사례[26]

프랑스 명품 그룹 산하의 한 패션 기업은 하청업체를 통해 가죽 제품을 생산하는 과정에서 심각한 프로세스 불투명성 문제가 드러났습니다. 해당 업체는 여러 차례의 공식 감사와 검사에서 문제가 없는 것처럼 통과했지만, 실제 현장에서는 미등록 불법 노동자를 고용하고, 열악한 근무 환경을 방치한 것으로 밝혀졌습니다.

이는 노동법과 사회보장법을 위반한 명백한 규정 위반이었으며, 동시에 감사 절차가 형식적이고 제한적으로만 수행되어 실질적인 문제가 드러나지 않았다는 점에서 감사 리스크가 크게 증가한 사례입니다. 결국 이 사건은 법적 조사와 사회적 비난으로 이어졌으며, 해당 회사를 포함한 명품 산업 전반의 공급망 신뢰도와 브랜드 평판에 심각한 타격을 주었습니다.

🔍 KEY TAKEAWAY

- ▶ 규정 위반은 단순 실수가 아니라, 프로세스 설계상의 오류 또는 실행 과정에서의 통제 실패에서 비롯된다.
- ▶ 감사를 통과하기 위해서는 프로세스의 흐름이 추적 가능하고, 예외 없이 자동 통제될 수 있어야 한다.
- ▶ 조직은 규정 준수를 위한 시스템만이 아니라, 프로세스 실행 전체를 가시화하고 감시할 수 있는 구조를 마련해야 한다.

---

26) 출처: Reuters, *Inside luxury goods' broken audit system* (2024. 12. 31.)

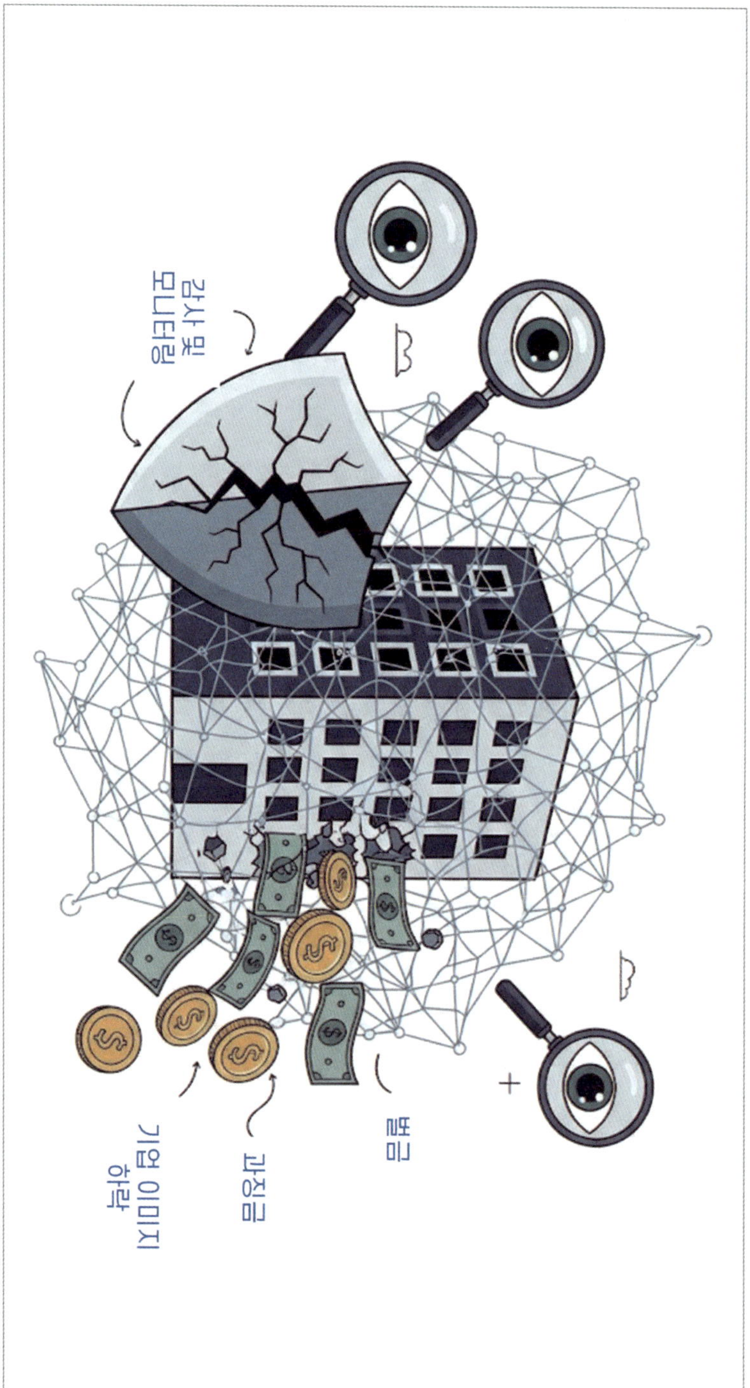

[그림 II-3] 규정 미준수로 인한 위험과 손실

(3) 고객 경험 저하와 평판 손상

고객 경험은 기업의 외부 접점과 직접적으로 연결된 프로세스의 최종 결과물입니다. 고객이 실제로 경험하는 업무 처리 지연, 불필요한 반복 요청, 부정확한 응답이나 오류 등은 대부분 조직 내부 프로세스의 불투명, 부서 간 흐름 단절, 예외 상황 처리 체계 미흡에서 직접적으로 비롯됩니다.

따라서 고객 경험의 품질 수준은 근본적으로 내부 프로세스의 정확성, 일관성, 신속성에 의해 결정되며, 이런 핵심 처리 과정이 왜곡되거나 비효율적으로 운영되면 고객의 기업에 대한 신뢰는 점진적으로 손상되고, 이는 결국 심각한 평판 리스크로 확산 전이됩니다.

프로세스 불투명성이 고객 경험에 미치는 주요 부정적 영향들은 다음과 같습니다.

- **서비스 진행 상태를 확인할 수 없음**
  - 고객이 요청한 업무 내용이 현재 어떤 단계에서 어느 상태로 처리되고 있는지 내부 담당자들조차 명확하게 파악하지 못함
  - → '현재 진행 중입니다', '검토하고 있습니다'라는 모호하고 획일적인 답변이 반복되며 고객 불만과 불신이 지속적으로 증가함

- **반복 입력 및 이중 요청 발생**
  - 고객이 이미 명확하게 제공한 개인정보나 업무 관련 정보를 다시 요구하거나, 동일한 서류를 여러 번 중복 제출하게 만듦
  - → 이는 내부 시스템 간 데이터 연동 미비 또는 프로세스 처리 기준과 절차가 부서별로 명확하게 정의되지 않았기 때문임

- **지연 대응과 처리 시간 예측 불가**
  - 업무 흐름상 병목 지점이나 예외 상황 처리에 대한 명확한 SLA가 설정되지 않아 응답 속도 편차가 매우 큼

→ 고객이 언제 어떤 결과를 받을 수 있는지 예측 불가능

- **내부 오류나 예외 사항이 고객에게 그대로 전이됨**
  - 승인 지연, 부서 간 책임 미루기, 서류 검토 오류 등 내부 문제가 고객 응대 과정에서 그대로 드러남
  → 고객은 해당 기업을 '무능하고 비전문적', '조직 내 소통과 협업이 안 되는 혼선 상태'로 인식하고 결국 이탈하게 됨

[표 II-4] 고객 경험 악화의 프로세스 흐름 예시

프로세스 상태	고객 측 체감 경험	원인 분석
요청 미 추적	"언제 처리되는지 모르겠어요"	프로세스 흐름 추적 불가
이중 자료 제출	"서류를 또 보내야 하나요?"	정보 자동 공유 실패, 병렬 요청 구조
지연된 처리	"왜 아직 결과가 안 나왔죠?"	병목 발생, 예외 처리 부재, 통합 SLA 부재
불완전한 설명	"왜 이렇게 복잡한지 모르겠어요"	고객 안내용 프로세스 시각화 부족

■ 사례[27]

독일의 한 글로벌 자동차 회사는 자사 디젤 차량에 '배출가스 시험을 조작하는 소프트웨어'를 장착하여 실제 주행 시보다 시험 환경에서만 낮은 오염물질 배출량을 보이도록 했습니다. 이로 인해 규제기관과 고객에게 제공된 정보는 왜곡되었고, 회사 내부의 관리 및 감사 프로세스 역시 불투명하게 운영되었습니다.

결과적으로 수백만 대의 차량이 리콜 조치 대상이 되었으며, 미국 환경보호청(EPA)과 여러 국가 규제기관으로부터 막대한 벌금과 제재를 받았습니다. 무엇보다 소비자들은 자신들이 친환경 차량을 구매했다고 믿었지만, 실제로는 환경오염을 가중시키는 차량을 소유했다는 사실에 큰 배신감을 느꼈습니다.

이 사건은 해당 기업의 브랜드 신뢰를 심각하게 훼손했고, 글로벌 시장에서 판매 감소와 평

---

27) 출처: NBER Working Paper: "A Study of the Volkswagen Emissions Scandal" (R. Bachmann, G. Ehrlich, Y. Fan, D. Ruzic — 2019)

판 손상으로 이어졌습니다.

여기서 핵심은 프로세스 불투명성이 문제의 근원이라는 점입니다. 배출가스 측정 과정과 실제 주행 환경 간의 차이가 외부 이해관계자에게 제대로 공개되지 않았고, 내부 검증 절차와 승인 체계도 불투명하게 작동했습니다. 만약 시험 프로세스와 실제 데이터가 투명하게 공유되고, 독립적인 내부 감사와 외부 검증 절차가 확보되었다면 이러한 대규모 조작은 훨씬 일찍 발견되거나 애초에 발생하지 않았을 것입니다. 즉, 프로세스 투명성은 기업 내부에서 규정 위반이나 윤리적 일탈을 사전에 차단하고, 고객 신뢰를 유지하는 안전장치 역할을 할 수 있었던 것입니다.

🔍 KEY TAKEAWAY

▶ 고객 경험 저하는 단순한 친절 부족이 아닌 내부 프로세스 흐름의 불투명성과 왜곡으로 인해 발생한다.

▶ 접점에서 반복, 지연, 오류가 나타나는 것은 내부 흐름이 추적되지 않거나 병목이 구조화된 결과이다.

▶ 가능한 고객 신뢰 확보를 위해서는 프로세스 흐름의 투명성, 실시간 추적성, 예외 대응력을 확보해야 한다.

4

기존 프로세스 분석 방식의 한계

앞서 우리는 불투명한 프로세스가 야기하는 다양한 문제점들을 살펴보았습니다. 기업들은 이런 심각한 문제들을 해결하기 위해 프로세스의 투명성을 확보하려고 지속적으로 노력해왔지만, 대부분의 조직들은 여전히 관리자의 경험과 직관에만 의존하거나 매우 제한적인 분석 도구를 활용하는 전통적 수준에 머물러 있는 것이 현실입니다.

이러한 기존 접근 방법들은 상당한 시간과 비용이 소요되고, 현대 비즈니스에서 발생하는 방대한 양의 데이터를 효과적으로 처리하는 데 근본적인 한계가 있으며, 점점 더 복잡해지는 프로세스의 실제 모습을 정확하게 진단하기 어렵다는 구조적 문제를 안고 있습니다.

그 결과, 실제 업무 현장에서 발생한 객관적 사실이 아니라 특정 담당자의 주관적 지식이나 추측에 기반한 편향된 정보와 부정확한 통찰력으로 프로세스를 분석하게 되며, 애초에 기대했던 투명성 확보와 프로세스 개선이라는 목표 달성에 실패하는 경우가 매우 빈번합니다.

본 절에서는 왜 기존의 전통적 방식으로는 프로세스 분석이 근본적으로 실패할 수밖에 없는지, 그리고 이런 한계를 극복하기 위해 어떤 새로운 접근이 필요한지 구체적으로 살펴보겠습니다.

4.1 수작업 방식의 프로세스 분석

"전통적 접근의 유형과 한계"

디지털 기술이 비즈니스 전반에 깊숙이 침투하고 있음에도 불구하고, 여전히 많은 조직들은 프로세스 분석을 수작업 중심의 전통적 방식에 의존하고 있습니다. 이는 정보시스템에서 자동으로 수집되는 객관적인 업무처리 로그 데이터가 아닌, 사람의 주관적 기억과 경험, 종이 문서, 회의 내용, 현장 관찰 등을 기반으로 업무 흐름을 파악하고 개선점을 도출하는 방식입니다.

이러한 수작업 분석 방식들은 디지털화 이전 시대에는 매우 실용적이고 유용하게 작동했으며, 현재도 일부 조직에서는 상대적으로 빠른 접근성과 낮은 초기 투자 비용이라는 장점 때문에 여전히 널리 사용되고 있습니다. 그러나 점점 더 복잡해지고 빠르게 변화하는 현대의 업무 환경에서는 수작업 방식만으로는 전체 프로세스 흐름의 정확한 진단과 실효성 있는 개선안 도출에 근본적인 한계가 있다는 점을 분명히 인식할 필요가 있습니다.

이 항에서는 먼저 수작업 방식으로 진행되는 대표적인 프로세스 분석 유형들을 명확히 구분한 후, 각각의 방식이 실제 현장에서 어떻게 수행되는지를 구체적으로 살펴보겠습니다.

[그림 II-4] 수작업 프로세스 분석

왜 프로세스 마이닝인가?

(1) 수작업 프로세스 분석 유형

수작업 프로세스 분석의 주요 유형에는 인터뷰, 워크숍/브레인스토밍, 현장 관찰 방법이 있으며, 각각의 구체적인 내용과 특징은 다음과 같습니다.

① 인터뷰 기반 분석

프로세스 담당자, 관리자, 관련 부서 직원과 1:1 또는 그룹 인터뷰를 진행하여 실제 업무 흐름, 병목 지점, 문제점에 대한 인식 등을 수집하는 방법입니다. 이 인터뷰 방식의 주요 장점 및 한계점은 다음과 같습니다.

[표 II-5] 인터뷰 기반 프로세스 분석 장점 및 한계

구분	내용
방법	· 업무 담당자 또는 관리자와의 대면 인터뷰를 통해 프로세스 흐름, 문제점, 예외 케이스를 파악
장점	· 실무자의 경험을 직접적으로 청취 가능 · 현장 맥락을 반영한 인사이트 확보
한계	· 응답의 주관성 및 기억 오류 가능성 · 책임 회피성 답변으로 인한 정보 왜곡 우려 · 인터뷰 결과를 프로세스 맵으로 작성하기가 어려움

② 워크숍/브레인스토밍

현업 담당자와 관련 부서 직원들이 함께 모여 포스트잇, 플립차트, 화이트보드 등의 아날로그 도구를 활용해 프로세스를 시각적으로 표현하고 집단 토의를 통해 개선 아이디어를 도출하는 방법입니다.

[표 II-6] 워크숍/브레인스토밍 기반 프로세스 분석 장점 및 한계

구분	내용
방법	· 여러 이해관계자가 참여해 프로세스를 시각화하고 개선 방안을 도출하는 공동 참여 방식
장점	· 협업을 통한 공감대 형성 · 다양한 시각과 아이디어 수렴 가능
한계	· 의견 충돌 · 비생산적 토론 가능성 · 시간 소모 큼 · 참여자 간 이해관계 충돌 발생 가능성 · 워크숍 결과를 프로세스 맵으로 작성하기가 어려움

③ 문서 중심 분석

공식적인 업무 문서(업무 지침서, 운영 매뉴얼, 내부 규정, 표준 운영 절차서 등)를 검토하고 분석하여 프로세스의 공식적이고 이론적인 구조와 절차를 파악하는 방법입니다.

[표 II-7] 문서 중심 분석 프로세스 분석 장점 및 한계

구분	내용
방법	· 표준업무절차(SOP[28]), 업무 매뉴얼, 품질 문서 등을 통해 공식적인 프로세스 흐름을 분석
장점	· 규정된 업무 기준 파악 가능 · 규정 준수 여부 확인 용이
한계	· 최초 작성된 문서가 갱신되지 않아 실제 업무 처리와 다를 수 있음 · 비공식 또는 실제 현장 흐름 파악 불가 및 분석 시간이 과다하게 소요 · 문서 내용을 기반으로 프로세스 맵을 정확하게 표현하기가 어려움

④ 현장 관찰

실제 업무가 수행되는 현장에 직접 나가서 관찰을 통해 문서화되지 않은 수작업이나 비공식적인 업무 절차들을 확인하는 방법입니다. 일부 경우에는 '그림자 근무'[29] 방식을 활용하여 더욱 세밀한 관찰을 진행하기도 합니다.

---

28) Standard Operating Procedure의 약자로, 업무를 일관되게 수행하기 위해 표준화된 절차를 문서화한 지침서를 말합니다.
29) 특정 업무를 수행하는 실제 담당자를 바로 옆에서 따라다니며 업무 수행 과정을 관찰하는 방식을 말합니다. 주로 업무 흐름을 파악하거나 교육, 분석, 개선 목적으로 활용됩니다.

          왜 프로세스 마이닝인가?

구분	내용
방법	· 실제 업무가 이루어지는 현장을 직접 관찰하며 업무 처리 흐름을 기록하고 비공식 경로나 반복 작업 등을 확인
장점	· 수기 처리, 예외 대응 등 문서상 나타나지 않는 실제 행동 파악 가능
한계	· 관찰 대상이 행동을 의식할 수 있음 · 전체 프로세스를 포괄하기엔 시간과 범위가 제한됨

(2) 수작업 분석 방식의 구조적 한계

수작업을 통한 프로세스 분석 방식은 상대적으로 비용 부담이 적고 즉각적인 접근이 가능하다는 점에서 여전히 일부 조직에서 선호되고 있지만, 다음과 같은 근본적이고 구조적인 문제점들을 내재하고 있습니다.

- **주관성과 편향성:** 분석자가 듣고 보고 판단하는 정보가 실제 사실과 다를 수 있으며, 인터뷰 대상자의 개인적 이해관계에 따라 정보가 의도적으로 또는 무의식적으로 왜곡될 가능성이 높음
- **정량적 검증 체계의 부재:** 수집된 정보가 실제 현실과 일치하는지 객관적으로 확인할 수 있는 방법이 전혀 없음 - 이는 결국 "말로만 그려진 이상적 흐름"과 "실제로 현장에서 벌어지는 흐름" 사이의 심각한 간극을 초래하게 됨
- **복잡성 대응 한계:** 여러 시스템, 다양한 채널, 수많은 이해 당사자들이 복잡하게 얽혀 있는 현대적 업무 환경에서는 수작업 방식만으로는 모든 흐름을 완전히 추적하고 정확히 진단하기가 구조적으로 불가능함
- **반복성과 확장성 부족:** 동일한 분석을 다른 조직이나 부서, 또는 다른 시점에 일관되게 반복 적용하기 어렵고, 분석 결과의 객관성과 재현 가능성이 현저히 떨어짐
- **시간과 자원의 비효율적 소모:** 부정확한 분석 결과로 인해 잘못된 개선안이 도출되거나 근본 문제 해결이 지연되어, 오히려 초기 예상보다 훨씬 더 많은 시간과 비용이 소모되는 역효과 발생

[그림 II-5] 기존 프로세스 분석의 한계

■ 사례[30]: 보험사의 청구 프로세스 분석 실패 사례

2022년, 해외 한 보험사는 청구 프로세스 개선 프로젝트의 일환으로 TF 팀을 구성하여 3개월간 수작업 기반 분석을 진행했습니다.

직원 인터뷰, 현장 워크숍, 업무문서 검토를 통해 작성된 프로세스 플로우는 매우 체계적으로 보였지만, 이후 IT 부서의 협조를 받아 실제 시스템 로그 데이터를 추출해 비교 분석한 결과, 다음과 같은 심각한 문제들이 드러났습니다.

- 실제 승인 경로와 문서상 경로 불일치
- 반복 접수 및 누락된 예외 흐름이 미반영됨
- 담당자별 업무 처리 속도 차이가 전혀 고려되지 않음

결국, TF팀의 초도 분석 결과는 전면 폐기되었고, 데이터 기반의 프로세스 측정 도구를 도입하여 재분석을 수행하게 되었습니다. 이로 인해 프로젝트 기간은 초기 계획보다 약 6주 연장되었으며, 총 비용도 1.5배 증가하는 결과를 초래했습니다.

---

30) 출처: Abbyy Timeline Customer case study

왜 프로세스 마이닝인가?

4.2 편향된 데이터와 부정확한 통찰력

수작업 방식의 프로세스 분석 한계가 이를 정량적으로 측정 가능한 플랫폼 부재에서 비롯되었다면, 이 항목에서는 '분석 관점의 편향성'과 '해석상의 오류'라는 인간 인식 기반의 근본적 한계를 중심으로 다룹니다. 즉, 충분한 데이터가 존재하더라도 그것을 수집·분석하는 담당자의 주관적 인식이 객관적 진실을 왜곡할 수 있고, 이러한 해석의 오류는 결국 잘못된 개선 실행으로 직결될 수 있습니다.

많은 조직이 업무 프로세스를 분석할 때, 정량적으로 측정된 객관적 사실보다는 개인의 경험, 직관적 판단, 또는 표면적인 인터뷰 결과에 지나치게 의존하는 경향이 있습니다. 이로 인해 수집된 정보는 실제 현황과 상당한 편차가 있을 수 있으며, 심지어 의도치 않게 심각하게 왜곡되기도 합니다. 이러한 편향된 데이터는 전체 분석의 정확도를 현저히 떨어뜨리고, 조직을 잘못된 개선 방향으로 이끄는 치명적 위험 요소가 됩니다.

특히, 직원 인터뷰나 현장 워크숍에 기반한 전통적 방식은 프로세스에 직접 참여하는 사람들의 주관적 의견을 중심으로 정보가 구성됩니다. 이는 분석자가 단편적이고 제한적인 의견을 전체 업무 흐름으로 잘못 일반화하거나, 특정 이해관계자 집단의 입장을 과도하게 반영할 가능성을 내포하고 있습니다. 또한 현업 실무진이 실제 문제의 근본 원인을 명확히 인식하지 못한 채 겉으로 드러난 표면적 현상만을 전달할 경우, 최종 분석 결과는 피상적인 증상 파악에 머물고 진짜 핵심 원인을 완전히 놓치게 됩니다.

이처럼 객관적 데이터에 기반한 실증적 분석 접근 없이 '언어로 전해지는 업무 흐름' 정보에만 전적으로 의존하면, 실제 프로세스 운영에서 빈번히 발생하는 업무 병목 구간, 비공식적 우회 처리 루트, 불필요한 반복 작업 등은 마치 그림자처럼 은밀히 숨겨진 채 방치되게 됩니다. 이는 마치 심하게 흐린 거울을 통해 조직의 복잡한 내부 구조를 들여다보려는 것과 같으며, 명확한 데이터 기반 통찰력이 아닌 불확실한 추측과 직감에만 의존한 채 중요한 의사결정으로 귀결되게 됩니다. 그 최종 결과로서, 근본적으로 잘못된 문제 정의와 비효율적인 개선 시도가 반복되고, 조직이 기대했던 실질적 성과는 결코 실현되지 않는 악순환이 지속됩니다.

다음은 편향된 정보와 부정확한 분석적 통찰력이 초래할 수 있는 대표적인 인식 기반 프로세스 분석 오류 사례들입니다.

- **인지적 필터에 의한 해석 왜곡:** 분석 담당자가 개인의 전문적 배경지식, 기존 선입견, 조직 내 직급과 지위 등을 무의식적 기준으로 삼아 수집된 정보를 해석함으로써 분석 과정에서 객관성과 중립성을 근본적으로 잃기 쉬움
- **진술의 성급한 일반화 오류:** 제한된 일부 인터뷰 응답 결과나 단편적 관찰 내용을 마치 전체 업무 흐름의 대표적 특징으로 잘못 판단하여 실제와 동떨어진 프로세스 구조를 도출해내는 심각한 오류를 범함
- **내재적 동기와 이해관계 간과:** 분석 대상이 되는 현업 직원이 개인적 이익 보호나 조직 내 업무 책임 회피 등을 목적으로 의도적으로 중요한 사실을 은폐하거나 특정 내용을 과장하여 진술할 현실적 가능성이 상당히 존재함
- **표면적 현상 중심 진단의 위험성:** 정량적으로 수치화되지 않은 겉으로 드러난 모습만을 근거로 성급히 판단하여 문제의 진짜 근본 원인을 놓치며, 지속적으로 반복 발생하는 구조적 장애 요인들을 간과함
- **의사결정 과정에서의 확증 편향:** 사전에 설정된 특정 가설이나 기대에 고착화된 채로 수집한 데이터를 편향적으로 해석하고, 분석자 본인이 믿고 싶어하는 결론 방향으로 선별

　　　　　　　　　　　　　　　　　　　　왜 프로세스 마이닝인가?

적 증거를 구성하려는 경향

   이러한 구조적 한계로 인해 많은 조직들이 상당한 시간과 비용을 투입하여 프로세스 분석을 수행했음에도 불구하고, 당초 기대했던 실질적 성과를 제대로 내지 못하고 있으며, 근본적 해결 없이 동일한 업무 문제가 지속적으로 반복되는 비생산적 악순환이 계속 이어지고 있습니다.

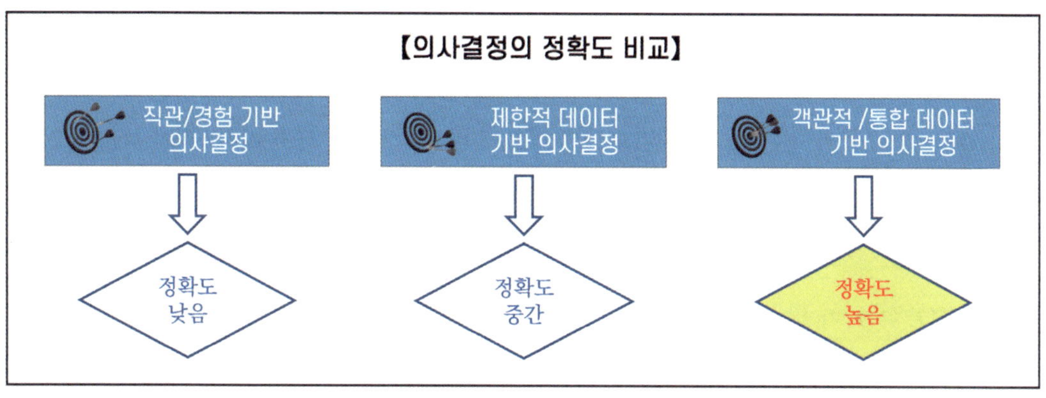

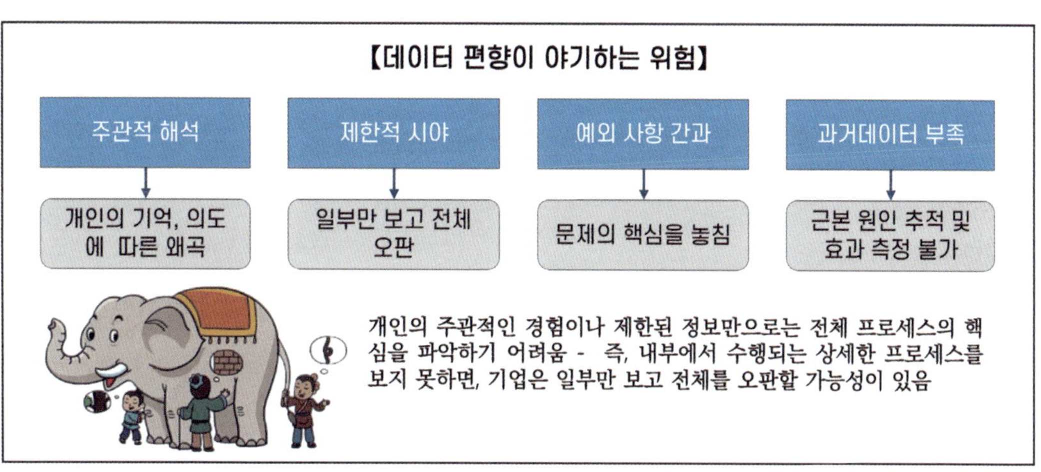

[그림 II-6] 의사결정 방법 비교 및 데이터 편향에 의한 리스크

디지털 전환이 가속화되는 현재 경영 환경에서 많은 기업이 RPA, 클라우드, AI 등 첨단 기술을 도입하고 있지만, 진정한 디지털 변화는 기술 보유가 아니라 실제 업무 흐름에서의 효과적 실행에 달려 있습니다. 현대 기업의 경쟁력은 무엇을 보유하느냐보다 어떻게 실행하느냐에 의해 결정됩니다.

많은 조직들이 문서화된 표준 프로세스나 과거 경험에 의존하여 업무 흐름을 일반화하지만, 정작 실제 업무 처리 방식은 정확히 파악하지 못하는 경우가 많습니다. 이로 인해 이상과 현실 간의 괴리가 커지고, 업무 프로세스의 자연적 변형, 개인적 처리 방식 의존, 비정상적 우회 경로 생성 등이 발생하여 프로세스 불투명 문제가 심화됩니다.

이러한 프로세스 불투명 문제를 해결하기 위한 방법으로 대부분 기업들은 여전히 수작업 중심의 전통적 분석 방식(직원 인터뷰, 워크숍, 수기 작성 등)에 의존하고 있습니다. 그러나 이러한 방식은 개인적 주관에 편향되기 쉽고, 일관성 있는 반복 측정이 어려우며, 복잡한 현대 업무의 다양한 변형 패턴이나 예외 상황을 신속하게 포착하기 어렵다는 한계가 있습니다.

따라서 현재 기업들이 직면한 핵심 과제는 최신 기술 도입이 아니라 실제 실행되는 업무 프로세스의 구체적 실체를 투명하게 파악하는 것입니다. 업무 병목, 중복 작업, 예외 처리 패턴 등에 대한 정량적이고 객관적인 데이터 기반 답변을 제공할 수 있어야 근본적 개선이 가능해집니다.

궁극적으로 기업의 지속 가능한 경쟁력 확보를 위해서는 실제 실행 결과에 기반한 과학적 경영 체계를 구축하고, 현실적 업무 흐름에 대한 정확한 데이터 기반 통찰을 확보하는 것이 필요합니다. 이는 기술 자동화에 앞서 선행되어야 할 필수 과정이며, 구조적 비효율 제거와 시장 변화 대응력 확보의 핵심입니다.

                                                            왜 프로세스 마이닝인가?

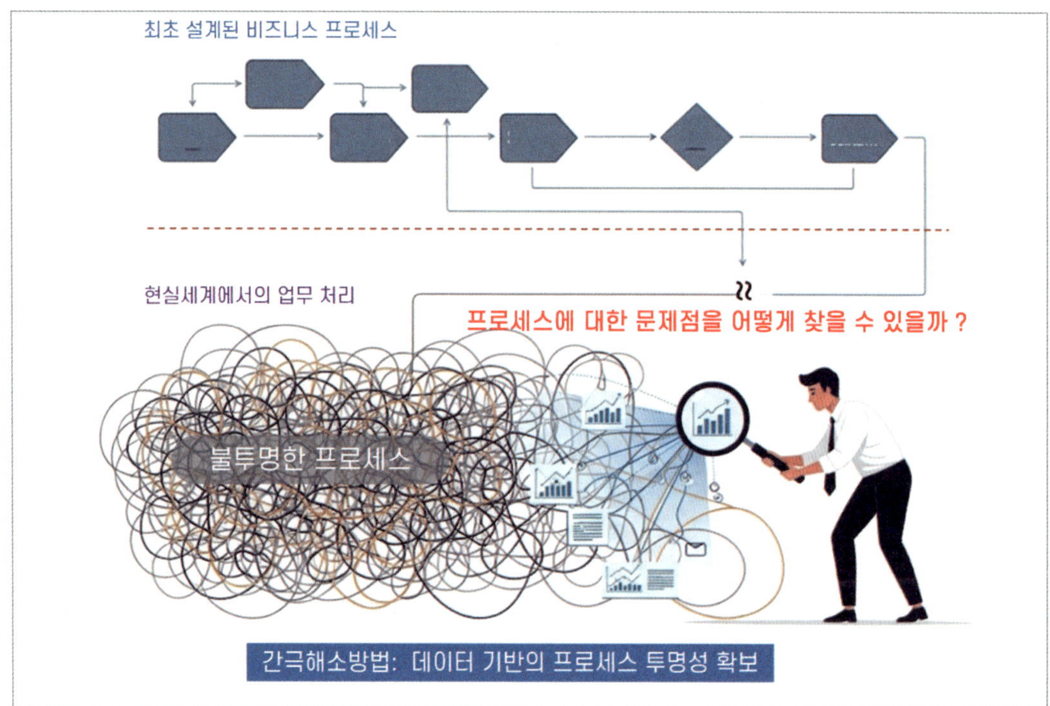

[그림 II-7] 프로세스 투명성: 이상과 현실의 간극

3장

디지털 전환 성공의 디딤돌: 어떻게 프로세스를 측정할 것인가?

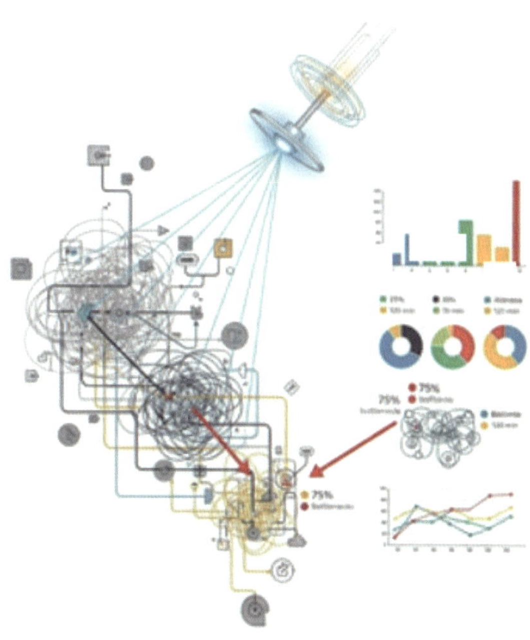

현재 경영 환경은 빠른 의사결정과 정확한 실행을 동시에 요구합니다. 하지만 많은 조직이 여전히 과거 경험과 기존 관행, 문서화된 절차에만 의존하며 실제 프로세스 운영 현황을 정확히 파악하지 못하고 있습니다.

이로 인해 설계된 프로세스와 실행되는 프로세스 간 불일치가 발생하고, 병목 현상, 중복 작업, 규정 위반 등의 비효율이 누적되며, 이는 결국 조직의 민첩성 저하와 고객 경험 및 브랜드 신뢰도 손상으로 이어집니다.

이러한 문제 해결의 핵심은 정량화된 프로세스 측정입니다. 직감이나 표면적 지표가 아닌 실제 실행 데이터를 기반으로 업무 흐름을 수치화하고 시각화해야만 진짜 병목 지점과 예외 상황을 명확히 식별할 수 있습니다. 이는 데이터 기반의 체계적 개선을 가능하게 하며, 개선 효과를 객관적으로 검증할 수 있는 근거를 제공합니다. 또한 정량화된 측정은 변화의 실제 영향을 명확히 드러내고 전략적 목표를 구체적이고 실행 가능한 개선 행동으로 연결하는 견고한 기반이 됩니다

결국 정확한 프로세스 측정이야말로 올바른 프로세스 개선의 핵심 출발점이며, 성공적인 디지털 전환을 좌우하는 결정적 요인입니다.

특히 글로벌 기업처럼 복잡한 시스템 구조와 지역별·부서별 편차가 존재하는 환경에서는

 왜 프로세스 마이닝인가?

정량화된 측정 없이 전체 업무 흐름을 통합적으로 이해하기 어렵습니다. 실제로 특정 지역의 프로세스 개선이 다른 지역에 부정적 영향을 미치거나, 한 부서의 효율성 향상이 전체 리드타임을 증가시키는 경우가 빈번합니다.

이러한 정량화 요구를 실현하는 강력한 도구가 프로세스 마이닝입니다. 이는 시스템의 이벤트 로그를 분석하여 실제 실행 경로를 재구성하고, 핵심 성과 지표와 연계하여 성과를 수치로 추적하며, 계획과 실행의 차이를 실시간 시각화합니다. 이를 통해 조직은 문제 진단 → 문제점 개선 우선순위 결정 → 개선 실행 → 성과 검증의 체계적 선순환 구조를 확립할 수 있습니다.

본 장에서는 정량화된 프로세스 측정의 개념과 필요성, 주요 측정 지표와 선정 기준, 데이터 수집 및 분석 방법론, 성과 검증 및 지속적 개선 체계 구축 방안을 다룹니다.

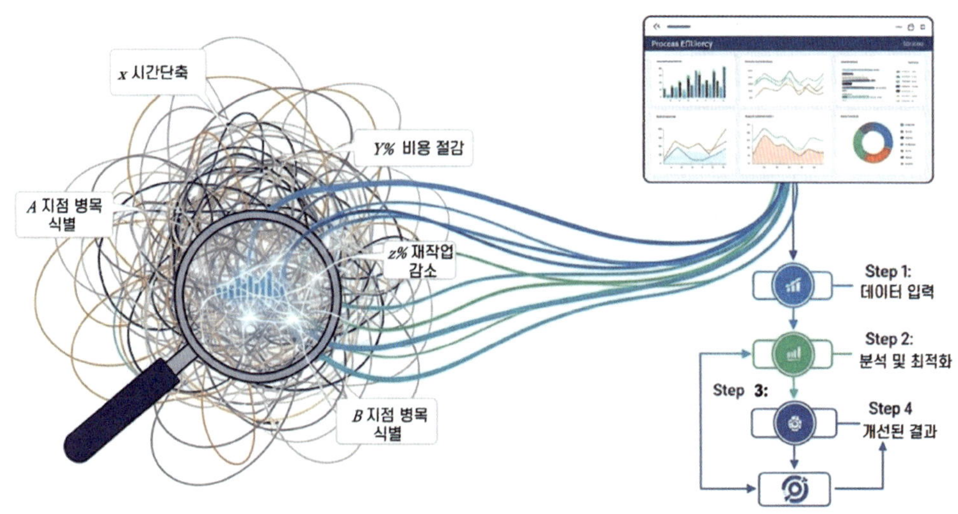

[그림 Ⅲ-1] 프로세스 정량화 측정의 필요성

1

데이터 기반 프로세스 분석을 통한 정량화된 프로세스 측정

현재 대부분의 기업이 첨단 정보 기술을 활용한 디지털 전환을 적극 추진하면서 고객 여정 중심 설계와 같은 다양한 혁신 프로젝트를 전개하고 있습니다.

하지만 이러한 투자가 기대만큼 큰 효과를 보지 못하는 경우가 빈번하게 발생하고 있으며, 그 근본 원인은 기존 프로세스 분석 방식의 한계로 인한 전사적 투명성 부족에 있습니다. 기존 분석 방법으로는 부서 간, 업무 간 연결 고리를 명확히 파악하기 어렵기 때문에 기술 중심의 디지털 전환이 표면적 변화에 그치며 실질적 경쟁력 향상으로 이어지지 못하는 구조적 문제를 안고 있습니다.

따라서 프로세스 중심의 체계적 접근 없이는 디지털 기술의 진정한 잠재력을 실현하기 어려우므로, 디지털 전환을 추진하는 조직들은 '프로세스를 어떻게 정확히 보고 깊이 있게 이해할 것인가'를 핵심 출발점으로 삼아야 합니다.

진정한 디지털 전환 효과를 얻으려면 최신 기술 도입에 앞서 데이터 기반의 업무 프로세스를 심층적으로 파악하여 병목 현상, 누락 지점, 불필요한 반복 작업 등 실질적 문제들을 체계적으로 개선하는 것이 무엇보다 중요합니다.

프로세스는 각 부서 간의 복잡한 상호작용과 의사결정 경로, 실행의 연속성을 유기적으로 연결하는 조직 운영의 나침반 역할을 하므로, 이를 명확히 파악하지 않으면 디지털 전환이 기대한 효과를 창출하기 어렵습니다. 프로세스는 조직 전체를 관통하는 혈관과 같은 존재이며, 그 흐름을 정밀하게 이해하고 체계적으로 관리하는 것이야말로 성공적인 디지털 혁신을 위한 필수적인 첫걸음입니다.

결국 디지털 전환의 진정한 성공은 단순한 신기술 도입을 넘어 핵심 비즈니스 프로세스에 대한 정량화를 통해 완전한 투명성을 확보할 때 비로소 실현될 수 있습니다.

1.1 기존 기술만으로 프로세스 측정이 어려운 이유

많은 조직이 최신 기술 도입에만 집중하면서도 기대했던 성과를 거두지 못하는 이유는 무엇일까요? 문제의 핵심은 기술 자체의 한계가 아니라 프로세스 측정과 이해 방식에 있습니다. 기업들은 그 기술이 실제 업무 프로세스를 얼마나 정확하게 측정하고 분석할 수 있는지에 대해서는 충분히 검토하지 못하고 있는 실정입니다.

특히 기존의 개별 기술만으로는 복잡하게 얽힌 전사적 프로세스의 실제 흐름을 투명하게 파악하기 어려운 구조적 한계가 존재합니다. 각 시스템이 생성하는 데이터는 단편적이며, 부서 간 연결 지점에서 발생하는 지연이나 병목 현상, 예외 처리 과정 등을 종합적으로 측정하고 분석하는 데 근본적인 제약이 따릅니다.

"'기술 = 해결책'이라는 환상"

기술은 분명히 강력하고 유용한 도구임에는 틀림없습니다. 그러나 기술을 단순히 도입하는 것만으로 복잡한 프로세스 문제들이 저절로 해결될 것이라는 기대는 현실과 동떨어진 위험한 환상에 불과합니다.

대표적인 오해들

- '이제 시스템이 있으니 문제는 해결됐을 것이다'
- 'RPA로 자동화했으니 사람 실수는 없을 것이다'

- 'AI가 이상 패턴을 알려 줄 테니 모니터링은 필요 없다'

이러한 사고방식의 근본 문제는 기술이 모든 것을 해결해 주는 독립적인 만능 해법으로 잘못 이해하는 데 있습니다. 현실에서 기술은 어디까지나 기존 업무 흐름을 효율적으로 보완하거나 그 효과를 증폭시키는 보조 수단일 뿐입니다. 기술 자체가 업무 흐름을 새롭게 설계하거나 스스로 문제를 감지하고 해결해 주는 것은 아닙니다.

1.2 프로세스를 보지 않고 도입한 기술의 실패

이러한 잘못된 접근 방식은 현실에서 구체적인 문제로 나타납니다. 현장에서는 업무 프로세스에 대한 면밀한 사전 분석과 진단 과정을 생략한 채 기술 도입을 서두르는 경우가 매우 흔하며, 이때 다음과 같은 전형적인 문제 패턴들이 발생합니다.

[표 III-1] 프로세스 정량화 없이 기술 도입 시 발생하는 문제점

기술 도입 방식	결과
정확한 프로세스에 대한 흐름 분석 없이 RPA 적용	병목 지점은 그대로 두고, 단일 작업만 빠르게 처리됨
시스템 기반으로 승인 절차 설계	실제 승인자/경로와 불일치하여 비공식 루트가 생김
규정 기반 처리 자동화	예외가 많은 업무에서는 반복적 오류 발생
데이터 수집/분석 도구 도입	정작 흐름 중심의 지표는 존재하지 않아 판단 불가

이런 문제들의 공통분모는 기술 자체의 결함이나 잘못된 활용이 아니라, 기술 적용 이전에 프로세스 실상을 제대로 파악하지 못한 근본적 한계에서 비롯됩니다.

"도입보다 중요한 것은 정착"

기술은 도입보다 현업 내에서 실제로 정착되어 실행되는 것이 더 중요합니다. 기술이 조직 내에서 유효하게 작동하려면 다음 조건이 갖춰져야 합니다.

- 프로세스 흐름과 역할 기반으로 재설계되어야 함
- 사용자 경험(UX)과 현업의 관행을 반영한 설계가 이루어져야 함
- 기술 적용 후에도 모니터링·피드백·지속적 개선 루프가 작동해야 함
- 기술 도입 전후의 성과를 정량적으로 측정하고 가시화할 수 있어야 함

이러한 기본적인 전제 조건들이 충분히 준비되지 않은 상태에서 기술 도입만 서둘러 진행한다면, 결국 '단지 새로운 도구 하나가 추가된 것' 이상의 의미 있는 변화나 개선 효과를 기대하기 어렵습니다.

■ 사례[31]

영국의 대형 베팅 회사인 Ladbrokes Coral Group은 고객 검증, 결제 조정, 고객 컴플라이언스와 같은 핵심 운영 프로세스의 효율성을 높이기 위해 RPA를 도입했습니다.

그러나 기존 업무 절차를 재설계하거나 표준화하지 않은 채 자동화만 적용하다 보니, 봇이 잦은 오류를 일으키거나 예외 상황을 처리하지 못하는 일이 빈번하게 발생했습니다. 이로 인해 직원들은 여전히 수작업을 반복해야 했고, 운영팀은 자동화 도구에 대한 신뢰를 잃게 되었습니다.

결국 RPA가 약속한 효율성이나 비용 절감 효과는 기대에 미치지 못했으며, 이는 프로세스를 사전에 최적화하지 않은 상태에서 단순히 자동화 기술을 적용하면 실패로 이어질 수 있다는 대표적인 사례입니다.

> **🔍 KEY TAKEAWAY**
>
> ▶ 기술은 만능 해결책이 아니며, 실제 프로세스를 보지 않고 도입하면 오히려 비효율이 가중된다.
> ▶ 기술 도입보다 더 중요한 것은, 그것이 실제 흐름 속에서 어떻게 정착하고 운영하는 것인가이다.
> ▶ 기술보다 프로세스 중심 사고와 흐름 진단이 선행되어야 진정한 디지털 전환이 가능하다.

---

31) 출처: "How Ladbrokes Went from RPA Failure to Saving 11,000 Work Hours in 1 Year", UiPath 공식 블로그(2018년 11월 8일)

1.3 프로세스를 정량화 할 수 있어야 진짜 개선이 가능하다

'프로세스를 정량화해야만 진정한 개선이 가능하다'라는 원칙은 디지털 전환 시대에 더욱 강조됩니다. 따라서 업무 프로세스에서 무엇을 측정하고, 어떻게 수치화할 것인지 살펴볼 필요가 있습니다.

(1) 무엇을 정량화할 것인가?

프로세스 정량화를 위해 반드시 다루어야 할 지표는 다음과 같습니다.

① 시간 관련 지표

업무 효율성과 민첩성을 가늠하는 기본 요소로, 지연이나 병목을 객관적으로 확인할 수 있습니다.

- **처리 시간**: 특정 활동 또는 단계가 완료되기까지 실제로 소요된 시간
- **대기 시간**: 작업이 다음 단계로 넘어가기 전, 업무 처리 대기 또는 특정 자원(인력, 장비)을 기다린 시간 - 이는 전체 속도를 늦추며 기회비용 손실로 이어짐
- **전체 리드 타임**: 프로세스의 시작부터 종료(엔드투엔드)까지 전체적으로 소요된 시간
- **병목 구간의 지연 시간**: 프로세스 내에서 데이터나 업무 흐름이 정체되어 지연이 발생하는 지점의 시간

② 비용 관련 지표

프로세스 경제성을 보여 주며, 낭비 제거와 자원 최적화의 기준이 됩니다.

- **활동별 비용**: 각 업무 처리 활동에 소요되는 인건비, 시스템 사용, 자원 비용 등을 정량화
- **낭비 비용**: 재작업, 불필요한 단계, 유휴 자원 등으로 인해 발생하는 손실 - 이는 기업의

추가 지출을 증가시키는 요인이 됨.

③ 품질/오류 관련 지표

프로세스의 안정성과 신뢰성을 판단하기 위한 지표로, 고객 만족도와 직결되는 핵심 요소
입니다

- **재작업률**: 오류나 누락으로 인해 작업이 다시 처리되어야 하는 비율
- **오류 발생률**: 특정 프로세스 단계에서 발생하는 오류 빈도
- **규정 준수 위반율**: 정의된 절차나 법규를 따르지 않는 경우의 비율

④ 자원 활용 지표

인력과 장비 등 가용 자원이 얼마나 효율적으로 운영되는지를 보여 주며, 업무 처리에 따른
과부하 여부나 비효율적인 자원 배분을 파악하는 데 도움을 줍니다.

- **자원 사용률**: 특정 인력, 장비 등이 프로세스 수행에 얼마나 효율적으로 활용되는지 나타
  내는 지표
- **과부하 발생 빈도**: 특정 자원이나 부서가 처리량을 초과하여 과부하 상태에 놓이는 빈도

⑤ 빈도 관련 지표

프로세스 내에서 특정 경로나 활동이 얼마나 자주 수행되는지를 보여 주는 지표로, 프로세
스의 표준성과 예외성을 구분하는 데 활용됩니다.

- **활동 빈도**: 특정 활동이 수행된 횟수
- **경로 수행 빈도**: 특정 프로세스 경로가 사용된 횟수

(2) 어떻게 정량화하는가?

이러한 지표들을 정량화하는 핵심은 바로 데이터 기반 프로세스 분석, 특히 프로세스 마이닝을 통해 구체화할 수 있습니다.

① 이벤트 로그 데이터 활용

기업의 정보 시스템(ERP, CRM, SCM, MES 등)으로부터 매일 기록되고 있는 '이벤트 로그 데이터'를 활용

② 자동화된 프로세스 맵 생성

이벤트 로그 데이터를 기반으로 실제 수행된 프로세스의 모든 경로와 빈도를 시각화하여 '있는 그대로의' 프로세스 맵 생성

③ 성능 지표 자동 계산 및 시각화

각 활동의 소요 시간, 대기 시간, 자원 활용률, 비용 등을 수치로 계산하고 그래프로 표현하여 숨겨진 패턴을 발견

④ 객관적인 진단 및 근본 원인 분석

이벤트 로그 데이터는 프로세스의 실제 모습을 수치와 그래프로 명확하게 제시할 뿐 아니라, 담당자 과부하, 시스템 오류, 불명확한 지침과 같은 문제의 원인을 추적할 수 있게 함

피터 드러커의 말처럼, "측정할 수 없는 것은 개선할 수 없다"는 경영 원칙은 디지털 전환 시대에도 여전히 유효합니다. 앞서 언급된 지표를 활용하면 업무 처리에서 발생하는 병목이나 비효율을 정량화하고 그 흐름을 시각적으로 파악함으로써, 경영진 또는 관리자가 '아마 그럴 것이다'라는 추측이 아닌, 실제 데이터를 기반으로 현명한 의사결정을 내릴 수 있게 합니다.

구분	전통적 접근	데이터 기반 접근
업무 인식 방식	부서별, 직관적 판단	엔드투엔드 업무 흐름 중심
개선 방법	주관적 감에 의존한 진단	로그 기반 가시화 및 분석
변화 감지	느림, 수동	실시간 흐름 추적 가능

🔍 **KEY TAKEAWAY**

디지털 전환의 출발점은 기술이 아니라 프로세스에 대한 명확한 이해이다.

▶ 기술만으로는 실제 문제 해결이 불가능하다.

▶ 업무 흐름 파악 없이 디지털 전환은 실패할 수밖에 없다.

▶ 프로세스는 조직의 혈관이며, 이를 정확히 보는 것이 핵심이다.

2

정량화된 프로세스 측정: 개선의 출발점

프로세스를 개선하려면 무엇보다 먼저 프로세스를 '정확히 보는 것'이 선행되어야 합니다.

많은 조직이 프로세스 개선을 이야기하지만, 정작 실제로 업무가 어떤 흐름으로 구성되고, 어디에서 병목이 발생하며, 누가 어떤 방식으로 업무를 처리하는지는 제대로 알지 못한 채 막연한 판단에 의존합니다.

프로세스를 본다는 것은 단순히 업무 절차서를 읽거나 업무 담당자의 설명을 듣는 것이 아니라, 실제 데이터에 기반하여 업무의 흐름과 구조를 객관적으로 정량화하고 이해하는 것을 의미합니다.

이를 통해 우리는 추상적인 '프로세스'가 아닌 실제로 일어나고 있는 작업의 실체, 즉 업무 흐름의 상호작용을 명확히 인식할 수 있습니다. 반대로 프로세스를 보지 못하면 개선은 주관적 추정에 의존하게 되며, 이는 잘못된 판단과 자원 낭비로 이어집니다. 특히 업무 처리 과정에서 발생하는 반복적 오류나 병목은 가시화되지 않으면 문제로 인식조차 되지 않아 조직 내 비효율이 장기간 방치되기 쉽습니다.

정량화된 프로세스 측정은 단순한 수치의 나열이 아니라, 업무 처리 흐름에 대한 통찰력을 제공하는 수단이며, 이 수단을 통해 프로세스를 눈으로 확인할 수 있어야만 그 흐름을 통제하고 개선할 수 있는 기반이 마련됩니다. 결국 업무 처리 프로세스에 대한 가시성 확보는 곧 통제 가능성의 확보이며, 이는 모든 프로세스 혁신의 출발점이라 할 수 있습니다.

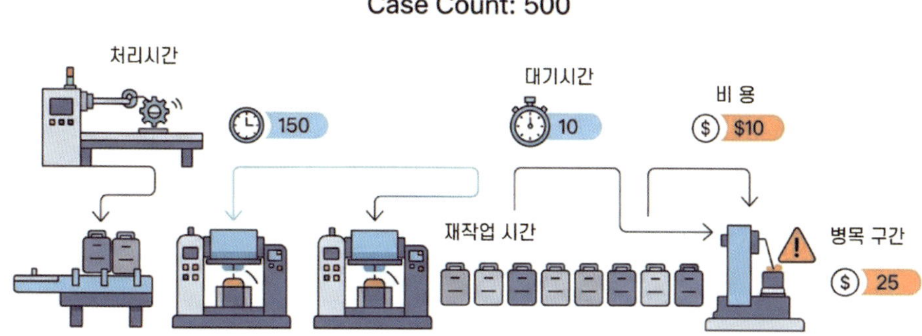

[그림 III-2] 정량적으로 측정된 프로세스

2.1 개선의 출발점은 '프로세스를 보는 것'이다

프로세스 혁신을 추구해 온 다양한 조직의 사례를 통해 알 수 있는 공통된 실패 원인은, 전체적인 흐름을 보지 못한 채 단편적인 개선에만 집중했다는 점입니다.

그동안 많은 기업들은 새로운 기술을 도입하고, 매뉴얼을 정비하며, 성과지표를 관리하는 등 다양한 개선 활동을 추진해 왔습니다. 그러나 이러한 노력은 대부분 프로세스 전반의 실질적인 실행 흐름을 파악하지 못한 채 이루어졌고, 그로 인해 병목, 반복 작업, 예외 처리 등 구조적 문제의 근본 원인을 해결하지 못하고 겉돌기만 했습니다.

디지털 전환, 업무 자동화, 비용 절감 등 모든 변화와 혁신의 진정한 출발점은 단 하나의 질문에서 시작됩니다. 바로 "우리 조직의 프로세스는 실제로 어떻게 작동하고 있는가?"에 대한 명확한 이해입니다.

이 질문에 대한 답을 명확하게 확보하지 못한 채 진행되는 모든 노력은 방향을 잃은 항해와 같습니다. 프로세스 흐름을 본다는 것은 단순히 시스템상의 절차를 아는 것이 아니라, 현실에서 발생하는 수많은 업무 처리 경로의 분기, 지연, 예외, 수작업 개입을 있는 그대로 인식하고 이해하는 것을 의미합니다. 이는 실질적인 변화의 단초가 되며, 전략적 개선의 실마리를 제공하는 핵심적인 관점입니다.

(1) 프로세스를 보는 것은 '흐름의 실체'를 인식하는 것

'프로세스를 본다'는 것은 단순히 프로세스 다이어그램을 보는 것이 아니라, 다음과 같은 요소를 포괄하는 실행 기반의 가시화 활동을 의미합니다.

- **실제 수행 경로**: 가장 많이 사용되는 프로세스 경로, 표준에서 벗어난 경로, 병목 구간 등
- **처리 시간**: 각 업무 처리 단계별 평균 소요 시간과 편차, 지연 발생으로 인한 처리 대기 시간 등
- **반복 작업 및 재작업**: 동일 단계의 반복 처리 작업, 수작업 개입 등
- **의사결정 지점**: 승인, 보류, 오류 판단 등 통제점에서의 흐름
- **역할과 책임 분포**: 각 부서와 담당자의 개입 정도와 빈도 등

이러한 업무 프로세스의 처리 과정 시각화를 통해 비로소 우리는 업무의 흐름이 '어떻게 설계되었는지'가 아니라 '어떻게 실행되고 있는지'를 명확히 볼 수 있습니다.

(2) 프로세스를 보지 않으면 생기는 일

실행 흐름을 보지 않고 개선을 시도하면 다음과 같은 문제가 반복됩니다.

- **겉보기에만 효율적인 구조**: 병목은 해결되지 않고, 비정상 루트는 계속됨
- **지표만 좋아지는 개선**: 실제 흐름은 그대로인데, 보고용 수치만 조정됨
- **현장과 괴리된 솔루션**: 사용되지 않는 자동화, 적용되지 않는 매뉴얼 만 존재
- **예외에 무력한 운영**: 시스템은 정상 경로만 지원하고, 나머지는 수작업 전환

이러한 환경에서는 아무리 혁신을 시도해도 실질적인 변화는 일어나지 않으며, 오히려 구성원의 피로감만 커지게 됩니다.

(3) 프로세스 가시성 확보는 곧 프로세스의 통제 가능성을 의미

흐름을 보는 것은 단순한 관찰이 아닙니다. 그것은 곧 "무엇을 개선할지, 어디를 자동화할지, 누구와 협업 구조를 바꿔야 할지"에 대한 근거를 확보하는 일입니다. 즉, 프로세스의 가시성 확보는 곧 해당 프로세스에 대한 실행력과 통제력을 갖는 것을 의미합니다.

프로세스 가시성이 제공하는 이점은 다음과 같습니다.

- 개선 대상의 우선순위 설정 가능
- 실제 병목의 원인을 구조적으로 분석 가능
- 자동화 대상과 수작업 예외 구간을 명확히 구분
- 정량적 개선 효과 측정이 가능(Before & After)

■ 사례[32]: 글로벌 물류기업

여러 기업의 경험을 종합한 복합 조직 사례를 살펴보면, 참여 기업들은 ERP와 공급망 관리 시스템, CRM에 흩어져 있던 데이터를 한곳에 모아 업무 전 과정을 가시화했습니다. 그 결과, 기존에는 파악하지 못했던 주문 차단(Order Block), 중복 승인 단계, 배송 과정의 불필요한 개입과 같은 문제 지점을 명확히 드러낼 수 있었습니다.

이러한 가시화를 기반으로 개선을 실행한 기업들은 3년간 평균 383%의 ROI를 달성했고, 초기 투자비용을 6개월 만에 회수하는 효과를 얻었습니다. 특히, 한 조직에서는 주문 차단 문제를 제거함으로써 330만 달러 이상의 추가 수익을 창출하였고, 배송 프로세스에서 사람의 개입이 필요한 비율을 줄여 이와 관련된 비용을 50% 절감하는 성과를 올렸습니다. 또한 재고 관리가 개선되면서 현금흐름이 안정되고, 자금 운영에 여유가 생겼습니다.

---

32) Forrester TEI(Total Economic Impact), 2025

정성적 측면에서도 의미 있는 변화가 확인되었습니다. 데이터로 드러난 실제 흐름을 바탕으로 부서 간 논의가 진행되면서 조직 내부의 투명성이 크게 높아졌고, 경영진은 더 이상 추측이 아닌 객관적 근거에 기반해 의사결정을 내릴 수 있었습니다. 이는 곧 협업 문화의 성숙으로 이어졌으며, 서비스 지연이 줄어들어 고객 경험과 만족도가 개선되었습니다.

이는 프로세스 가시화가 단순한 분석 단계를 넘어, 실질적인 재무 성과와 조직 문화 변화를 동시에 이끌어 낸 사례입니다.

🔍 KEY TAKEAWAY

▶ 조직의 문제를 해결하는 출발점은 기술 도입이 아니라, 프로세스 흐름을 정확히 들여다보는 일이다.

▶ 프로세스를 본다는 것은 실제 흐름의 실체를 데이터 기반으로 가시화하고, 실행 단위로 이해하는 것을 의미한다.

▶ 프로세스에 대한 가시성을 확보해야만 개선도 가능하고, 자동화도 효과적으로 작동하며, 디지털 전환도 성과를 낼 수 있다.

2.2 데이터 기반 프로세스 분석을 통한 프로세스 투명성 확보

프로세스 투명성 확보는 곧 데이터 기반의 프로세스 분석을 의미합니다.

과거의 경험과 직관에 의존하던 방식에서 벗어나, 데이터 기반 의사결정은 이제 선택이 아닌 필수가 되었습니다. 특히 기업의 핵심 운영을 담당하는 프로세스의 투명성 확보와 정량적 측정은 효율성 증대와 더불어 경영 전반의 신뢰도를 높이는 데 결정적인 역할을 합니다.

데이터 기반 프로세스 분석은 방대한 데이터를 수집하고 분석함으로써, 기업 운영에 핵심적인 비즈니스 프로세스의 비효율성을 파악하고, 잠재적인 위험 요소를 사전에 감지하며, 나아가 새로운 개선 기회를 발굴하는 데 기여합니다. 이를 통해 기업은 프로세스 각 단계에서의 처리건수, 처리시간, 병목구간, 대기시간, 비용분석, 투입자원별 효율성 등의 현황을 명확하게 이해하고, 이에 대한 비효율성 개선 및 최적화를 통해 전반적인 운영 효율성을 극대화할 수 있습니다.

또한 이러한 분석은 단순히 효율성 개선을 넘어 경영의 투명성을 확보하는 중요한 수단이 됩니다. 데이터는 객관적인 사실을 제시하며, 주관적인 판단이나 오해의 소지를 줄여 줍니다. 프로세스와 관련된 모든 의사결정이 명확한 데이터에 근거할 때, 조직 구성원들은 더 큰 신뢰를 가지고 업무에 임할 수 있으며, 외부 이해관계자들 역시 기업의 운영에 대한 투명성을 인정하게 됩니다.

결론적으로, 데이터 기반 프로세스 분석은 단순히 업무 효율성을 높이는 도구를 넘어, 기업의 경영 전반에 걸쳐 투명성을 확보하고 지속 가능한 성장을 위한 필수적인 기반을 제공합니다.

(1) 데이터 기반 프로세스를 통한 정확한 의사결정

대부분의 기업들은 프로세스 개선을 주로 직감이나 경험에 의존하여 의사결정을 내려왔습니다. 하지만 이제는 방대한 프로세스 데이터를 수집하고 분석하여 객관적인 사실에 기반한 의사결정을 내리는 것이 필수가 되었습니다.

- **객관적인 진단:** 프로세스의 특정 단계에 얼마나 많은 시간이 소요되는지, 어떤 경로로 작업이 진행되는지, 어떤 예외 상황이 발생하는지 등 육안으로는 파악하기 어려운 실제 프로세스의 흐름을 수치와 그래프로 명확하게 제시
- **문제의 근본 원인 파악:** 프로세스 로그 데이터 분석을 통해 드러난 문제의 지표(예: 특정 단계의 지연)는 단순히 현상을 넘어 그 원인(예: 특정 담당자의 과부하, 시스템 오류, 불명확한 지침)을 추적 가능하게 함
- **정확한 예측 및 선제적 대응:** 현재 실행되고 있는 프로세스와 관련된 로그 데이터를 분석하여 미래의 프로세스 흐름이나 잠재적 문제를 예측하고, 문제가 발생하기 전에 선제적으로 대응할 수 있는 기반을 마련

- **성과 측정 및 검증:** 프로세스 개선 활동의 효과를 정량화된 수치로 측정하고 검증함으로써, 개선 투자의 정당성을 확보하고 지속적인 개선을 위한 동력을 얻을 수 있음

프로세스 혁신과 관련된 데이터 기반의 의사결정은 더 이상 선택이 아닌 필수입니다. 이는 비즈니스 프로세스 개선 영역에서 '어디를', '어떻게' 개선해야 할지 정확하게 알려 주는 나침반과 같은 역할을 합니다.

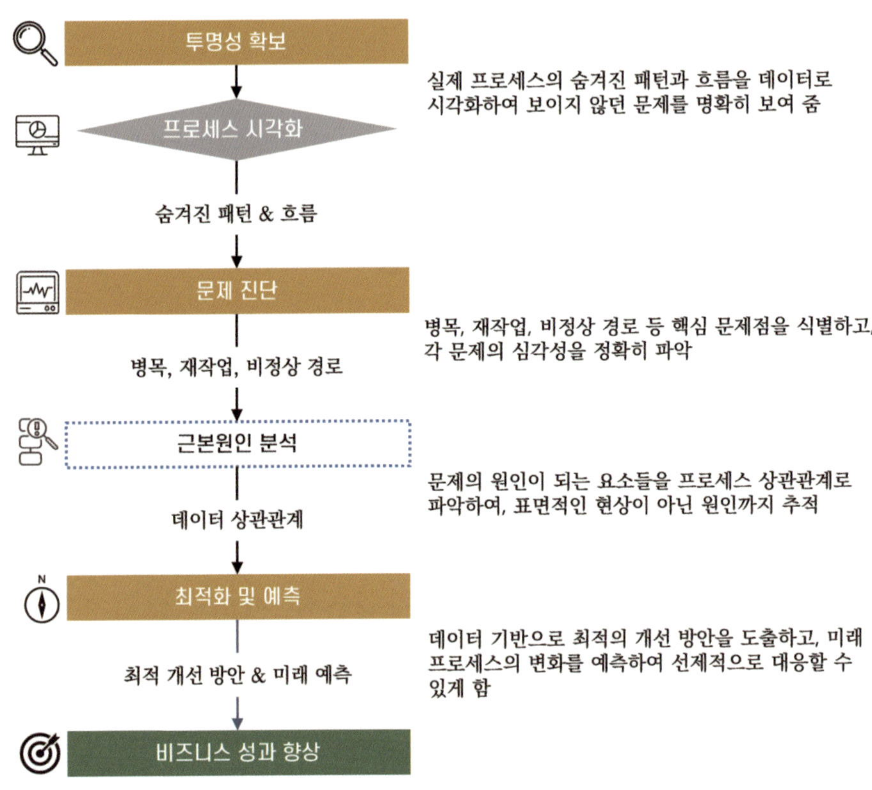

[그림 III-3] 데이터 기반 프로세스 분석 가치

■ 사례[33]

Fortune 500대 기업에 속하는 글로벌 제조기업인 Emerson은 견적부터 수금까지의 복잡한

---

33) 출처: Abbyy Timeline Case study

엔드투엔드 프로세스에서 심각한 병목 현상과 규정 미준수 문제에 직면해 있었습니다. 기존의 Six Sigma나 수작업 중심 분석 방식으로는 프로세스 전반의 실제 흐름을 명확하게 파악하기 어려웠고, 이로 인해 문제의 정확한 원인 진단과 실질적인 개선안 도출에 근본적인 한계가 있었습니다.

이를 해결하기 위해 Emerson은 데이터 기반 의사결정 체계를 전면 도입했습니다. 먼저 자동화된 경로 분석을 통해 주문 처리 과정의 모든 경로를 시각화하고, 반복 작업과 예외 흐름, 승인 지연 등 다양한 병목 지점들을 체계적으로 식별했습니다. 특히 개선안 실행 전 시뮬레이션을 통해 변경사항이 전체 프로세스에 미칠 영향을 사전에 예측하고 검증함으로써 실질적인 효과를 확신할 수 있었으며, 그 결과 단순한 효율성 개선을 넘어 조직 전반에 '데이터 기반 개선 문화'를 성공적으로 정착시켰습니다. 이 회사의 비즈니스 트랜스포메이션 책임자는 "이제 우리는 직관이 아닌 데이터에 기반해 개선을 설계하며, 데이터는 결코 거짓말하지 않는다"고 강조하며, 데이터 기반 의사결정 체계가 조직의 의사결정 구조를 근본적으로 변화시켰다고 평가했습니다.

(2) 경쟁 우위 확보를 위한 핵심 동력

치열해지는 글로벌 경쟁 환경에서 기업이 지속적으로 성장하려면 독자적인 경쟁 우위 확보가 필수입니다. 데이터 기반 프로세스 분석은 바로 이러한 경쟁 우위 확보의 핵심 동력이 됩니다.

- **운영 효율성 극대화:** 불필요한 비용 절감, 자원 활용률 개선, 생산성 극대화로 제품/서비스의 원가 경쟁력 강화와 이윤 창출 기반 구축
- **시장 변화에 대한 민첩한 대응:** 시장 변화, 고객 요구사항, 경쟁사 전략 변화에 신속하고 유연하게 대응하여 비즈니스 기회 포착과 위기 극복 가능
- **혁신 가속화:** 비효율적인 프로세스를 개선하여 새로운 기술 수용성을 높이고, 혁신적인 제품과 서비스를 시장에 빠르게 선보일 수 있는 민첩성 확보
- **고객 만족도 및 충성도 향상:** 효율적인 비즈니스 프로세스를 통한 긍정적 고객 경험 제공

으로 장기적 고객 관계 구축 및 반복 구매와 긍정적 입소문 창출

■ 사례[34]

지멘스는 사내 ERP 시스템에 축적된 방대한 업무처리 로그 데이터를 분석하여 엔드투엔드 프로세스의 실제 흐름을 시각적으로 재구성했습니다. 프로세스 마이닝 기법을 활용해 표준 프로세스와 실제 수행 프로세스 간의 불일치를 명확히 파악했으며, 특정 구매 요청의 비정상적 지연 원인이나 공급업체별 승인 절차 지연 문제 등을 정확하게 식별할 수 있었습니다. 그 결과, 프로세스 투명성을 확보할 수 있었으며, 이는 단순한 효율성 개선을 넘어 공급망 전반의 경쟁력으로 이어졌습니다.

이처럼 프로세스 혁신은 단순한 비용 절감을 넘어 기업 경쟁력을 근본적으로 강화하고 지속 가능한 성장을 가능하게 하는 핵심 전략입니다.

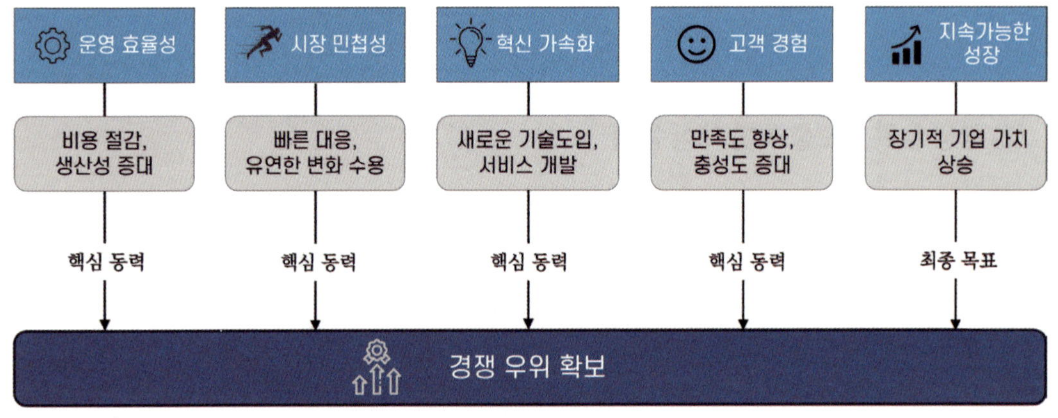

[그림 III-4] 프로세스 혁신이 이끄는 경쟁 우위

---

34) 출처: Process Mining: Data Science in Action, Wil van der Aalst

- ▶ 디지털 전환과 프로세스 개선의 성공은 "실제 프로세스가 어떻게 작동하는가?"에 대한 명확한 이해에서 시작된다.
- ▶ 실제 흐름을 파악하지 못한 채 진행되는 개선은 현장과 괴리된 솔루션을 양산하고 예외 상황에 무력한 운영 시스템을 구축하게 된다.
- ▶ 업무 흐름을 명확히 파악함으로써 개선 대상의 우선순위를 설정하고 병목의 근본 원인을 분석하며 정량적 개선 효과를 측정할 수 있게 된다.

2.3 프로세스 마이닝 - 프로세스 투명성 확보를 위한 첫 단추

우리 몸속을 들여다보는 데 MRI가 있다면, 기업의 복잡한 운영 프로세스를 투명하게 들여다보는 데는 '프로세스 마이닝'이 있습니다.

프로세스 마이닝은 기업 정보 시스템에 축적된 로그 데이터를 분석하여 실제 업무 프로세스를 정확히 이해하고 문제 영역을 진단하며, 시뮬레이션을 통해 프로세스를 개선하는 데이터 기반 분석 기법입니다.

"프로세스 마이닝의 본질적인 역할: 기업 운영의 'MRI'"

MRI가 인체 내부 조직과 혈관을 상세히 보여 주어 질병 원인을 파악하듯, 프로세스 마이닝은 기업 시스템에 축적된 이벤트 로그 데이터를 분석해 실제 업무 흐름을 명확하게 시각화하고 프로세스 내부 진단이 가능한 정량적 정보를 제공합니다.

기업의 ERP, CRM 등 다양한 시스템에서 발생하는 '업무처리 관련 기록(로그)'을 MRI 촬영 필름처럼 모아 분석하면, 실제 업무가 어떤 순서로 진행되는지, 어디서 비효율이 발생하는지, 불필요한 재작업은 없는지 등을 파악할 수 있습니다.

프로세스 마이닝은 특정 업무 단계나 담당자에게서 발생하는 병목 현상을 찾아내고, 기대하는 업무 프로세스와 실제 업무 처리 프로세스 간의 차이를 명확하게 보여 줍니다. "이렇게 업무를 처리해야 한다"는 규정이나 예상과 달리, "실제로는 이렇게 업무가 처리되고 있다"는 객관적 사실을 드러냅니다.

이러한 인사이트는 MRI 결과가 의사의 정확한 진단과 치료 계획 수립에 결정적 정보를 제공하듯, 기업이 비효율적 프로세스를 개선하고 비용을 절감하며 전반적인 운영 효율성을 높이는 데 핵심적인 지침이 됩니다. 즉, 프로세스 마이닝은 기업의 '건강 상태'를 진단하고 숨겨진 문제점을 발견하여 더 나은 '치료법'을 제시하는 강력한 수단입니다.

프로세스 마이닝은 단순히 현재 문제점을 진단하는 것을 넘어 기업이 나아가야 할 디지털 혁신 방향을 제시하는 중요한 단초가 됩니다. 관리자는 실제 데이터에 기반하여 조직의 업무 처리 현황을 정확히 이해함으로써, 업무처리 자동화와 인공지능 등 새로운 디지털 기술을 어디에 어떻게 적용해야 최대 효과를 얻을 수 있을지 명확한 로드맵을 수립할 수 있습니다.

궁극적으로 프로세스 마이닝은 기업이 효율성을 극대화하고 새로운 가치를 창출하는 디지털 전환의 출발점이 됩니다.

"기존 시스템(RPA, CRM, ERP)과의 차별점 및 보완 역할"

RPA, CRM, ERP와 같은 시스템들은 현대 기업 운영에 필수불가결한 요소로 자리 잡았습니다. 이들은 각각 반복 업무 자동화, 고객 관계 관리, 전사적 자원 통합이라는 강력한 기능을 제공하며 기업 효율성을 크게 향상시켰습니다. 그러나 이들 시스템만으로는 해결하기 어려운 근본적 한계가 존재하며, 바로 이 지점에서 프로세스 마이닝의 도입 당위성을 찾을 수 있습니다.

- **'실제'와 '이상'의 현실적 괴리 문제를 해결**

  ERP나 CRM은 표준화된 프로세스 모델을 기반으로 설계되지만, 현실의 업무 프로세스는 예외 상황, 비공식적 절차, 우회 처리 경로 등으로 인해 규정된 표준 모델과 다르게 진행되는 경우가 비일비재합니다. RPA는 특정 반복 작업을 자동화하지만, 그 작업이 전체 프로세스에서 어떤 의미를 가지며 그 과정에 숨겨진 비효율은 없는지 근본적 시야를 제공하지 못합니다.

  프로세스 마이닝은 시스템에 기록된 프로세스 관련 로그를 분석하여 '실제' 업무가 어떻게 진행되는지 투명하게 시각화함으로써, 기업이 미처 인지하지 못했던 비효율과 병목 현상을 객관적 데이터로 드러냅니다. 이는 이상적인 설계도와 실제 건축물 사이의 차이를 명확히 보여 주는 것과 같습니다.

- **최적의 자동화 및 시스템 개선 대상 식별**

  기업들은 업무처리 자동화(RPA) 도입을 위해 어떤 프로세스를 자동화할지 고민하지만, 이에 대한 결정은 종종 직관이나 일부 부서의 요구에 기반합니다. 이러한 접근법은 잘못되거나 비효율적인 업무 처리를 자동화하여 오히려 더 큰 문제를 일으킬 수 있습니다.

  프로세스 마이닝은 모든 프로세스 단계를 분석하여 실제 업무 처리에서 발생하는 병목 현상, 재작업 발생 빈도, 규정 위반 사례 등을 데이터로 제시하고, 가장 큰 효과를 가져올 수 있는 자동화 대상을 정확히 식별합니다. 또한 ERP나 CRM 시스템 도입 후에도 여전히 발생하는 비효율의 원인을 진단하고, 해당 시스템의 설정이나 워크플로우 개선 방향을 구체적으로 제시합니다.

- **지속적인 프로세스 성과 관리 및 규제 준수**

  기업의 업무 환경은 끊임없이 변화하며, 이에 따라 프로세스의 효율성도 변동될 수 있습니다. RPA나 BPA는 업무처리의 자동화는 구현하지만, 그 업무 처리 흐름이 시간이 지남에 따라 어떻게 변화하고 비효율이 재발하지는 않는지 지속적으로 모니터링하기 어렵습니다.

  프로세스 마이닝은 실시간 또는 주기적으로 프로세스에서 발생하는 이벤트 로그를 분석하여 프로세스의 현재 상태와 성과를 대시보드로 보여 주며, 규정 준수 여부를 지속적으로 검증합니다. 이는 기업이 투명하고 규정을 준수하며 운영되고 있음을 보장하는 핵심적 수단이 됩니다.

결론적으로, RPA, CRM, ERP가 기업 운영의 근간을 이루는 중요한 도구인 것은 분명하지만, 이들 시스템은 '무엇이 실제 일어나는가?'에 대한 통찰력을 자체적으로 제공하지 못합니다.

프로세스 마이닝은 기존 시스템이 남겨둔 정보의 사각지대를 해소하고, 데이터 기반의 객관적 진단을 통해 기업이 더 정교한 의사결정을 내릴 수 있도록 지원합니다. 이를 통해 조직은 진정한 디지털 혁신을 실현하고 지속 가능한 경쟁 우위를 확보하는 데 필수적인 토대를 마련할 수 있습니다. 따라서 프로세스 마이닝은 기존 시스템의 가치를 극대화하고, 기업이 진정한 의미의 '데이터 기반 경영'을 실현하도록 돕는 핵심적인 보완 기술이라 할 수 있습니다.

[표 III-3] 프로세스 마이닝 도입 이전과 이후의 차이

구분	도입 전(Before)	도입 후(After)
프로세스 이해	**추정/직관 의존**: 문서, 인터뷰 기반	**데이터 기반**: 비즈니스 이벤트 로그 기반 시각화
문제점 식별	**주관적/단편적**: 현상 중심, 원인 파악 한계	**객관적/정량적**: 병목, 재작업 등 데이터로 분석
개선 전략	**경험/모방 기반**: 효과 예측 어려움	**데이터 기반 최적화**: 시뮬레이션으로 효과 검증
자동화 (RPA)	**비효율적 대상 선정**: 직관 의존	**최적 대상 식별**: ROI 극대화 가능한 지점 도출
규정 준수	**사후 감사/제한적 검증**: 잠재적 리스크	**상시 모니터링/전수 검사**: 선제적 리스크 관리
의사결정	**직관적**: 느리고 주관적 의사결정	**데이터 기반 과학적 의사결정**: 신속하고 정확한 의사결정 가능
경영 투명성	**제한적/간접적**: 책임 소재 불분명	**높은 투명성**: 모든 프로세스 공개, 책임소재 명확
조직 문화	**추측/논쟁**: 부서 이기주의 현상 초래 가능	**데이터 기반 협업**: 문제 해결 중심의 협력 문화

🔍 **KEY TAKEAWAY**

▶ 프로세스 마이닝은 기업 운영의 'MRI'와 같음 – 이 기술은 정보 시스템에 쌓인 '프로세스 이벤트 로그 데이터'를 분석하여 실제 업무 흐름을 명확하게 시각화한다.

▶ 프로세스 마이닝은 이상적인 프로세스와 실제 업무 간의 차이를 객관적인 사실로 표출함으로써, 프로세스의 비효율 개선, 비용 절감, 운영 효율성 향상을 위한 핵심적인 지침을 제공한다.

▶ 프로세스 마이닝은 기업의 '건강 상태'를 진단하는 강력한 도구이며, 기존 RPA, ERP, BPA 시스템이 해결하기 어려운 '실제'와 '이상'의 괴리를 해결하고, 최적의 자동화 대상 식별 및 시스템 개선 방향 제시는 물론 지속적인 프로세스 성과 관리와 규제 준수를 가능하게 한다.

▶ 궁극적으로, 프로세스 마이닝은 기업이 효율성을 극대화하고 새로운 가치를 창출하는 '디지털 전환의 출발점'이 된다.

오늘날 기업 환경은 빠른 의사결정과 효율적인 실행을 요구합니다. 그러나 대부분의 조직은 실제 프로세스가 어떻게 작동하는지 정확히 알지 못한 채 기존의 관행, 경험, 문서화된 절차에 의존해 왔습니다. 이는 업무처리 과정에서 발생하는 병목, 반복작업, 규정 위반과 같은 숨겨진 비효율을 야기하고, 조직 전체의 민첩성과 신뢰도를 저하시키는 원인이 됩니다. 특히 고객 접점에서의 지연이나 예외 처리는 곧바로 고객 경험 악화 및 브랜드 신뢰도 하락으로 이어집니다.

이러한 문제를 해결하기 위한 핵심은 '프로세스의 정량적 측정을 통한 투명성 확보'입니다. 이는 실제 프로세스 흐름을 정량적, 시각적으로 파악하고, 병목, 예외처리, 비정상 루트를 체계적으로 식별하여 대응하는 것을 의미합니다.

프로세스 마이닝 도구는 이러한 투명성 확보를 위한 기술적 기반을 제공합니다. 실제 이를 활용한 글로벌 제조사, 통신사, 병원 등의 사례들은 단기간 내에 프로세스 준수율 향상, 리드타임 단축, 비용 절감, 고객 만족도 개선이라는 실질적인 성과로 이어지고 있음을 보여 줍니다. 또한, 공통적으로 데이터 기반의 문제 진단 → 우선순위 결정 → 프로세스 개선 → 성과 검증이라는 체계를 갖추어, '실행 가능한 개선'을 지속 반복적으로 구현할 수 있는 환경을 구현할 수 있었습니다.

결국, 현재의 프로세스를 제대로 볼 수 있어야 올바른 변화를 이룰 수 있으며, 이러한 프로세스의 투명성 확보야말로 오늘날 조직이 복잡성과 불확실성 속에서도 경쟁 우위를 유지할 수 있는 핵심 동력이라 할 수 있습니다.

[그림 III-5] 프로세스 마이닝을 통한 프로세스 가시화

프로세스를 보는 기술: 왜 프로세스 마이닝인가?

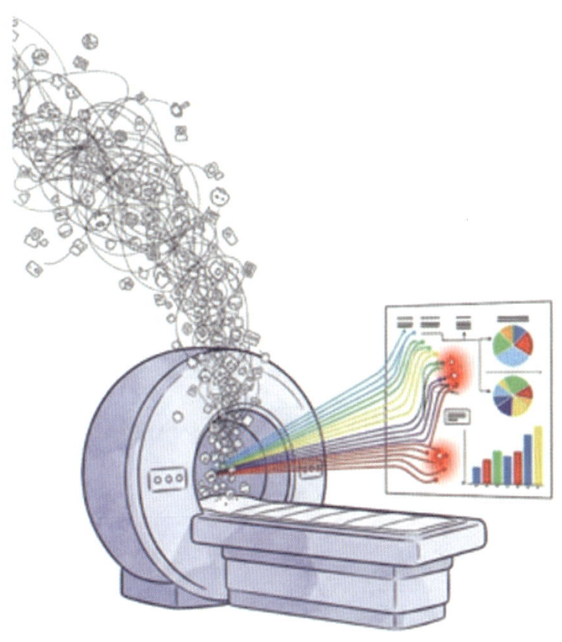

전사적인 디지털 전환을 성공적으로 수행하고자 한다면, 프로세스에 대한 정확한 진단과 가시성 확보가 선행되어야 하며, 그 출발점은 프로세스가 실제로 어떻게 작동하고 있는지를 명확히 아는 것, 즉 실행 기반의 투명성 확보입니다.

따라서 데이터에 기반한 프로세스 분석은 이제 선택이 아닌 필수가 되었습니다. 이는 비단 비용 절감이나 효율성 제고의 차원을 넘어서, 변화에 빠르게 대응하고, 고객 경험을 실질적으로 개선하며, 조직 전체의 실행 역량을 끌어올리는 전략적 기반으로 작용하고 있습니다.

이번 장에서는 프로세스 마이닝이 이벤트 로그 데이터를 이용하여 어떻게 실제 업무 흐름을 재구성하고, 문제 지점을 진단하며, 개선의 기회를 시각적으로 제공하는지를 체계적으로 설명합니다. 아울러 단순한 분석 도구로서의 기능을 넘어, 프로세스 중심 운영 체계로의 전환을 가능케 하는 전략적 도구로서의 가치도 함께 살펴보겠습니다.

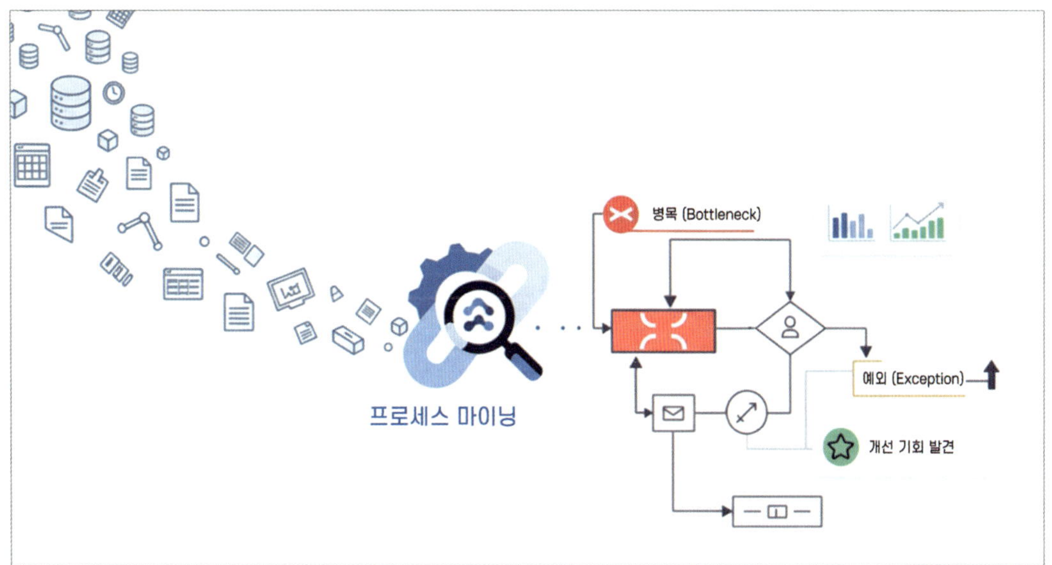

[그림 IV-1] 프로세스 마이닝

프로세스 마이닝:
프로세스를 '보고 진단하는 기술'

프로세스 마이닝은 마치 숨겨진 보물을 찾는 것과 같습니다. 기업은 매일 엄청난 양의 업무를 처리하지만, 이 업무처리에서 발생하는 데이터 속에 숨겨진 프로세스의 실제 모습을 파악하는 것은 쉽지 않습니다.

바로 이 문제를 해결하는 기술이 프로세스 마이닝입니다.

이는 마치 우리 몸에 이상이 생겼을 때 그 원인을 밝히기 위해 MRI를 촬영하는 것과 유사하며, 이를 통해 기업은 업무처리 과정에서 발생하는 병목 현상, 불필요한 반복, 규정 위반 등을 명확하게 식별할 수 있습니다. 예를 들어, 고객 주문 처리 과정에서 프로세스 마이닝은 전체 프로세스에서 어느 단계가 가장 오래 걸리는지, 또는 특정 직원이 규정과 다르게 업무를 처리하는지 등을 쉽게 식별하여 그 원인을 찾아낼 수 있게 합니다.

이처럼 프로세스 마이닝을 통해 얻은 통찰력은 단순히 문제를 찾는 것을 넘어서 비즈니스 혁신을 위한 강력한 기반이 됩니다.

프로세스의 비효율적인 부분을 개선함으로써 운영 비용을 절감하고 업무 생산성을 향상하며, 궁극적으로 고객 만족도를 높일 수 있음은 물론, 나아가 데이터 기반 의사결정을 통해 기업은 더 민첩하고 유연한 조직으로 거듭날 수 있게 합니다.

이처럼 프로세스 마이닝은 기업의 디지털 전환 전략에서 핵심적인 역할을 하기 때문에, 성공적인 비즈니스를 위해서는 더 이상 선택의 문제가 아니라 필수적인 선택이 되고 있습니다.

본 절에서는 '프로세스 마이닝'이 무엇인지, 어떻게 발전해 왔는지, 그리고 어떤 방식으로 프로세스 관련 데이터를 수집하고 분석하는지를 설명합니다.

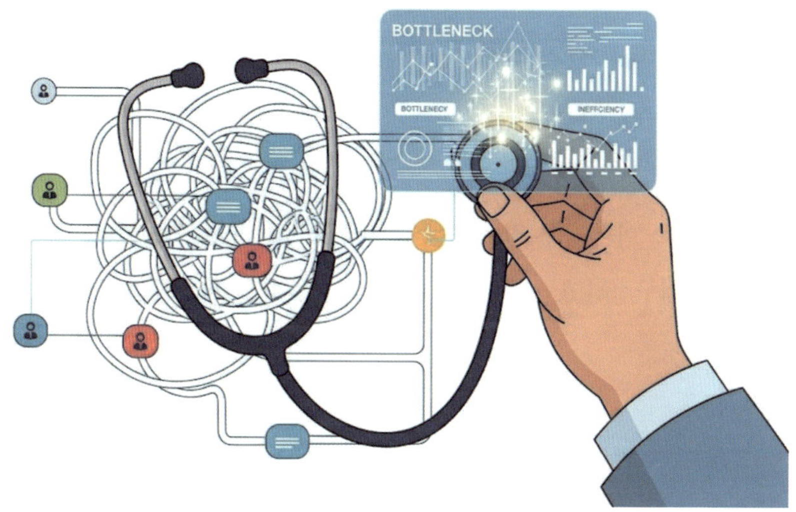

[그림 IV-2] 프로세스 마이닝 - 기업 프로세스의 MRI

1.1 프로세스 마이닝이란?

프로세스 마이닝은 IT 시스템에서 실행되는 업무 시스템에서 발생하는 이벤트 로그를 분석하여, 실제 업무 프로세스의 흐름을 자동으로 시각화하고 정량화하는 기술입니다.

이는 과거의 문서 기반 프로세스 분석이나 직원 인터뷰에 의존하던 방식과 달리, 실제 실행 데이터를 기반으로 프로세스를 그대로 표현하는 방식이라는 점에서 혁신적입니다.

비즈니스를 수행하는 조직에는 ERP, CRM, SCM, MES[35] 등 다양한 시스템이 존재하며, 이들 시스템은 대부분 사용자의 입력과 행동을 기반으로 모든 활동을 시간 순으로 기록합니다.

프로세스 마이닝은 이러한 기록 데이터(로그)를 수집하여, 실제로 조직 내에서 어떤 업무가

---

35) MES(Manufacturing Execution System)는 제조 현장에서 생산 계획부터 완제품 출하까지의 전체 제조 과정을 실시간으로 모니터링하고 제어하는 제조실행시스템입니다.

어떤 순서로, 어떤 경로를 통해, 얼마나 걸려서 처리되고 있는지를 정량적으로 보여 줍니다.

이러한 접근 방식의 가장 큰 강점은, 표면적으로 이해하고 있는 업무 흐름이 아닌 실제로 일어나는 업무 프로세스의 '진짜 모습'을 기반으로 분석이 가능하다는 점입니다.

이는 종종 '문서화된 절차'와 '실행' 간의 괴리를 적나라하게 드러내며, 현장에서는 몰랐던 병목, 지연, 반복 처리, 규정 위반 등을 정확하게 파악하는 데 기여합니다.

또한 프로세스 마이닝은 단순한 업무 흐름의 시각화에 그치지 않고, 기존 프로세스 모델과 실제 흐름을 비교하거나, 시뮬레이션, 예측 분석, 자동화 기획 등 다양한 고차원 기능으로 확장될 수 있습니다.

요약하면, 프로세스 마이닝은 업무수행 과정에서 발생하는 '이벤트 로그 데이터'를 사용하여 업무의 흐름을 재구성하고, 문제 발견과 개선의 기회를 제공하는 '실행 중심의 분석 도구'라고 할 수 있습니다.

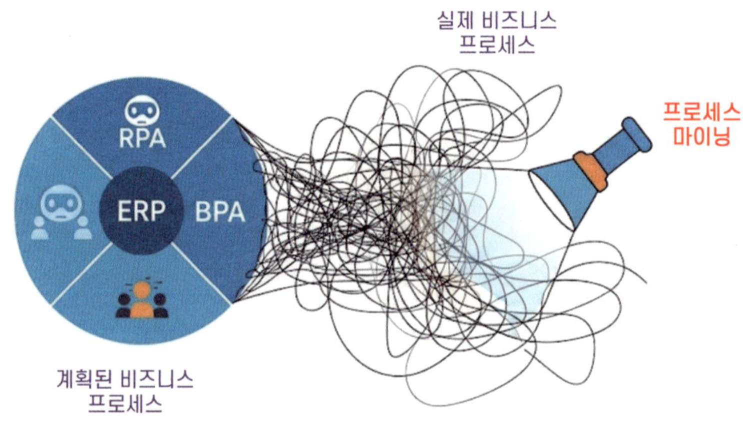

[그림 IV-3] 프로세스 마이닝 역할 - 실제 프로세스를 조명

1.2 프로세스 마이닝은 어떻게 진화하고 있는가?

프로세스 마이닝은 시간이 지남에 따라 진화해 왔으며, 흔히 1세대와 2세대로 구분하여 그 차이점을 설명할 수 있습니다. 이러한 구분은 기술 발전과 비즈니스 요구사항의 변화에 따라 프로세스 마이닝이 어떻게 발전해 왔는지를 보여 줍니다.

(1) 1세대 프로세스 마이닝: '발견'과 '분석'에 중점

1세대 프로세스 마이닝은 주로 업무 처리 과정에서 발생하는 이벤트 로그 데이터를 활용하여 실제 비즈니스 프로세스를 '발견'하고 '분석'하는 데 초점을 맞췄습니다. 이는 기업의 시스템에 기록된 방대한 데이터를 기반으로 실제 프로세스 흐름을 시각화하고, 계획된 프로세스와 실제 프로세스 간의 차이를 분석하며, 병목 현상이나 비효율적인 경로를 찾아내는 데 강점이 있습니다.

주요 특징

- **프로세스 발견**: 이벤트 로그를 기반으로 실제 프로세스 모델을 자동 생성하여 시각화
- **프로세스 분석**: 프로세스 발견단계에서 나타난 여러 현상들을 분석하여 그 원인을 파악
- **적합성 확인**: 예상되거나 설계된 프로세스 모델과 실제 실행된 프로세스 간의 불일치 식별
- **프로세스 개선**: 발견된 병목 현상, 재작업, 비효율성 등을 분석하여 개선 기회 제시

제한점

- **정형 데이터에 의존**: 비정형 데이터(이메일, 문서, 음성 기록 등)에서 발생되는 중요한 맥락 정보를 파악하기 어려움
- **사후 분석 중심**: 대부분 과거 데이터를 기반으로 한 사후 분석이어서 실시간 대응이나 미래 예측에는 한계
- **전문성 요구**: 이벤트 로그 추출 및 정제 과정이 복잡하고, 분석 결과 해석에도 일정 수준의 전문성이 요구되어 일반 사용자의 접근성이 낮음

(2) 2세대 프로세스 마이닝: '확장'과 '능동적 혁신'

2세대 프로세스 마이닝은 1세대의 한계를 극복하고, 인공지능, 머신러닝, 컴퓨터 비전, 생성형 AI 등 더욱 발전된 기술을 통합하여 '프로세스 트윈'[36]을 지향하는 프로세스 인텔리전스 플랫폼으로 진화하고 있습니다. 이는 단순히 프로세스를 '보는' 것을 넘어, '이해하고', '예측하며', '능동적으로 변화시키는' 데 중점을 두고 있습니다.

주요 특징

- **데이터 소스 확장:** 정형 이벤트 로그뿐 아니라 비정형 데이터(문서, 이메일 등), 사용자 UI/UX에서 발생하는 사용자 상호작용 데이터까지 분석 범위가 확장되며, 이를 통해 프로세스의 숨겨진 맥락과 사용자 행동을 더욱 깊이 이해할 수 있음

- **AI/ML 및 생성형 AI 통합:**
  - **데이터 준비 자동화:** 생성형 AI 등을 활용하여 복잡한 데이터 정제 및 준비 과정을 간소화하고 자동화
  - **심층 분석 및 예측:** AI/ML 모델을 통해 프로세스의 미래 상태를 예측하고, 잠재적인 위험이나 기회를 식별
  - **추천 및 자동화:** 프로세스 개선을 위한 최적의 방안을 추천하고, 특정 작업을 자동화하는 데 필요한 통찰력을 제공
  - **핵심 요소의 확장:** 1세대의 발견, 분석, 개선을 넘어 모니터링, 예측, 시뮬레이션 등의 기능 강화
  - **실시간 모니터링:** 현재 진행 중인 프로세스의 성과를 실시간으로 추적하고, 이상 징후 발생 시 즉시 알림을 제공
  - **예측 분석:** 과거 데이터를 기반으로 미래의 프로세스 결과, 병목 현상, 지연 등을 예측하여 선제적인 조치 가능

---

36) 프로세스 트윈은 현실의 프로세스를 디지털로 복제하여 실시간 분석과 시뮬레이션을 통해 운영을 최적화하는 기술입니다.

- **시뮬레이션:** 프로세스 변경이 비즈니스 성과에 미칠 영향을 가상으로 시뮬레이션하여 최적의 개선 전략을 수립할 수 있게 함

- **사용자 접근성 향상:** 자동화된 데이터 처리와 직관적인 인터페이스를 통해 비전문가도 쉽게 프로세스 통찰력을 얻고 활용할 수 있도록 지원

- **가치 창출:** 단순한 비효율성 개선을 넘어, 규정 준수 강화, 고객 경험 향상, 리스크 관리, 새로운 비즈니스 모델 발굴 등 더 큰 전략적 가치 창출을 목표로 함

요약하자면, 1세대 프로세스 마이닝이 이미 실행된 프로세스를 분석하여 문제점을 진단하는 데 집중했다면, 2세대 프로세스 마이닝(프로세스 인텔리전스)은 AI와 확장된 데이터 소스 활용을 통해 현재 프로세스를 실시간으로 모니터링하고, 미래를 예측하며, 능동적으로 프로세스를 변화시켜 궁극적인 비즈니스 혁신을 이루는 데 기여합니다.

[표 IV-1] 1세대 프로세스 마이닝 vs. 2세대 프로세스 마이닝 차이점

구분	1세대 프로세스 마이닝	2세대 프로세스 마이닝 (프로세스 인텔리전스)
주요 목적	프로세스 '발견', '분석' 및 문제점 식별	프로세스 '발견', '분석'을 넘어 '예측', '최적화', '자동화' 지원
데이터 범위	주로 정형 이벤트 로그	정형 + 비정형 데이터, 태스크 마이닝 데이터 등 광범위한 지원
활용 기술	이벤트 로그 분석 알고리즘	AI, ML, 생성형 AI 등 고급 기술 통합
분석 시점	주로 과거 데이터 기반의 사후 분석	실시간 모니터링, 미래 예측 및 과거 분석 통합
가치 제공	비효율성 제거, 비용 절감	운영 효율성 극대화, 위험 관리, 전략적 의사결정 지원
복잡성 및 접근성	데이터 정제 및 해석에 전문성 요구	문제점을 판단할 수 있는 선-정의된 리포팅 및 AI 기반 자동화로 사용자 접근성 향상

앞서 언급한 바와 같이, 많은 기업이 비즈니스 프로세스를 잘 이해하고 있다고 생각하지만, 실제로는 수행 과정의 흐름이 완전히 드러나지 않은 상태에서 운영되는 경우가 많습니다.

이러한 프로세스의 불투명성은 업무 처리에 있어 병목, 반복, 지연, 규정 위반 등 다양한 비효율을 낳고, 디지털 전환 이후에도 운영 성과가 개선되지 않는 이유로 작용합니다.

프로세스 마이닝은 이러한 숨겨진 흐름을 가시화하고, 데이터 기반의 인사이트를 제공함으로써 조직의 실행력을 높이는 데 핵심적인 역할을 하며, 단순한 기술 도입을 넘어, 디지털 기반의 민첩한 의사결정과 지속적인 개선 문화를 구축하는 기반 기술이 되고 있습니다.

기업에서 프로세스 마이닝이 필요한 이유는 아래와 같습니다.

- **현실과 문서 간의 괴리를 해소**

  많은 기업은 표준 프로세스를 문서화하고 있지만, 실제 업무 현장에서는 다양한 예외 처리와 루트 변경이 발생 → 프로세스 마이닝은 실제 프로세스 흐름을 시각적으로 보여 줌으로써 문서와 현실 사이의 업무 프로세스 차이를 확인할 수 있게 함

- **비효율의 정확한 원인 규명**

  업무 처리에서 병목이 생기는 위치나 지연의 원인이 무엇인지 명확하지 않을 경우, 단순한 직감이나 경험에 의존한 개선은 실패로 끝나기 쉬움 → 프로세스 마이닝은 엔드투엔드 및 각 업무 구간 처리 시간은 물론, 지연 구간, 예외 발생 빈도, 처리 대기 시간 등 다양한 원인을 정량적으로 제시함

- **직관과 경험 대신 데이터 기반의 의사결정**

  '아마 그럴 것이다'라는 추측이 아닌, 실제 데이터를 기반으로 문제의 원인을 분석하고 개선 방안을 찾을 수 있음 → 프로세스 마이닝은 어떤 프로세스를 개선했을 때 가장 큰 효과를 볼 수 있을지, 추가 인력이나 자원을 어디에 투입해야 할지 등 객관적인 데이터에 근거하여 현명한 의사결정을 내릴 수 있도록 지원

- **디지털 전환 이후 성과가 나오지 않는 원인 분석**

  시스템만 도입하고 업무 흐름을 개선하지 않으면 디지털 전환 효과는 제한적이게 됨 →
  프로세스 마이닝은 디지털 기술이 실제로 어떻게 활용되고 있는지를 평가하는 도구로서
  유용

- **조직 민첩성을 높이고 지속적인 개선 문화 정착**

  프로세스는 한번 개선하고 끝나는 것이 아니라, 시장과 고객의 변화에 맞춰 민첩하고 끊
  임없이 발전해야 함 → 프로세스 마이닝은 개선 활동의 효과를 지속적으로 모니터링하
  고, 또 다른 개선 기회를 포착하여 조직 내 프로세스가 항상 최적의 상태를 유지할 수 있
  도록 돕는 강력한 조력자 역할을 함

- **컴플라이언스 및 리스크 관리를 강화**

  내부 통제, 감사, 법규 준수 등을 얼마나 잘 준수하는지 파악 필요 → 프로세스 마이닝은
  실제 흐름이 규정을 얼마나 잘 따르고 있는지를 보여 주며, 이를 통해 내부 통제 미비 구
  간이나 리스크 발생 가능 지점을 조기에 식별할 수 있음

빠르게 변화하는 환경 속에서 조직의 흐름을 정확히 파악하고, 지속적인 개선과 민첩한 대
응을 실현하기 위해서는 실행 기반의 통찰이 반드시 필요합니다. 프로세스 마이닝은 이를 가
능하게 만드는 가장 현실적이고 강력한 수단으로서, 더 이상 선택이 아닌 필수적인 경영 도구
가 되고 있습니다.

[그림 IV-4] 1세대 프로세스 마이닝 vs. 2세대 프로세스 마이닝

2

프로세스 마이닝의 핵심,
'이벤트 로그' 이해하기

앞에서 기술한 바와 같이, 프로세스 마이닝은 기업 내 프로세스의 건강 상태를 정밀하게 진단하는 'MRI'에 비유할 수 있습니다. 그렇다면 이 MRI는 과연 무엇을, 어떻게 촬영하는 것일까요?

정답은 바로 기업의 정보 시스템에 매일같이 쌓이고 있는 '디지털 발자국', 즉 '이벤트 로그 데이터'입니다.

기업의 모든 활동은 디지털 시스템 안에서 대부분 기록되고 있습니다. 과거에는 어떤 일이 일어났는지를 파악하기 위해 수작업으로 문서를 검토하거나, 담당자에게 물어보는 방식이 일반적이었지만, 이제는 시스템이 남긴 흔적만 잘 들여다보면 실제 업무가 어떻게 흘러갔는지를 명확히 알 수 있습니다. 이러한 흔적이 바로 '이벤트 로그'입니다.

이벤트 로그는 업무 담당자가 어떤 일을 언제 처리했는지, 어느 단계에서 오래 대기하였는지, 어느 부서와 연결되었는지 등을 담고 있어, 기업 내부의 움직임을 있는 그대로 보여주는 일종의 데이터 타임라인이라 할 수 있습니다. 쉽게 말해, '말로 듣는 보고'가 아니라 '사실에 기반한 기록'입니다.

이러한 기록을 모으고 분석하면, 예상치 못한 지연이나 반복 작업, 병목 구간 등을 자연스럽게 발견할 수 있습니다. 결국, 이벤트 로그는 기업이 스스로의 흐름을 돌아보고 개선할 수 있도록 도와주는 거울과 같은 역할을 합니다.

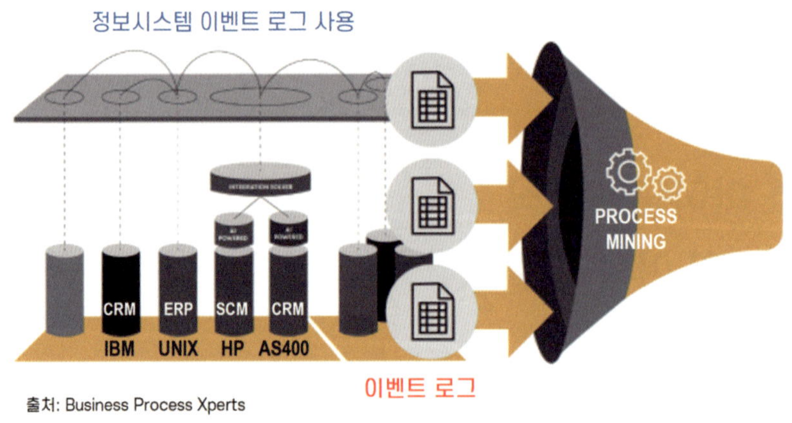

[그림 IV-5] 이벤트 로그와 프로세스 마이닝 관계

2.1 '이벤트 로그', 디지털 발자국 - 시스템에 남겨진 업무의 흔적

프로세스 마이닝의 출발점은 '이벤트 로그' 수집입니다. 이벤트 로그란 조직의 업무 시스템 (ERP, CRM, MES 등)에 기록된 사용자 행위와 업무 처리 이력을 시간순으로 저장한 데이터 집합으로, 시스템에 남겨진 업무의 흔적입니다.

업무는 일련의 활동인 이벤트로 구성되며, 이 이벤트들은 정보 시스템을 통해 시간, 담당자, 작업 내용 등 다양한 형태로 기록되어 로그로 남게 됩니다.

예를 들어 누군가가 SAP 시스템에 로그인하여 '주문 승인'을 클릭했다면, 이 행위는 시간, 사용자, 이벤트 이름 등과 함께 로그 파일에 저장되는 것입니다.

프로세스 마이닝은 이러한 디지털 발자국들을 연결하고 해석하여, 업무가 실제로 어떤 흐름으로 진행되고 있는지를 시각화하고 진단합니다. 이는 단순한 데이터 분석을 넘어, 업무 흐름의 실체를 드러내고 조직의 운영을 가시화하는 기반이 됩니다.

왜 프로세스 마이닝인가?

2.2 '이벤트 로그'를 구성하는 필수 데이터

이벤트 로그를 구성하기 위해서는 다음 3가지 필드가 반드시 필요하며, 이는 프로세스 흐름 분석에 기준 정보로 활용됩니다.

① **고유 식별자**: '케이스 ID' 또는 '이벤트 ID'라고도 하며, 하나의 단위 업무(예: 하나의 주문 건, 하나의 고객 상담, 하나의 클레임 처리 등)를 식별하기 위한 키이며, 이 ID를 기준으로 수많은 타임라인[37]들이 하나의 '흐름'으로 묶이게 됨

② **이벤트 이름**: 실행된 실제 작업 단계를 의미하며, 업무 흐름의 구조를 그리는 데 활용됨

③ **이벤트 발생 시각**: 각 활동이 어떤 순서로, 어떤 간격으로 일어났는지를 파악하게 해 주며, 프로세스 속도, 병목, 리드 타임 분석의 기반이 됨

[표 IV-2] 이벤트 로그 필수 구성 요소

구성 요소	설명
고유 식별자 (Case ID)	하나의 프로세스 인스턴스를 식별하는 고유 식별자임 예: 주문번호, 고객번호, 클레임 번호 등
이벤트 이름 (Event name)	Activity라고도 하며 해당 인스턴스에서 수행된 업무 활동을 의미함 예: '주문 확인', '승인 요청', '배송 처리' 등
시각 (Timestamp)	해당 이벤트가 실제로 발생한 날짜 및 시간 (시간 단위는 년/월/일, 시간, 분, 초 등)

필수 구성 요소의 활용 예시

아래는 예시를 기반으로 한 간단한 이벤트 로그 테이블입니다.

---

37) 주어진 프로세스나 시스템 내에서 일어난 일련의 이벤트들을 시간 순서대로 기록한 데이터로, 각 이벤트가 언제 발생했는지를 보여 주는 중요한 역할을 합니다.

[표 IV-3] 이벤트 로그 필수 구성 예

고유 식별자	이벤트 이름	이벤트 발생 시각
A001	주문 접수	2025-07-21 09:00:00
A002	재고 확인	2025-07-21 10:05:15
A003	출고 승인	2025-07-21 11:40:22
A004	송장 발행	2025-07-21 12:55:03

이 이벤트 로그 정보를 이용하여 프로세스 마이닝 도구는 다음과 같은 질문에 답할 수 있습니다.

- 업무는 총 몇 개의 단계로 구성되는가?
- 어떤 단계에서 평균적으로 가장 많은 시간이 소요되는가?
- 재작업 등 비효율적 구간과 병목 지점은 어디에 있는가?
- 동일한 업무라도 수행 순서가 바뀐 경우가 있는가?
- 업무 처리 규정을 벗어난 건수가 얼마나 되며, 누가 처리하였는가?
- 표준 절차를 벗어난 예외 경로는 무엇인가? 등

2.3 '이벤트 로그'를 구성하는 확장 데이터

프로세스를 다차원 관점에서 심층 분석하기 위해서는 필수 데이터 외 관련 확장 데이터들도 이벤트 로그에 포함하여야 합니다. 확장 데이터는 분석 주제에 따라 다를 수 있습니다.

[표 IV-4] 이벤트 로그 확장 요소 예

구성 요소	설명
자원	해당 작업을 수행한 사용자, 부서 또는 시스템 (예: '박지훈 대리', '물류팀', 'Bot_001' 등)
비용	해당 활동에 수반된 비용 (예: 처리 단가, 외주 비용, 지연으로 인한 패널티 등)
채널	해당 활동이 발생한 채널 (예: 모바일 앱, 웹 포털, 고객센터, API 등)
위치	해당 작업이 수행된 지리적 위치 또는 조직 (예: 서울지사, 부산센터 등)
시스템	이벤트가 발생한 시스템 이름 (예: SAP, Salesforce, MES 등)

이러한 확장 데이터는 다음과 같은 분석 시나리오에 활용됩니다.

- **자원 기반 분석:** 해당 업무 처리가 특정 부서나 직원에게 집중되는 경우 → 업무 편중, 병목 원인 파악
- **비용 기반 분석:** 고비용 프로세스 경로 확인 → 프로세스 재설게 또는 개선 필요성 도출
- **채널 기반 분석:** 접수 채널별 처리 시간 비교 → 고객 접점 최적화 전략 수립
- **시스템 기반 분석:** 시스템 간 이동으로 인한 전환 비용 파악 → 통합 자동화 대상 선정

■ 이벤트 로그 수집 예시
- **ERP (SAP, Oracle 등):** 구매 요청, 발주, 입고, 송장 처리
- **CRM (Salesforce 등):** 리드 생성, 상담 이력, 계약 체결
- **MES (제조실행시스템):** 공정 시작, 품질 검사, 작업 완료
- **고객 포털:** 주문 접수, 클레임 등록, 환불 요청
- **RPA 시스템:** 자동화된 업무 수행 로그

▶ 이벤트 로그는 프로세스 마이닝의 분석 대상이자 출발점이며, 가장 기본적으로 고유식별자, 이벤트 이름 및 이벤트가 발생한 시각 정보가 포함되어야 한다.

▶ 자원, 비용, 채널, 지역 등 확장 정보를 포함하면 보다 깊이 있는 분석이 가능하며, 조직의 흐름을 다각도로 이해할 수 있는 기반이 된다.

▶ 이벤트 로그는 시스템에 존재하는 업무 처리 관련 데이터로 구성되며, 숨겨진 흐름을 가시화하는 데 핵심적인 역할을 한다.

왜 프로세스 마이닝인가?

프로세스 마이닝이 갖추어야 할
5가지 주요 구성 요소

프로세스 마이닝은 프로세스 데이터를 기반으로 업무 처리 과정을 분석하고 개선하는 기술입니다. 이는 기업 내 정보 시스템에 기록된 프로세스 관련 데이터를 활용하여, 업무 처리 패턴과 이에 대한 정량적 측정값 및 관련 인사이트를 제공합니다.

일반적으로, 프로세스 마이닝[38]이 갖추어야 할 다섯 가지 구성 요소는 ① 프로세스 발견, ② 프로세스 분석, ③ 프로세스 모니터링, ④ 프로세스 예측, 그리고 ⑤ 프로세스 시뮬레이션이며, 각 구성 요소 별 주요 내용은 다음과 같습니다.

[표 IV-5] 프로세스 마이닝이 갖추어야 할 구성요소

구성 요소	역할
프로세스 발견	• **사용자 상호작용 기록:** 사용자 업무를 방해하지 않고 백그라운드 방식으로 세션 로그를 수집하며, 장기간에 걸친 프로세스 변형을 포착 • **데이터 추출:** 이벤트 로그 데이터는 기업 및 부서별 소프트웨어 시스템의 어떤 조합에서도 추출 가능하며, 추출된 데이터는 분석을 위해 자동 또는 수동방식으로 프로세스 마이닝 플랫폼에 업로드됨 • **프로세스 이벤트 매핑:** 추출된 로그 데이터를 프로세스 분석을 시작하는 데 필요한 세 가지 필드(고유 식별자, 이벤트 이름, 이벤트 발생시각)와 상세 분석을 위한 확장 필드를 맵핑

---

38) 여기서는 2세대 프로세스 마이닝 기준으로 작성되었습니다.

프로세스 분석	• **현행 프로세스 분석:** 조직 내 프로세스가 어떻게 작동하고 왜 그렇게 작동하는지 이해하기 위한 다양한 분석 기능 제공 • **문제 조사:** 강력한 필터링 기능 및 드릴-다운 분석을 사용하여 프로세스 문제영역 식별 및 성 능 정량화 • **프로세스 최적화:** 식별된 문제영역의 개선을 통한 최적화
프로세스 모니터링	• **실시간 실행 모니터링:** 실시간 또는 준 실시간으로 프로세스 실행을 모니터링하여 지속적인 통찰력을 제공 • **프로세스 알림 설정:** 사용자가 설정한 조건을 충족 또는 위반시 자동으로 사용자에게 이메일 을 보내거나, 다른 BPM 프로세스 호출 또는 RPA 봇을 트리거 함
프로세스 예측	• **이벤트 예측:** 머신 러닝 기술을 사용하여 프로세스 결과에 대한 정확한 예측을 얻고, 프로세 스를 더욱 효율적으로 만들어 시간, 비용 및 인력을 절약
프로세스 시뮬레이션	• **변경 사항 시뮬레이션:** 최적화된 결과를 실행하기 전에 프로세스의 잠재적인 변경 사항을 시 뮬레이션하고 전체 비즈니스에 미치는 영향을 평가함으로써 변경적용에 따른 위험을 완화할 수 있음

프로세스 마이닝의 5가지 주요 구성 요소는 '과거 분석 → 현재 통제 → 미래 예측'이라는 실행 중심의 순환 구조를 형성하며, 단순한 보고서 생성이 아닌 '데이터 기반의 실행 개선을 가능하게 만든다.

▶ 발견: 정보시스템에 기록된 비즈니스 이벤트 로그를 기반으로 실제 업무 흐름을 자동으로 추출하여, 프로세스의 현실적인 모습을 가시화한다.

▶ 분석: 현재 프로세스를 분석하여 프로세스에 내재된 다양한 비효율적 요소(재작업, 병목, 비용과다 등)를 식별하여 이를 최적화한다.

▶ 모니터링: 실시간 또는 주기적인 분석을 통해 지속적인 프로세스 상태 점검과 SLA 추적, 이상 감지가 가능하며, 문제 발생 시 신속한 대응을 유도한다.

▶ 예측: 과거 데이터를 기반으로 향후 발생 가능한 병목, SLA 위반, 이탈 가능성을 사전에 예측하여, 선제적 조치와 경영 판단을 지원한다.

▶ 시뮬레이션: 최적화를 위한 변경을 하기 전 프로세스의 잠재적인 변경 사항을 시뮬레이션하고 전체 비즈니스에 미치는 영향을 평가한다.

　　　　왜 프로세스 마이닝인가?

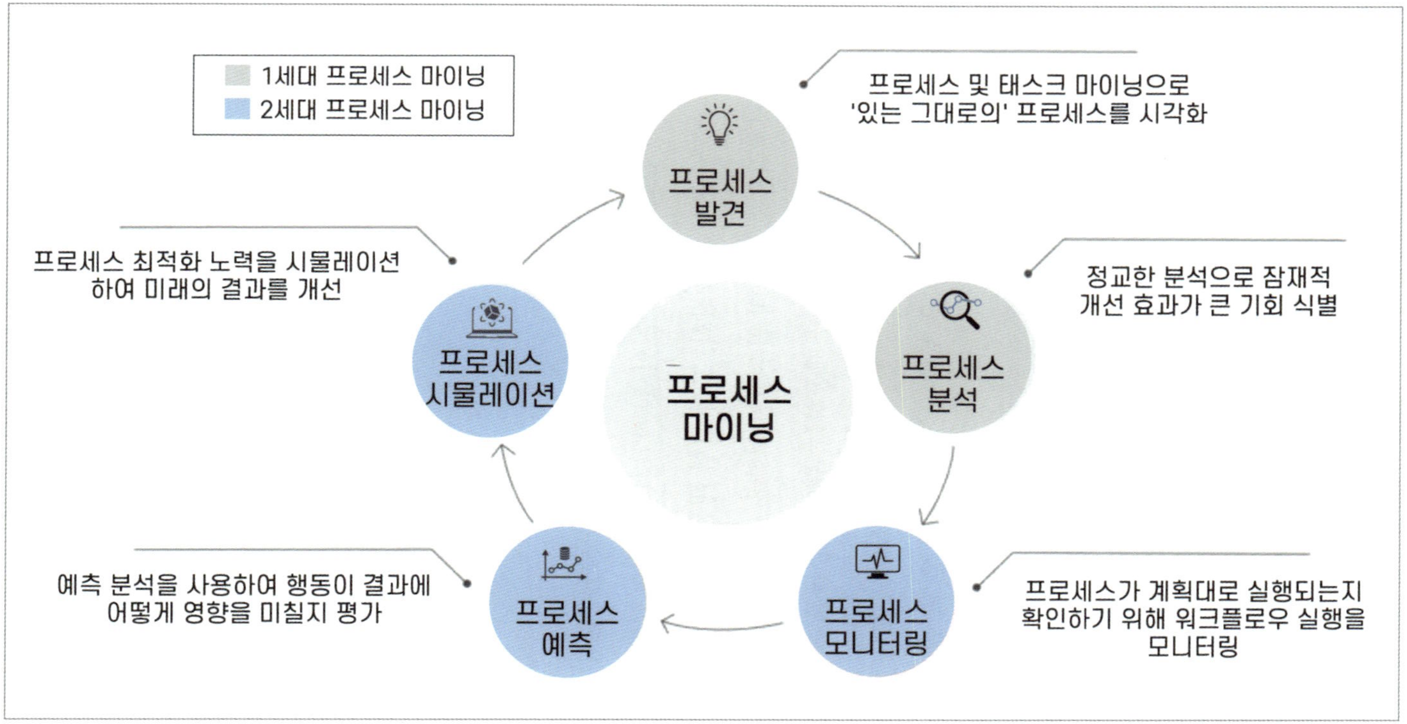

[그림 IV-6] 프로세스 마이닝 각 구성요소와의 관계

프로세스 마이닝 주요 기능

프로세스 마이닝은 단순히 업무 흐름을 시각적으로 보여 주는 수준을 넘어, 조직이 프로세스를 깊이 이해하고 지속적으로 개선할 수 있도록 다양한 기능을 제공합니다. 이러한 기능들은 효율성 향상, 비용 절감, 규정 준수 강화, 고객 경험 개선과 같은 비즈니스 혁신의 핵심 과제로 직결되며, 기업 경쟁력을 높이는 데 필수적인 역할을 합니다.

따라서 본 절에서는 프로세스 마이닝이 제공하는 주요 기능들을 체계적으로 정리합니다. 각 기능은 독립적으로 설명되지만, 실제 적용에서는 여러 기능을 유기적으로 결합하여 활용하는 경우가 많습니다. 이를 통해 조직은 보다 풍부한 통찰을 얻고, 실행 가능한 개선 방안을 도출할 수 있습니다.

4.1 '프로세스 경로 보기'

'프로세스 경로 보기'는 프로세스의 흐름을 시각적인 프로세스 맵 형태로 재구성하여 보여 주는 기능입니다. 이 맵은 실제 실행 데이터를 기반으로 하며, 각 프로세스 이벤트 간의 흐름, 전환 빈도, 소요 시간, 병목 등을 직관적으로 확인할 수 있게 합니다.

(1) 필요성

'프로세스 경로 보기'는 복잡한 프로세스의 전체 구조와 실행 패턴을 하나의 시각적 맵으로 제공하여, 조직이 실제 업무 흐름의 전모를 즉시 파악하고 주요 문제점을 직관적으로 식별할 수 있게 하는 핵심 기능입니다.

- **전체 프로세스 구조의 즉각적 파악:** 수백 개 이벤트와 수천 개의 케이스[39]를 하나의 화면에서 시각적으로 단순화하여 표현
- **이벤트 간 전환 빈도의 시각적 표현:** 연결선 두께를 통해 주 경로와 파생 경로를 즉시 구별
- **프로세스 변형 복잡도 측정:** 실제 실행되는 프로세스 변형의 개수와 분기 패턴을 한눈에 확인
- **루프와 반복 패턴의 즉시 식별:** 재작업이나 승인 반려 등의 순환 구조를 시각적으로 바로 탐지
- **시작점과 종료점의 다양성 확인:** 프로세스 표준화 수준과 통제 가능성을 시각적으로 평가
- **비표준 경로의 신속한 탐지:** 정상 흐름에서 벗어난 예외 경로나 규정 위반 흐름을 즉시 발견

(2) 언제 유용한가?

'프로세스 경로 보기'는 프로세스의 전체적인 개요와 흐름 패턴을 신속하게 파악해야 하는 상황에서 가장 효과적으로 활용되며, 특히 초기 진단이나 개략적 분석이 필요한 경우에 매우 유용합니다.

- **고객 민원이 발생한 특정 건의 실제 처리 흐름을 분석할 때:** 해당 케이스가 어떤 경로를 따라 처리되었는지 전체 흐름을 빠르게 추적

---

[39] 프로세스 마이닝에서 '케이스'란, 특정 프로세스가 시작부터 종료까지 수행되는 '하나의 개별 인스턴스(예: 한 건의 주문, 한 번의 보험 청구, 한 명 환자의 진료 과정)'를 의미합니다.

- **표준 경로 및 변형 경로 내용을 파악하고 싶을 때**: 표준 처리 경로와 예외 처리 경로의 분포와 빈도를 시각적으로 확인

- **식별된 프로세스에서 병목이 어디서, 얼마나 지속되었는지 파악하고 싶을 때**: 연결선의 굵기와 색상을 통해 각 이벤트간 전환 빈도와 지연 구간을 즉시 식별

- **반복 이벤트나 규정 외 경로가 실제 케이스에서 어떻게 일어나는지 확인이 필요할 때**: 순환 구조나 비정상 흐름을 시각적으로 바로 탐지

(3) 실무 적용 포인트

실무에서 이를 효과적으로 활용하기 위해서는 전체 프로세스의 개요 파악과 주요 패턴 식별에 집중하되, 세부적인 정량 분석은 앞으로 다루게 될 다른 분석 기능과 연계하여 수행하는 것이 바람직합니다. 특히 '프로세스 경로 보기'는 프로세스 분석의 출발점 역할을 하므로, 여기서 발견된 이상 징후나 관심 영역을 기반으로 후속 상세 분석의 방향을 설정하는 것이 중요합니다.

[표 IV-6] '프로세스 경로 보기' 실무 적용 예

적용 목적	활용 예시
간 이벤트 단계간 전환 빈도 이해	프로세스의 각 단계간 연결선 두께 차이로 각 프로세스 이벤트간 전환 빈도가 얼마나 발생하는지 시각적 비교
프로세스의 처리 경로에 대한 흐름 이해	업무 프로세스 처리를 위한 주 경로 및 변형 경로에 대한 신속한 이해
비표준 행동 탐지	예외 루트, 반복 경로, 생략된 단계 확인
SOP 미준수 탐지	규정된 처리 경로를 벗어난 실행을 신속하게 이해

🔍 **KEY TAKEAWAY**

'프로세스 경로 뷰'는 다음 기능을 제공한다.
- ▶ 실제 이벤트 로그를 바탕으로 프로세스 흐름을 자동 시각화한다.
- ▶ 주요 경로, 병목, 예외흐름 등을 한눈에 파악할 수 있다.
- ▶ 프로세스 이해와 분석의 출발점이 된다.

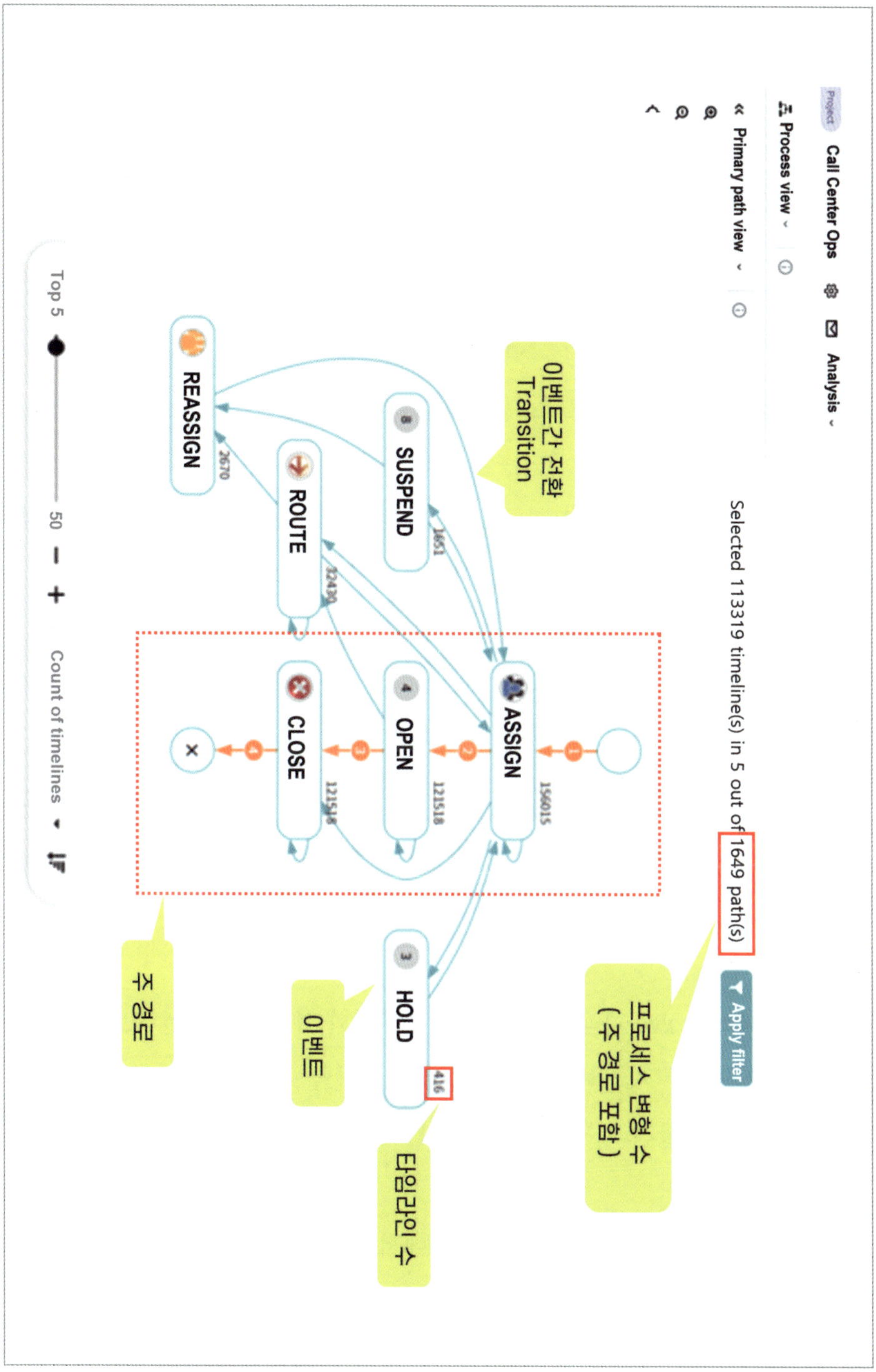

[그림 IV-7] '프로세스 경로 보기' 화면 예시

4.2 '경로 분석'

　프로세스가 실제로 '어떤 경로'를 통해 수행되었는지를 전수 조사하여, 모든 실행 경로의 분포와 성능 차이를 분석하는 기능입니다. 이는 '프로세스 경로 보기'와 달리 각 경로에 대한 추가 정보 제공으로 정량적 측정(트랜잭션 수, 처리시간, 비용 등)을 가능하게 합니다.

　'경로 분석'은 프로세스 마이닝 도구에 따라 다양한 형태로 표시되지만 주로 '경로 뷰'와 '스키마 뷰'로 표시됩니다.

- **'경로 분석'(전환 중심):** 프로세스를 더 선형적으로 볼 수 있으며, 단계가 반복되거나, 건너뛰거나, 잘못된 순서로 실행되는 위치 확인에 유용
- **스키마 분석(이벤트 중심):** 프로세스에서 수행된 각 이벤트 순서, 동시에 발생하는 이벤트, 특정 경로 내에서 전환과의 상호 연결성을 파악하는 데 유용

(1) 필요성

　'경로 분석'은 기업의 실제 업무 프로세스가 어떤 경로로 진행되는지 시각적으로 상세하게 보여 줍니다. 이는 프로세스에 대한 문제점 및 비효율 구간을 찾아내고 개선하는 데 핵심적인 역할을 합니다.

- **실제 프로세스의 상세 파악:** 문서나 매뉴얼에 나와 있는 이상적인 프로세스가 아닌, 직원들이 실제로 업무를 처리하는 경로를 정확히 파악할 수 있게 함
- **비효율적인 경로 발견:** 가장 자주 발생하는 주 경로와 비효율적이거나 예상치 못한 예외 경로를 쉽게 비교
- **병목 현상 및 지연 원인 식별:** 특정 단계에서 작업이 지연되거나 반복되는 병목 구간을 쉽게 식별하며, 이를 통해 불필요한 재작업, 승인 지연 등 프로세스 비효율의 원인을 개략적으로 파악할 수 있음

- **숨겨진 패턴 분석**: 업무 효율성을 저하시키는 숨겨진 처리 패턴을 발견하여, 비효율적인 패턴을 개선 가능하게 함
- **비용 및 위험 관리**: 불필요한 단계나 재작업 경로를 찾아내 운영 비용을 절감하고, 규정 위반이나 리스크를 유발할 수 있는 경로를 사전에 발견할 수 있음

(2) 언제 유용한가?

'경로 분석'은 프로세스의 전체적인 흐름보다는 특정 경로의 성능과 효율성을 정량적으로 평가하고 비교해야 할 때 유용합니다. 특히 경로별 차이가 비즈니스 성과에 직접적인 영향을 미치는 상황에서 효과적으로 활용될 수 있습니다.

- **고객 불만이 특정 케이스에 집중될 때**: 특정 경로를 따른 케이스에서 문제가 발생했는지 추적하여 원인 규명
- **처리 시간 편차가 큰 이유를 파악할 때**: 경로 별 평균 처리 시간을 비교하여 지연 원인이 되는 특정 경로 식별
- **시스템 도입 후 이상 동작 여부를 진단할 때**: 새로운 경로의 출현 여부나 기존 경로의 변화 패턴 확인
- **예외 상황에서 리스크가 발생했을 때**: 예외 경로에 잠재된 리스크 요소를 체계적으로 탐색
- **프로세스 개선 우선순위 설정 시**: 빈도가 높으면서 비효율적인 경로를 우선 개선 대상으로 선정

(3) 실무 적용 포인트

'경로 분석'을 실무에서 효과적으로 활용하기 위해서는 경로별 성능 지표를 체계적으로 정의하고, 각 경로의 비즈니스 영향도를 정량적으로 평가하는 것이 중요합니다. 특히 분석 결과를 바탕으로 구체적인 개선 실행 플랜을 수립하고, 개선 효과를 지속적으로 모니터링하는 체

계를 구축해야 합니다.

[표 IV-7] '프로세스 뷰' 실무 적용 예

적용 목적	활용 예시
경로 다양성 분석	전체 프로세스 중 상위 3개 경로가 전체의 몇 %를 차지하는가?
비효율 경로 식별	평균 처리시간이 긴 경로, 반복 단계가 많은 경로가 어디인가?
예외 흐름 추적	승인 없이 지급된 사례, 심사 생략된 경로 등 규정 위반이 있는지? 있다면 어디서 발생하는가?
'병목 분석'	프로세스 어느 구간에서 병목이 발생하는가?

🔍 KEY TAKEAWAY

'경로 분석'은 다음 기능을 제공한다.

▶ 프로세스가 실행된 다양한 경로를 빈도 기반으로 분석한다.

▶ 표준 경로와 예외 경로의 구조적 차이를 시각적으로 비교할 수 있다.

▶ 복잡도, 반복흐름, 병목 지점, 이탈 경로 등을 식별하여 개선지점을 찾는다.

▶ 실행 패턴의 다양성과 비효율을 정량적으로 파악할 수 있다.

왜 프로세스 마이닝인가?

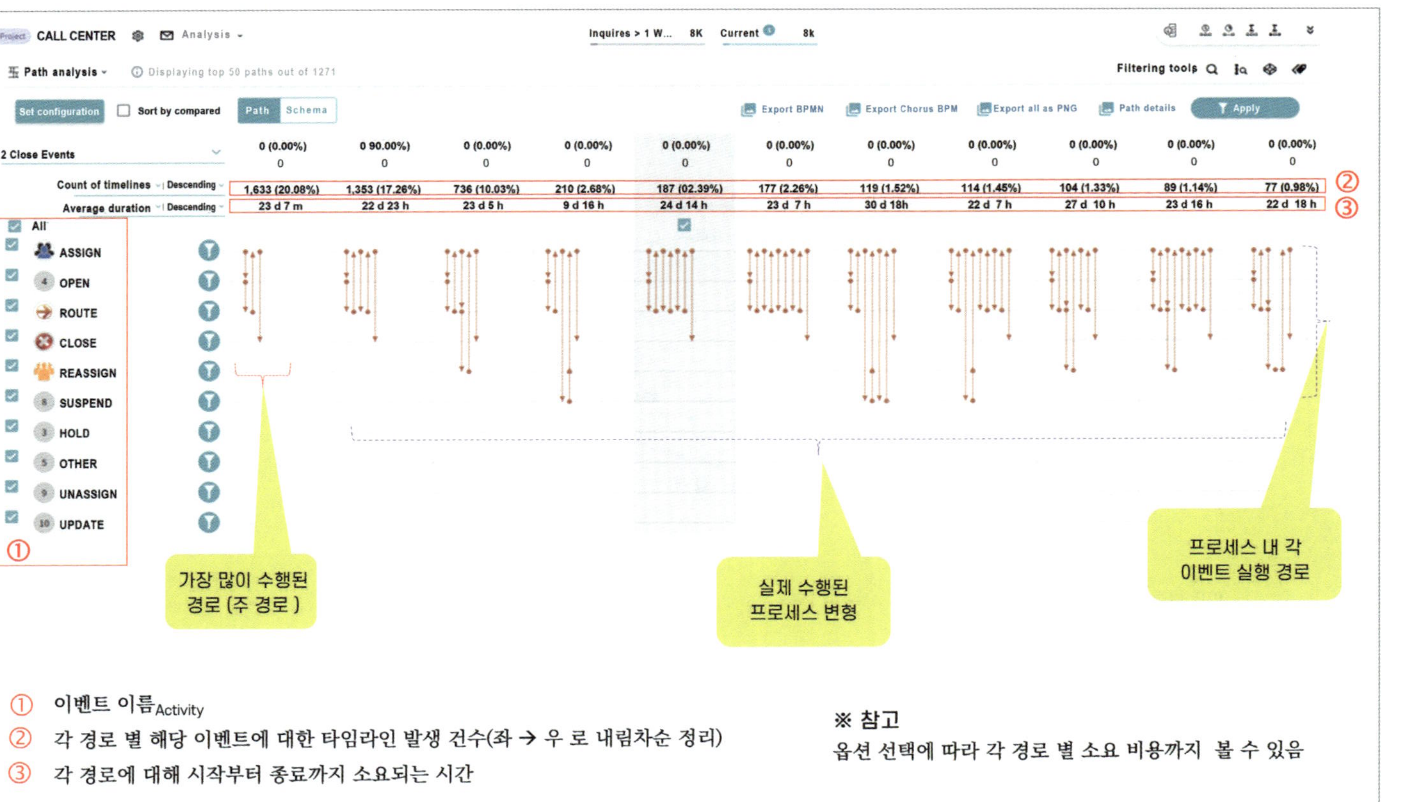

① 이벤트 이름Activity

② 각 경로 별 해당 이벤트에 대한 타임라인 발생 건수(좌 → 우 로 내림차순 정리)

③ 각 경로에 대해 시작부터 종료까지 소요되는 시간

※ 참고
옵션 선택에 따라 각 경로 별 소요 비용까지 볼 수 있음

[그림 IV-8] '경로 분석' 화면 예시

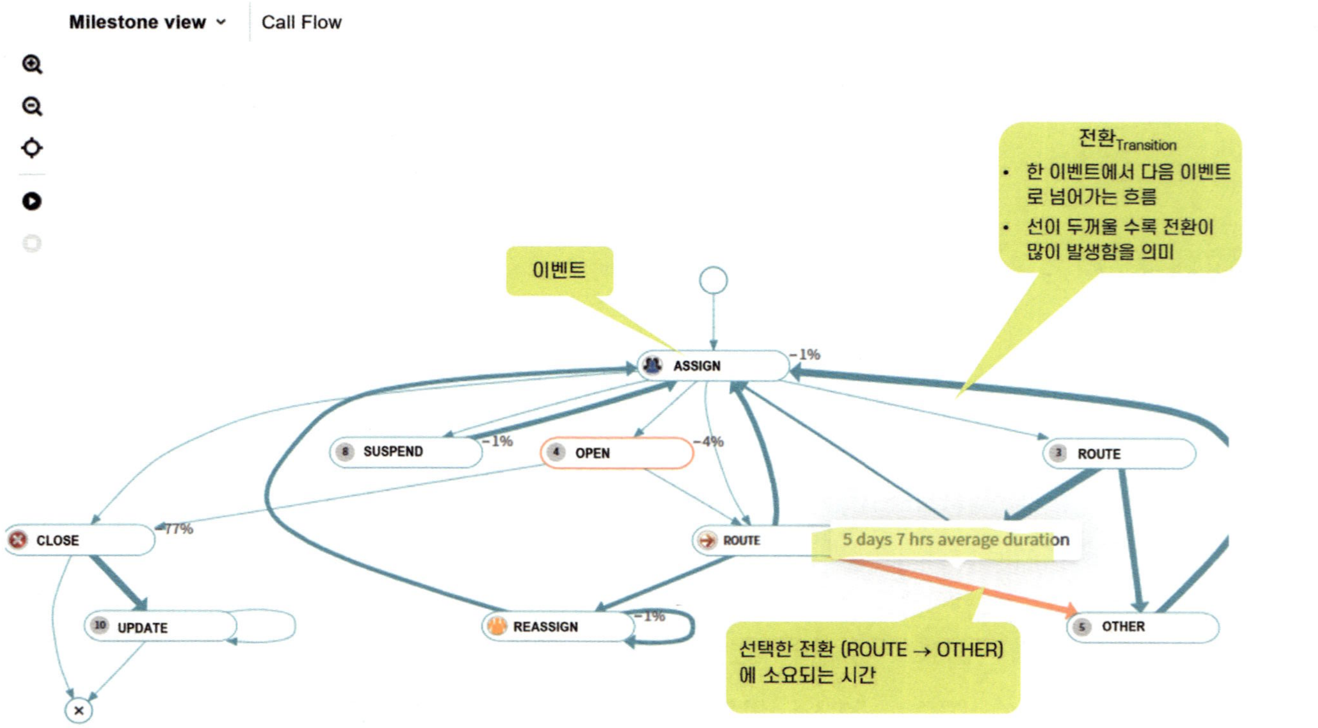

스키마 뷰에서는 각 이벤트 간의 흐름 을 시각 화하며, 선택한 옵션에 따라 각 이벤트 전환에 소요되는 기간 및 비용을 상세하게 파악할 수 있음

[그림 IV-9] '스키마 분석' 화면 예시

4.3 '타임라인 분석'

'타임라인 분석'은 이벤트 로그에서 업-로드된 데이터를 기반으로 개별 '프로세스 인스턴스'의 전체 수행 흐름을 '시간 축' 기반으로 시각적으로 표시하며, 개별 타임라인에서 이벤트가 언제, 어떤 순서로, 얼마만큼의 간격을 두고 발생했는지를 보여 줍니다. 또한, 전체 타임라인 또는 특정 타임라인에 대해 상세 분석을 위한 세부정보 탐색이 가능합니다.

그뿐만 아니라 특정 프로세스의 처리 단계가 여러 개의 백-엔드 시스템에서 수행되는 경우에도 각 프로세스의 인스턴스를 취합하여 분석할 수 있으며, 문제가 식별된 타임라인에 대한 상세 분석을 통해 원인 분석이 가능합니다.

'타임라인 분석'의 또 다른 기능은 프로세스를 더 세분화하여 '서브 프로세스' 단위로 분석이 가능합니다. 이를 통해 사용자는 전체 프로세스 흐름 중 특정 반복 패턴이나 독립적인 작업 블록을 분리해서 확인하고, 이들 각각의 흐름이나 문제점을 개별적으로 분석할 수 있습니다. '서브 프로세스'는 다음과 같은 인사이트 도출에 유용합니다.

- 병목 구간이 특정 하위 프로세스에서 반복되는지 파악 가능
- 복잡한 프로세스를 분해하여 각 파트별로 책임 소재 및 서비스 수준 협약 위반 여부를 확인 가능
- 다단계 승인, 예외처리 루틴, 에스컬레이션 절차 등이 잘 설계되었는지 검증 가능

(1) 필요성

'타임라인 분석'은 개별 프로세스 인스턴스의 시간 축 기반 실행 흐름을 상세하게 분석할 수 있게 합니다. 일반적인 프로세스 분석이 전체 흐름의 요약이나 경로별 통계에 머무르는 반면, 현장의 실제 문제는 대부분 개별 인스턴스 수준에서 발생하므로 케이스별 세밀한 분석이 반드시 필요합니다.

- **개별 케이스의 정확한 실행 순서 파악:** 특정 고객이나 케이스에서 발생한 문제의 정확한 처리 흐름을 시간 순서대로 추적
- **이벤트 간 시간 간격의 상세 측정:** 각 이벤트 단계 사이에서 발생하는 대기 시간, 처리 시간, 지연 시간을 정확히 측정
- **병목 지속 시간의 확인:** 특정 구간에서 얼마나 오랫동안 병목이 지속되었는지를 시각적으로 명확히 파악
- **반복 이벤트와 예외 흐름의 상세 추적:** 동일 케이스 내에서 발생한 루프나 규정 외 경로의 정확한 발생 시점과 지속 시간 확인
- **서브 프로세스 단위 분석:** 복잡한 프로세스를 의미 있는 단위로 분해하여 각 부분별 성능과 문제점을 독립적으로 분석

(2) 언제 유용한가?

'타임라인 분석'은 프로세스의 전체적 패턴보다는 개별 케이스의 구체적인 실행 과정과 시간적 특성을 상세히 파악해야 할 때 매우 유용합니다. 특히 문제가 발생한 특정 케이스의 원인 규명이나 시간 기반 성능 측정이 필요한 상황에서 효과적으로 활용될 수 있습니다.

- **문제가 발생한 특정 건의 처리 흐름을 상세 분석할 때:** 해당 케이스의 전체 처리 과정을 시간 순서대로 상세 추적
- **병목이 언제, 어디서, 얼마나 지속되었는지 시각적으로 파악하고 싶을 때:** 개별 케이스 수준에서 지연 구간의 정확한 위치와 지속 시간 확인
- **유사한 업무에서 소요 시간이 큰 차이를 보이는 경우:** 처리 시간이 다른 케이스들의 실행 패턴을 비교하여 차이 원인 규명
- **반복 이벤트나 규정 외 경로가 실제 케이스에서 어떻게 일어나는지 추적할 때:** 루프나 예외 흐름의 발생 시점과 영향 범위를 정확히 파악
- **복잡한 프로세스의 서브 프로세스별 성능 평가 시:** 전체 프로세스를 의미 있는 단위로 분

해하여 각 부분의 효율성을 개별 평가

(3) 실무 적용 포인트

'타임라인 분석'을 실무에서 효과적으로 활용하기 위해서는 개별 케이스 분석을 통해 발견된 패턴을 전체 프로세스 개선으로 연결하는 체계적 접근이 필요합니다. 특히 문제가 된 특정 케이스의 분석 결과를 바탕으로 유사한 문제의 재발 방지 대책을 수립하고, 이를 프로세스 표준화나 시스템 개선에 반영하는 것이 중요합니다.

[표 IV-8] '타임라인 분석' 실무 적용 예

활용 목적	사용 예시
개별 사례 분석	고객 불만이 제기된 특정 건의 흐름 확인
병목 식별	특정 이벤트 사이 시간 간격이 긴 단계 탐색
예외 흐름 추적	정상 순서와 다른 실행 흐름(예외, 반복, 지연 등) 확인
반복/루프 검출	동일 이벤트가 여러 번 발생한 흐름 시각화
시간대별 문제 분석	야간/주말 등 특정일에 발생한 지연이나 누락 탐지

🔍 **KEY TAKEAWAY**

'타임라인 분석'은 다음 기능을 제공한다.
▶ 각 프로세스 인스턴스의 이벤트 실행 순서와 처리 시간을 시각적으로 표시한다.
▶ 반복, 건너뜀, 지연 등의 흐름 이상을 쉽게 파악할 수 있다.
▶ 개별 케이스 단위의 정밀 분석과 예외 추적에 효과적이다.
▶ 프로세스 흐름의 시간 기반 문제를 식별하는 데 유용하다.

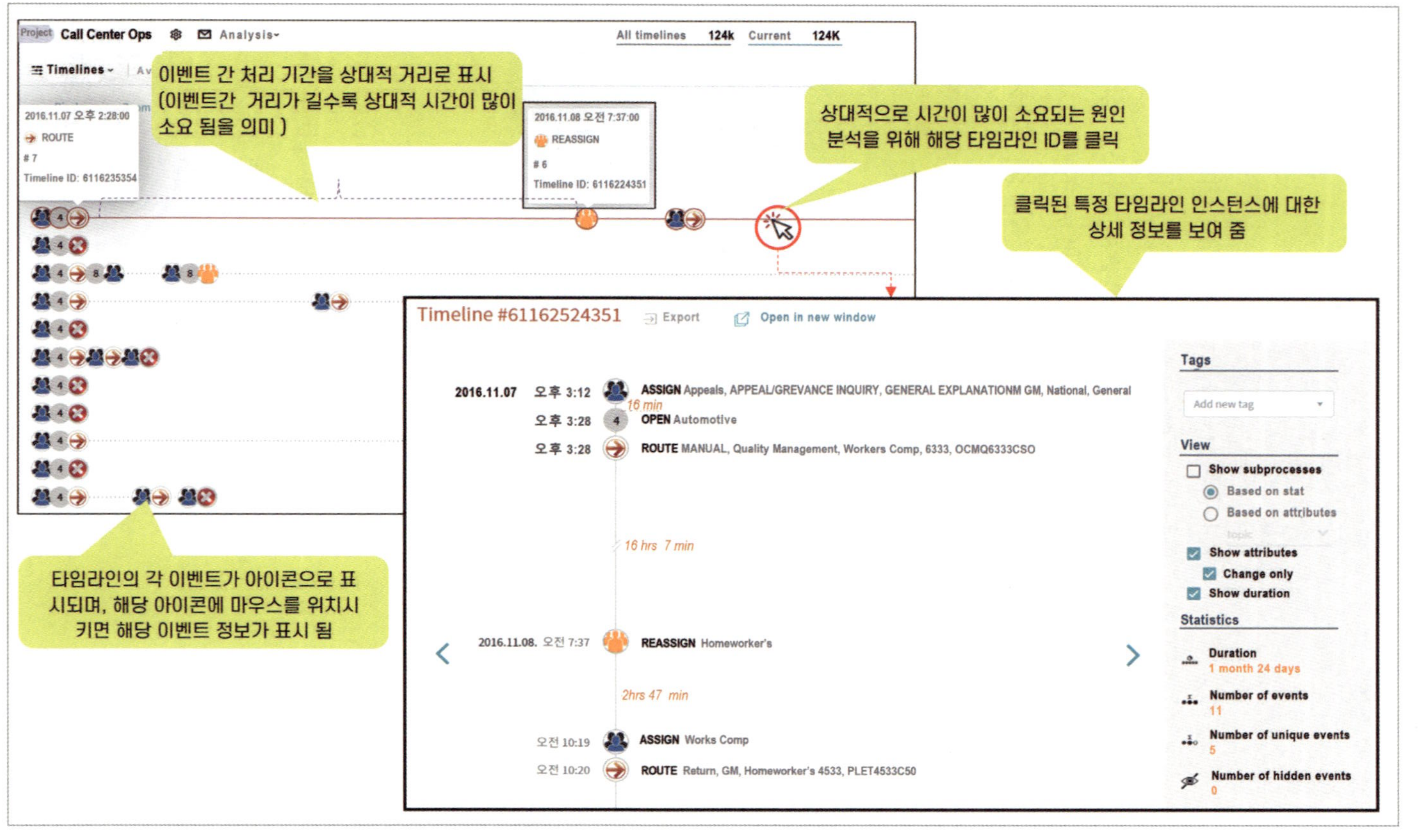

[그림 IV-10] '타임라인 뷰' 화면 예시

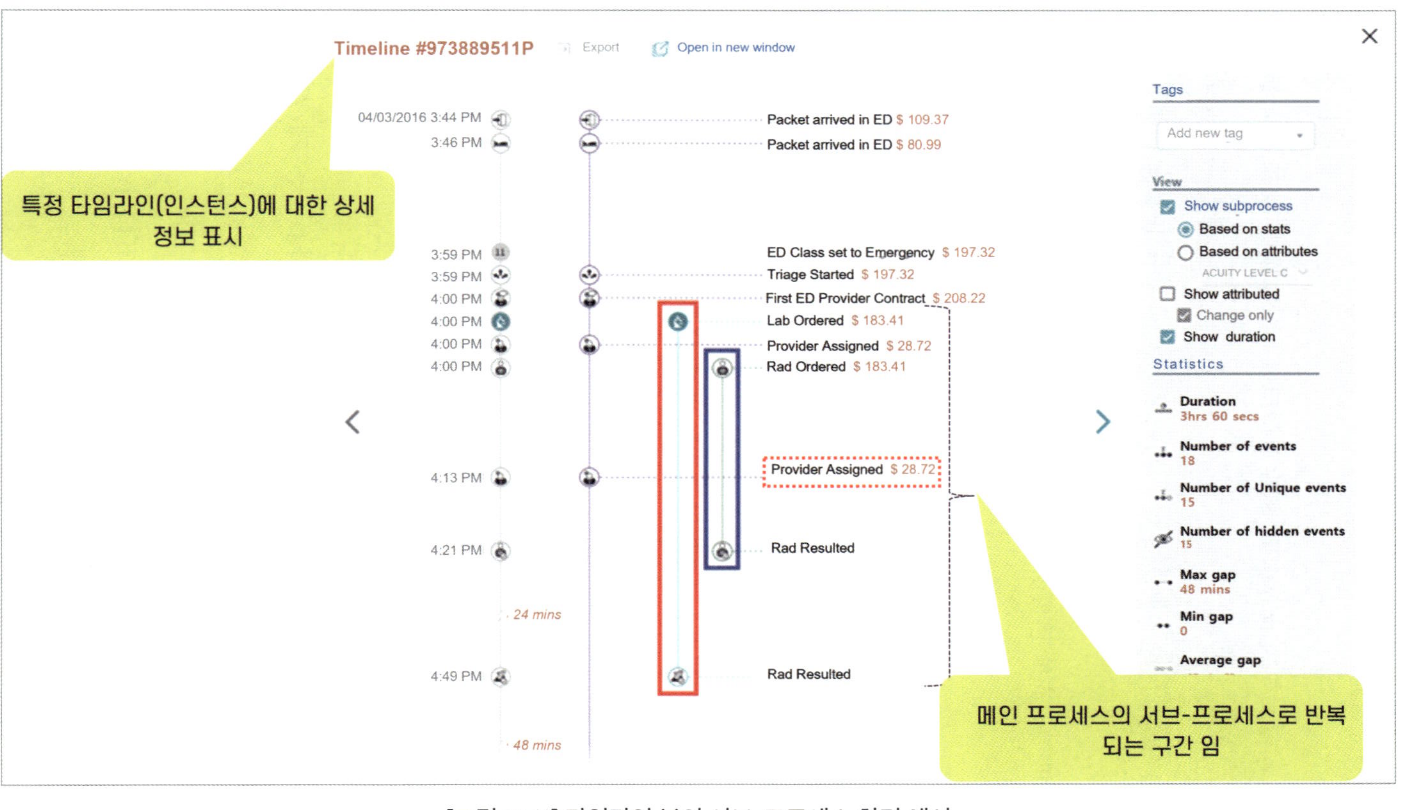

[그림 IV-11] 타임라인 뷰의 서브-프로세스 화면 예시

4.4 '지표 히스토리 분석'

'지표 히스토리 분석'은 프로세스 실행 중 발생하는 핵심 성과 지표의 변화를 시간의 흐름에 따라 추적하는 기능으로서, 리드 타임, SLA 달성률, 병목 발생 건수, 예외 처리율 등 주요 지표들이 일별, 주별, 월별, 분기별로 어떻게 변화하고 있는지를 시계열로 시각화하여 보여 줍니다.

이 분석 기능은 단기적인 변화는 물론, 장기 추세, 계절성, 이상 급증 또는 하락 현상 등을 감지할 수 있어, 프로세스의 상태를 지속적으로 모니터링하고 개선 성과를 점검하는 데 매우 유용합니다.

또한 전체 구간뿐 아니라, 필요시 특정 기간을 필터링하여 해당 기간 내 지표를 집중적으로 분석할 수 있습니다.

(1) 필요성

'지표 히스토리 분석'은 프로세스 핵심 성과 지표를 의미하는 KPI의 시간적 변화 패턴을 추적하여 조직의 성과 추세와 이상 징후를 조기에 감지할 수 있게 해 주는 핵심 기능입니다. 많은 조직이 KPI를 설정하지만 그 수치가 언제, 어떤 이유로 변하는지 파악하지 못하는 경우가 많으며, 이로 인해 문제를 뒤늦게 인지하거나 개선 효과를 정확히 측정하지 못하는 문제가 발생합니다.

- **성과 변화의 시점과 원인 규명**: 특정 시점에서 급격한 변화가 발생했을 때, 해당 시기의 정책이나 외부 요인과 연결하여 원인 분석 가능
- **개선 활동 효과의 정량적 검증**: 개선 조치 이후 KPI가 실제로 향상되었는지 여부를 시계열 데이터로 객관적 입증
- **이상 징후의 조기 감지**: 정기적인 모니터링을 통해 '비정상적인 흐름'을 조기에 발견하고 신속한 대응 가능
- **계절성과 주기적 패턴 파악**: 특정 시기마다 반복되는 성능 변화나 과부하 현상을 사전에

예측하고 대비

- **장기 추세 기반 전략 수립:** 단기 변동이 아닌 장기적 추세를 파악하여 전략적 의사결정의 근거 제공.

(2) 언제 유용한가?

이 기능은 프로세스 성과의 시간적 변화 추이를 파악하고 이를 바탕으로 전략적 판단을 내려야 할 때 매우 유용합니다. 특히 성과 관리와 지속적 개선이 중요한 조직에서 데이터 기반 의사결정의 핵심 도구로 활용될 수 있습니다.

- **개선 프로젝트 전후 비교:** 특정 개선 활동 이후 KPI가 어떻게 변화했는지 시계열로 확인하여 분석
- **정책 변경 효과 측정:** 신규 정책 또는 시스템 도입 후 성과 지표 변화 추적
- **리스크 조기 감지:** SLA 충족률, 병목 발생 건수 등의 이상 변화 탐지
- **성과 리뷰 보고:** 분기별, 월별 실적 보고에 활용되는 정량 근거 제공
- **계절적 요인 분석:** 특정 시기마다 반복되는 성능 저하 혹은 과부하 확인

이처럼 과거 데이터의 흐름을 시계열로 파악함으로써, 프로세스의 건강 상태를 종합적으로 진단할 수 있습니다.

(3) 실무 적용 포인트

'지표 히스토리 분석'을 실무에서 효과적으로 활용하기 위해서는 분석 목적에 맞는 핵심 지표를 명확히 정의하고, 적절한 시간 단위와 비교 기준을 설정하는 것이 중요합니다. 특히 단순한 수치 변화를 넘어서 그 변화를 유발한 비즈니스 맥락과 외부 요인을 함께 해석하여 실행 가능한 인사이트를 도출하는 것이 핵심입니다.

[표 IV-9] '지표 이력 분석' 실무 적용 예

항목	설명
KPI 선정	분석 목적에 맞는 주요 지표를 설정 (예: 평균 처리 시간, SLA, 병목 수, 반복률 등)
시간 단위 설정	일/주/월/분기 단위로 변화 추세를 구분하여 분석 (업무 특성과 연계 필요)
시계열 시각화 사용	분포 곡선 형태로 지표 변화를 시각화해 직관적으로 확인
변화 요인 해석	수치 변화가 발생한 시점의 정책, 인적자원, 시스템 변경 등 외부 요인을 함께 해석
업무 처리 당당자별 처리 패턴 비교 분석	시간 구간별 특정 자원의 성과 지표 대조 분석

🔍 KEY TAKEAWAY

'지표 히스토리 분석'은 다음 기능을 제공한다.

▶ 프로세스 관련 KPI의 변화 추이를 시간 흐름에 따라 추적한다.

▶ 특정 기간 동안 지표가 어떻게 개선되거나 악화되었는지를 시각적으로 보여 준다.

▶ 프로세스 개선 활동의 효과를 전후 비교 분석하는 데 유용하다.

▶ SLA, 처리 시간, 병목 발생률 등 주요 지표의 장기적 경향을 파악할 수 있다.

▶ 정기 보고, 감사 대응, 성과 평가 등의 기반 자료로 활용된다.

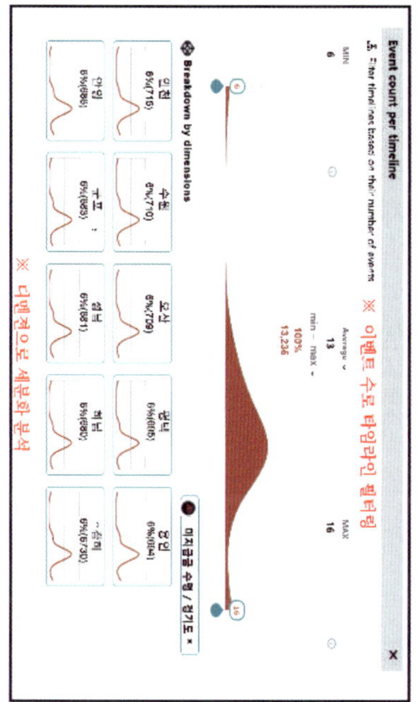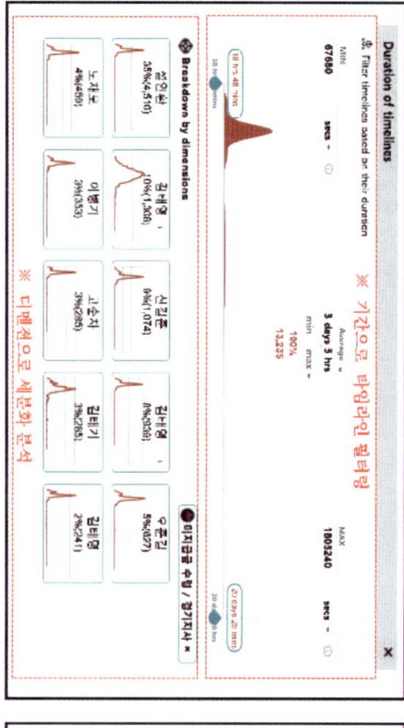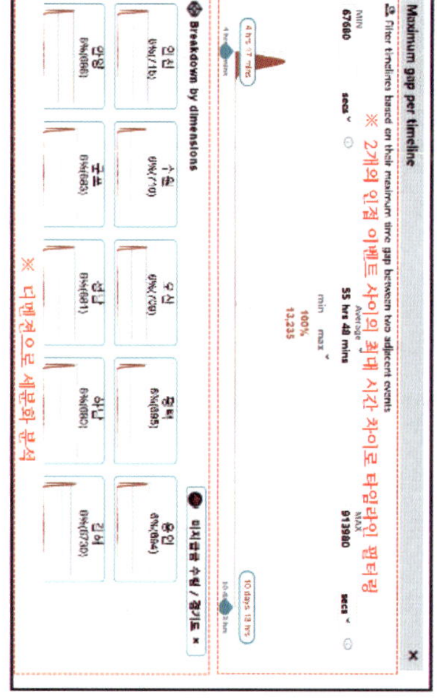

[그림 IV-12] '지표 히스토리 분석' 화면 예시

4.5 '구간 분석'

'구간 분석'은 사용자가 특정 '프로세스 세그먼트'[40]의 처리 시간, 대기 시간 또는 유사한 기간을 캡처하고 분석할 수 있도록 합니다.

이 기능을 사용하면 두 가지 다른 이벤트가 발생하는 사이에 소요된 시간을 측정하거나, 프로세스를 확대하여 이벤트 내에서 진행되는 하위 프로세스를 보여 주는 속성 수준까지 세부적으로 분석할 수 있습니다.

프로세스 세그먼트는 단계 간 소요 시간, SLA 준수 여부, 리드 타임, 대기 시간 등을 측정하는 분석 단위로 사용되며, 하나의 프로세스에는 여러 개의 세그먼트를 정의하거나, 각각을 독립적으로 분석할 수 있습니다.

또한 '구간 분석'은 '지표 히스토리 분석'의 한 부분으로 구성될 수 있습니다.

(1) 필요성

프로세스의 실제 운영상 문제는 대부분 개별 이벤트보다는 두 이벤트 사이에서 발생하는 경우가 많기 때문에, 이벤트 발생 시점 중심의 분석만으로는 원하는 인사이트를 찾기가 어려울 수 있습니다. 이러한 관점에서 '구간 분석'은 프로세스에서 두 이벤트 사이의 특정 구간에 대한 시간과 성능을 정밀하게 측정하고 분석할 수 있게 합니다.

- **이벤트 간 처리 시간의 정확한 측정:** 특정 이벤트 실행 후 다음 이벤트까지의 소요 시간을 정밀 측정(예: 결제 완료 후 상품 준비, 심사 요청 후 승인)
- **SLA 기준 구간의 성과 평가:** 서비스 수준 협약이 구간별 처리 시간으로 정의된 경우, 해당 기준 대비 실제 성과를 정량적으로 평가
- **병목 구간의 정확한 위치 식별:** 전체 프로세스에서 실제로 지연이 발생하는 구체적인 구간을 정밀하게 찾아내어 개선 대상을 명확히 설정

---

40) 프로세스 인스턴스 내에서 두 이벤트 사이에 정의된 시간 측정 대상 구간을 말합니다. 즉, 사용자가 관심 있는 두 지점(예: "결제 완료"와 "상품 발송")을 설정하면, 그 사이의 흐름이 하나의 세그먼트로 정의됩니다.

- **대기 시간과 작업 시간의 분리:** 실제 작업이 수행되는 시간과 단순히 대기하는 시간을 구분하여 정확한 효율성 분석
- **구간별 성능 편차 분석:** 동일한 구간이라도 조건이나 담당자에 따라 다르게 나타나는 성능 차이를 체계적으로 분석

(2) 언제 유용한가?

'구간 분석'은 프로세스의 전체적인 흐름보다는 특정 구간의 성능과 효율성에 집중해야 할 때 유용합니다. 특히 SLA 관리나 고객 응답 시간 개선 등 구간별 성과가 비즈니스 성공에 직접적으로 영향을 미치는 상황에서 효과적으로 활용될 수 있습니다.

- **프로세스 단계 간 연결 구간에서의 문제를 찾고 싶을 때:** 시스템 간 전환이나 부서 간 업무 이관에서 발생하는 지연 원인 분석
- **SLA가 단계 간 소요 시간 기준으로 정의되어 있는 경우:** 고객 응답 시간, 승인 처리 시간 등 구체적인 구간별 SLA 준수 여부 평가
- **시스템 이전, 정책 변경 후 특정 처리 성능 효과를 측정할 때:** 개선 조치가 특정 구간의 성능에 미친 실제 영향을 정량적으로 확인
- **고객 CS 문제 대응을 위해 응답 시간 기준을 분석해야 할 때:** 문의 접수부터 첫 응답, 문제 해결까지 등 구간별 성과 측정
- **지연 원인을 가시화하고 개선 근거가 필요할 때:** 특정 구간에서 반복적으로 발생하는 지연의 정확한 원인과 규모를 파악

(3) 실무 적용 포인트

'구간 분석'을 실무에서 효과적으로 활용하기 위해서는 비즈니스 목적에 맞는 의미 있는 구간을 정의하고, 각 구간별 성과 기준과 목표값을 명확히 설정하는 것이 중요합니다. 특히 구

간 분석 결과를 바탕으로 자동화 대상 선정이나 리소스 재배치 등 구체적인 개선 액션으로 연결하는 체계적 접근이 필요합니다.

[표 IV-10] '구간 분석' 실무 적용 예

분석 목적	활용 예시
병목 구간 식별	특정 구간에서 대기 시간이 집중되는지 확인
SLA 위반 진단	SLA 기준 대비 초과율이 높은 구간 파악
프로세스 자동화 후보 선정	반복적으로 지연되는 구간을 자동화 대상 후보로 지정
개선 효과 검증	정책/자동화 적용 전후 간격 변화 분석
담당자 비교	동일 구간을 처리한 사람/조직별 성과 차이 분석

🔍 KEY TAKEAWAY

'구간 분석'은 다음 기능을 제공한다.

▶ 프로세스 내 두 이벤트 사이의 소요 시간(간격)을 정밀하게 측정한다.

▶ 각 단계 간 평균, 최대, 최소, 분포 등 시간 데이터를 시각화하여 보여 준다.

▶ 병목 구간, 지연 발생 구간을 식별하고 우선 개선 대상을 도출하는 데 유용하다.

▶ 단계별 SLA 위반 가능성이나 리드타임 편차를 실시간으로 분석할 수 있다.

▶ 프로세스 흐름의 세부 시간 구성 요소를 정량적으로 관리할 수 있다.

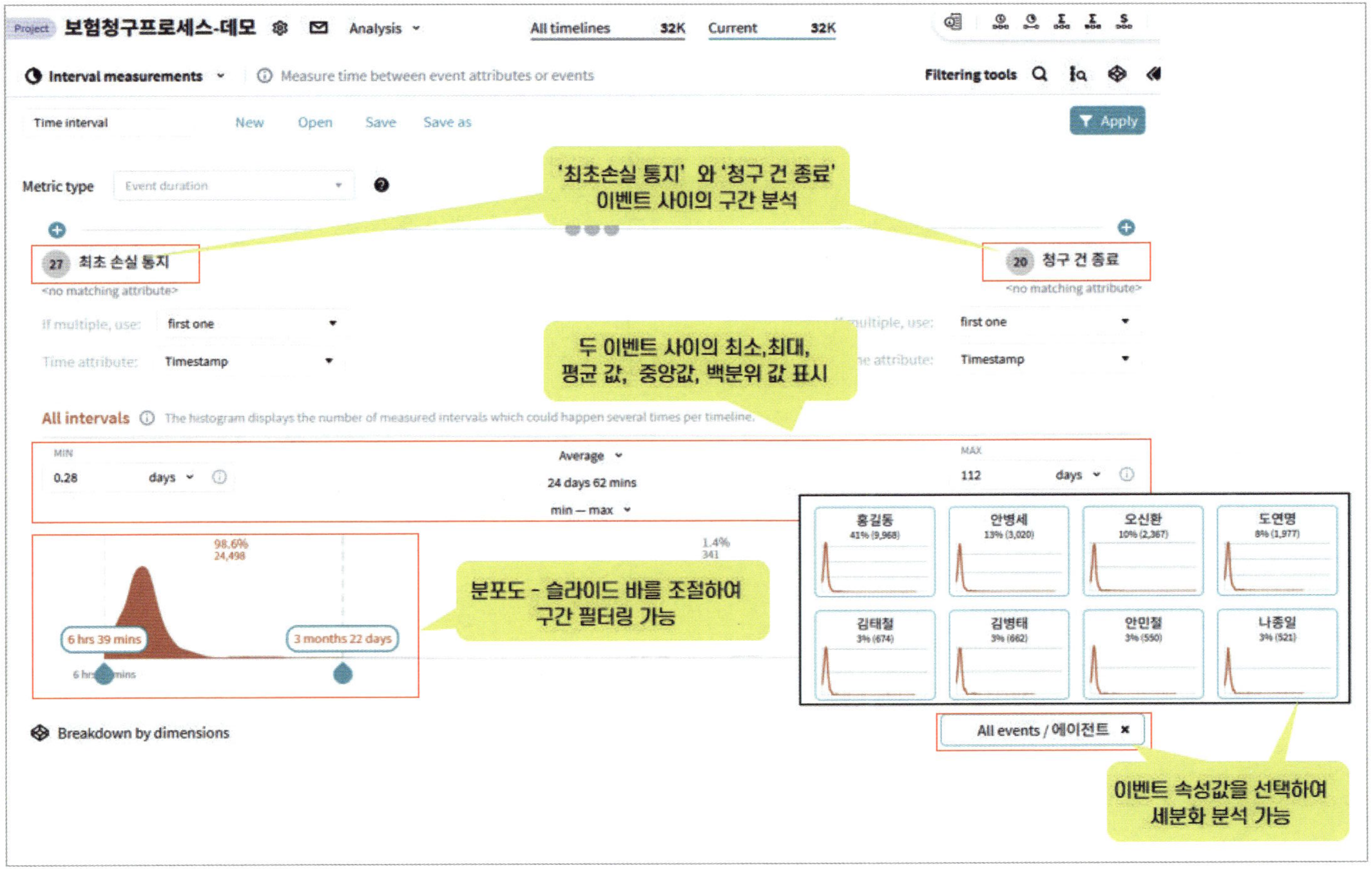

[그림 IV-13] '구간 분석' 화면 예시

4.6 '병목 분석'

병목 현상은 전체 프로세스 흐름을 늦추거나 불안정하게 만드는 주요 원인이며, 자동화와 개선의 중점 목표가 됩니다.

기업의 업무 프로세스는 여러 단계와 경로를 거쳐 실행되며, 각 단계는 서로 연결된 체인처럼 작동합니다. 이 중 하나라도 병목이 생기면 전체 흐름이 지연되고, 리드 타임이 길어지며, 고객 경험이나 생산성에 부정적인 영향을 미치게 됩니다.

'병목 분석'은 이러한 구조적 비효율을 표면적인 결과가 아닌 원인 구간에서 정확히 파악할 수 있게 합니다. 이를 통해 전체 또는 특정 이벤트 전후 및 각 이벤트 사이의 전환 건수, 평균 소요 시간, 비용 등을 정량적으로 측정할 수 있기 때문에, 사용자는 분석하고자 하는 병목 구간을 쉽게 발견할 수 있습니다.

또한 제품에 따라, 특정 이벤트 구간에서 걸리는 시간 또는 비용을 자동화 등을 통해 줄일 수 있는 잠재적 목표 값을 설정하면 전체적으로 절감할 수 있는 시간 또는 비용을 시뮬레이션 하여 그 결과값을 제공하기도 합니다.

(1) 필요성

'병목 분석'은 전체 프로세스에서 처리를 지연시키는 구조적 제약 요소를 정량적으로 식별하고 진단할 수 있게 해 주는 핵심 기능입니다.

실제 업무에서의 문제는 단일 이벤트나 사람에 의해 발생하는 경우보다, 특정 구간에서 지속적이고 반복적으로 발생하는 지연에서 비롯되는 경우가 많으며, 이러한 구간을 정확히 식별하지 못하면 효과적인 개선이 불가능합니다.

- **전체 프로세스 지연의 근본 원인 규명:** 리드 타임이 늘어나는 정확한 원인을 추측이 아닌 데이터로 특정하여 집중 개선 대상 선정
- **자원 투입의 효율성 극대화:** 자동화나 리소스 추가가 실제로 효과를 볼 수 있는 구간을

정확히 식별하여 투자 효율성 향상

- **고객 불만의 구조적 원인 파악:** 고객 대응 지연이나 서비스 품질 저하의 실제 발생 지점을 정량적으로 확인
- **담당자 간 성과 편차의 객관적 분석:** 개인의 역량 문제인지 구조적 병목인지를 데이터로 구분하여 정확한 개선 방향 설정
- **디지털 전환 효과의 정확한 측정:** 시스템 도입이나 자동화가 병목 해소에 실제로 기여했는지를 정량적으로 평가

(2) 언제 유용한가?

'병목 분석'은 프로세스 성능 저하의 원인이 불분명하거나 개선 조치의 우선순위를 설정해야 할 때 매우 유용합니다. 특히 제한된 자원으로 최대 효과를 얻어야 하는 상황에서 과학적인 의사결정을 지원하는 필수 도구로 활용됩니다.

- **프로세스 처리 속도가 정체되었지만 어디서 문제가 발생하고 있는지 식별이 되지 않을 경우:** 전체 흐름에서 실제 병목이 되는 구간을 정량적으로 찾아내어 집중 개선
- **SLA 기준을 지속적으로 초과하고 있지만 이를 야기하는 구간이 불명확할 때:** SLA 위반의 주요 원인이 되는 병목 지점을 구체적으로 식별
- **자동화 또는 인력 증원의 투자 우선순위를 결정할 때:** 투자 효과가 가장 클 것으로 예상되는 병목 구간을 객관적 데이터로 선정
- **복잡한 프로세스에서 개선 포인트가 다수 존재할 때:** 여러 개선 후보 중 전체 성능에 가장 큰 영향을 미칠 구간을 정량적으로 비교

(3) 실무 적용 포인트

'병목 분석'을 실무에서 효과적으로 활용하기 위해서는 병목의 정의와 측정 기준을 명확히

설정하고, 분석 결과를 바탕으로 한 개선 조치의 효과를 지속적으로 모니터링하는 것이 중요합니다. 특히 병목 해소가 전체 프로세스에 미치는 연쇄 효과를 고려하여 개선 전략을 수립하고, 새로운 병목의 발생 가능성까지 사전에 검토하는 것이 필요합니다.

[표 IV-11] '구간 분석' 실무 적용 예

분석 목적	실무 활용 예시
병목 구간 도출	병목 강도가 높은 단계 중심으로 원인 분석을 통해 자동화(RPA) 또는 리소스 증원
지연 원인 진단*	반복 처리, 승인 누락, 심사 기준 불일치 등의 구조적 문제 확인
SLA 위반 탐지*	규정 시간 초과 발생이 많은 구간을 선별해 집중 개선
성과 편차 분석*	동일 단계에서 담당자 간 처리 시간 차이를 데이터로 증명
개선 효과 추적*	변화 시행 전후 병목 지수의 변화율로 개선 효과 정량화

* 해당 부분은 병목구간에 해당하는 데이터를 기반으로 추가 분석을 통해 도출 가능한 기능들임

🔍 **KEY TAKEAWAY**

'병목 분석'은 다음 기능을 제공한다.
▶ 프로세스에서 가장 많은 지연이 발생하는 단계(병목 지점)를 자동으로 식별한다.
▶ 이벤트 간 평균 소요 시간과 대기 시간을 기준으로 병목 발생 위치를 시각화한다.
▶ 전체 리드타임에 가장 큰 영향을 미치는 구간을 우선 개선 대상으로 제시한다.
▶ 처리 지연, 리소스 부족, 승인 대기 등의 원인을 추적하는 데 효과적이다.
▶ 프로세스 효율성 개선 및 SLA 충족률 향상에 핵심적인 인사이트를 제공한다.

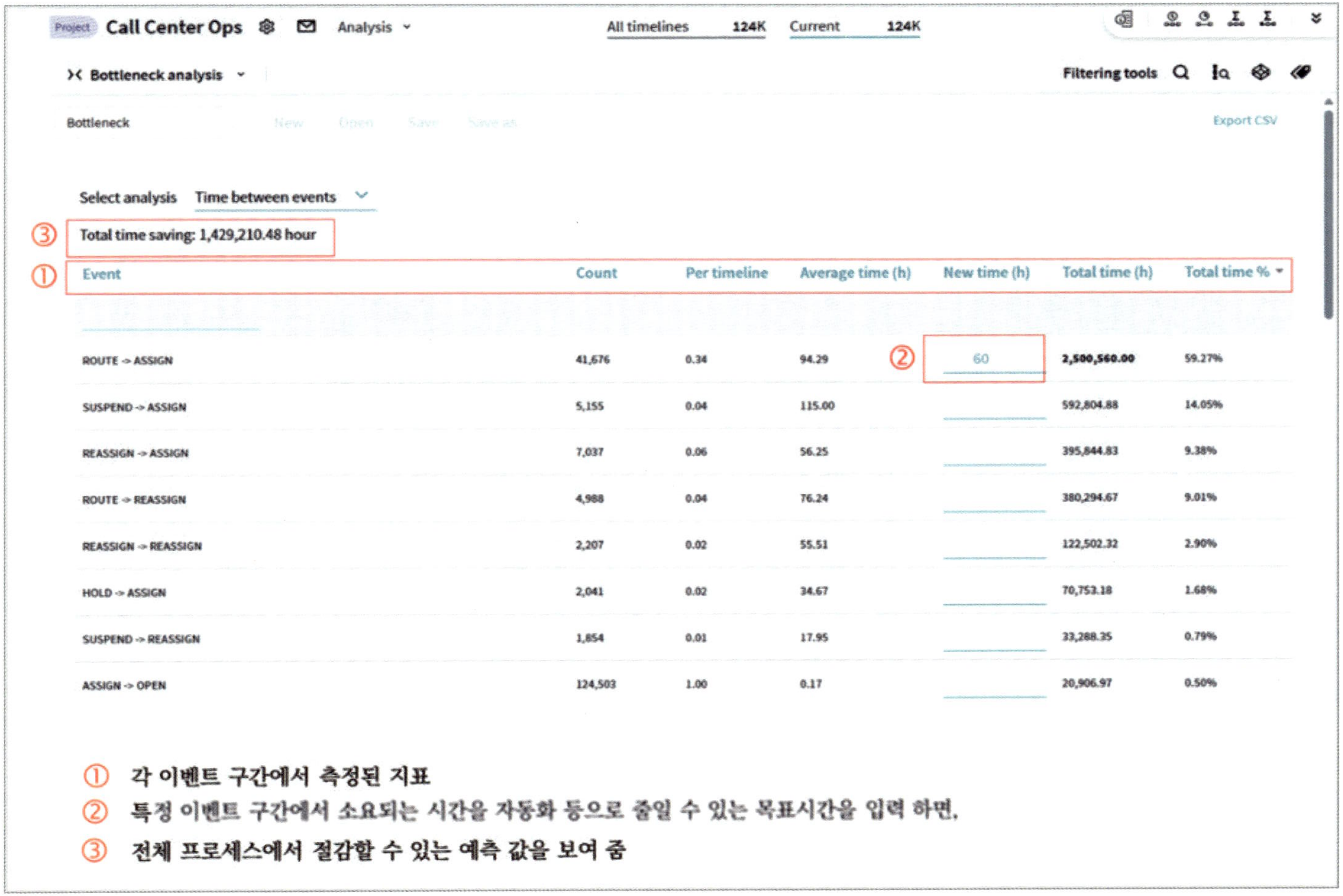
Project
Call Center Ops
Analysis
All timelines 124K
Current 124K
Bottleneck analysis
Filtering tools
Bottleneck
New
Open
Save
Save as
Export CSV
Select analysis
Time between events
③ Total time saving: 1,429,210.48 hour
① Event
Count
Per timeline
Average time (h)
New time (h)
Total time (h)
Total time %
ROUTE -> ASSIGN 41,676 0.34 94.29 ② 60 2,500,560.00 59.27%
SUSPEND -> ASSIGN 5,155 0.04 115.00 592,804.88 14.05%
REASSIGN -> ASSIGN 7,037 0.06 56.25 395,844.83 9.38%
ROUTE -> REASSIGN 4,988 0.04 76.24 380,294.67 9.01%
REASSIGN -> REASSIGN 2,207 0.02 55.51 122,502.32 2.90%
HOLD -> ASSIGN 2,041 0.02 34.67 70,753.18 1.68%
SUSPEND -> REASSIGN 1,854 0.01 17.95 33,288.35 0.79%
ASSIGN -> OPEN 124,503 1.00 0.17 20,906.97 0.50%
① 각 이벤트 구간에서 측정된 지표
② 특정 이벤트 구간에서 소요되는 시간을 자동화 등으로 줄일 수 있는 목표시간을 입력 하면,
③ 전체 프로세스에서 절감할 수 있는 예측 값을 보여 줌

[그림 IV-14] '병목 분석' 화면 예시

4.7 '세분화 분석'

'세분화 분석'은 프로세스 실행 데이터를 특정 속성에 따라 분류하여, 각 개인 또는 그룹별 성과나 흐름 차이를 비교 분석하는 기능입니다. 이는 프로세스 인스턴스의 속성(예: 부서, 제품, 국가, 고객 유형, 시간대 등)을 기준으로 케이스를 분할하고, 각 개인 또는 그룹별 처리 시간, 반복 처리 발생률, SLA 초과율 등의 주요 지표를 시각화하여 보여 줍니다.

이 기능의 핵심은 전체 평균으로는 파악하기 어려운 속성 기반의 편차와 숨겨진 문제를 명확히 드러내는 데 있습니다. 즉, 프로세스는 전체적으로 양호해 보이더라도 특정 조건의 케이스만 심각한 문제를 갖고 있는 경우가 많으며, '세분화 분석'은 그 차이를 정확히 밝히는 데 최적화된 도구입니다.

이 기능은 앞서 기술된 '경로 분석' 또는 구간 선택을 기반으로 타임라인을 필터링하고, 프로세스 마이닝이 제공하는 또다른 다양한 분석 기능을 함께 사용하여 문제의 원인을 파악할 수 있게 합니다.

(1) 필요성

현장의 프로세스는 하나의 흐름처럼 보이지만 실제로는 다양한 속성과 변형을 가진 하위 흐름들의 집합입니다. 따라서 전체 평균만으로는 가려져 보이지 않는 부분 집단의 심각한 문제를 발견하기 위해서는 속성 기반 세분화 분석이 필수적입니다.

- **속성별 성과 편차의 정량적 식별**: 특정 부서나 조직, 자원에서 SLA 초과나 리드 타임 지연이 집중되는 현상을 데이터로 확인
- **숨겨진 구조적 문제의 발견**: 전체 평균은 양호해 보이지만 특정 조건의 케이스만 심각한 문제를 갖고 있는 경우를 정확히 식별
- **고객 세그먼트별 서비스 품질 차이 분석**: VIP 고객과 일반 고객 간의 처리 시간이나 서비스 수준의 실제 차이를 정량적으로 측정

- **채널이나 시스템별 효율성 비교:** 접수 채널별, 처리 시스템별로 성과 차이가 발생하는 원인과 규모를 체계적으로 분석
- **개선 조치의 차별적 효과 측정:** 동일한 개선책이라도 속성별로 다르게 나타나는 효과를 구분하여 맞춤형 전략 수립

(2) 언제 유용한가?

이 기능은 전체적으로는 문제없어 보이지만 특정 조건이나 그룹에서만 문제가 발생하는 경우, 그 차이를 명확하게 드러내야 할 때 중요한 역할을 수행합니다. 특히 다양한 조건과 변수가 복합적으로 작용하는 복잡한 프로세스에서 진짜 문제의 위치를 정확히 찾아내는 데 가장 효과적으로 활용됩니다.

- **고객 불만이 많지만 전체 SLA는 준수되고 있는 경우:** 특정 고객 유형이나 케이스 조건에서만 발생하는 서비스 품질 문제를 식별
- **개인, 팀 또는 지역 간 성과 편차가 반복적으로 발생하는 경우:** 동일한 업무를 처리하는 조직이나 개인별 성과 차이의 원인과 규모를 정량 분석
- **제품 라인별, 서비스 유형별 리드 타임 차이가 발생하는 경우:** 특정 제품군에만 병목이나 예외 흐름이 집중되는 현상을 체계적으로 탐지
- **전체 KPI는 개선되었지만 일부 고객군에서는 효과가 없는 경우:** 개선 조치의 차별적 효과를 속성별로 분석하여 추가 대책 수립
- **고객이나 케이스 속성에 따라 처리 방식이 다르게 적용되고 있는지 확인하고자 할 때:** 동일한 정책이 실제로 일관되게 적용되는지 검증

(3) 실무 적용 포인트

실무에서 '세분화 분석'을 효과적으로 활용하기 위해서는 비즈니스 목적에 맞는 의미 있는

세분화 기준을 설정하고, 각 그룹 간 차이가 우연이 아닌 구조적 원인에서 비롯된 것인지를 검증하는 것이 중요합니다. 특히 성과가 우수한 그룹의 모범 사례를 다른 그룹에 적용할 때는 단순한 복제가 아닌 맥락적 이해를 바탕으로 한 적응적 적용이 필요합니다.

[표 IV-12] '구간 분석' 실무 적용 예

적용 목적	활용 예시
고객 유형별 성과 비교	VIP, 일반, 신규 고객군 간 SLA 준수율, 리드 타임 비교
지역/지사 간 운영 편차 분석	지점 간 프로세스 처리 속도와 병목 위치 비교
담당자별 성과 분석	동일 프로세스 내 담당자별 처리 시간, 반복률 등 비교
제품/서비스 유형별 병목	특정 제품군에만 병목이나 예외 흐름이 집중되는지 탐지
시간대/요일 기반 분석	주중/주말, 주간/야간 시간대별 성과 차이 확인

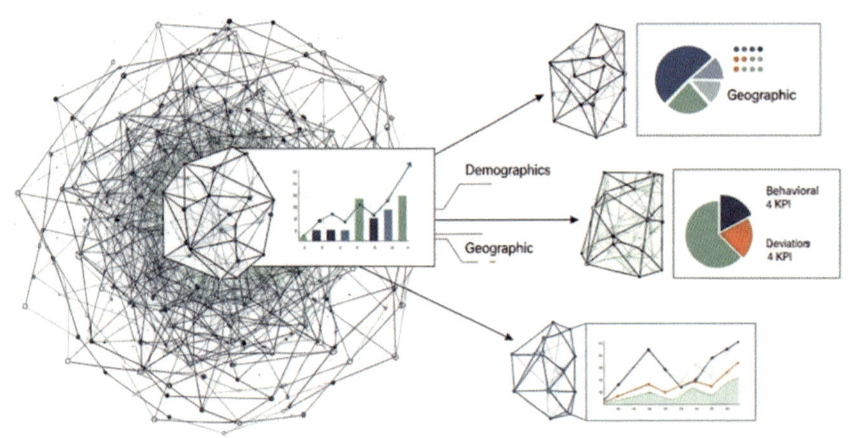

[그림 IV-15] '세분화 분석'

왜 프로세스 마이닝인가?

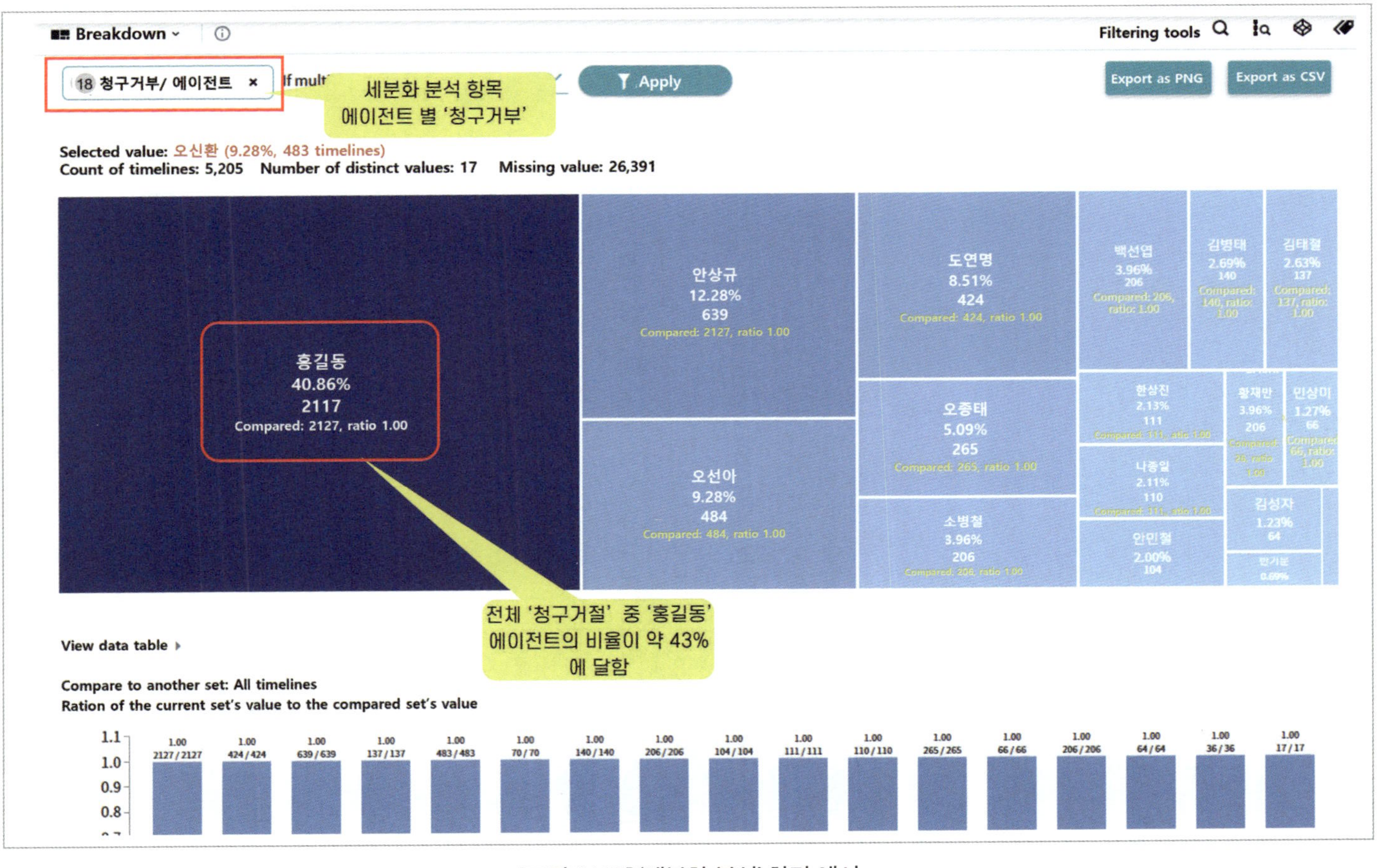

[그림 IV-16] '세분화 분석' 화면 예시

4.8 ‘대기열 분석’

‘대기열 분석’은 ‘대기 업무 분석’이라고도 하며, 이벤트 로그 데이터를 기반으로 업무 프로세스 내에서 전체 또는 특정 이벤트 속성별 대기 건수, 대기시간 등을 구조화하고 시각화 분석을 가능하게 합니다.

이 기능은 단순한 프로세스 ‘경로 분석’을 넘어, 실제 사람, 시스템, 조직 단위 간 대기 흐름을 보여 주며, 업무 책임 구조의 문제나 역할 충돌, 리소스 병목 등을 식별하는 데 활용됩니다.

[표 IV-13] '대기열 분석'을 통해 얻을 수 있는 지표

핵심 지표	정의	활용 목적 및 필요성
첫 번째 대기열	프로세스가 시작된 후 최초로 이벤트나 작업이 대기하는 구간	프로세스 시작 단계에서의 초기 병목 원인 규명 또는 지연 원인 파악 → 시작 구간에서의 문제는 전체 리드 타임을 증가시킴으로, 빠른 착수 여부를 확인하는 지표가 필요
마지막 대기열	프로세스 종료 전 마지막 대기가 발생하는 구간	종료단계에서의 지연 원인 진단 → 엔드투엔드 리드타임을 단축하기 위해 반드시 관리해야 하는 구간
타임라인 당 대기열 수	한 개의 프로세스 실행흐름(타임라인 인스턴스)에서 몇 개의 대기열이 발생하는지 측정	프로세스 복잡도 및 승인 절차 과잉 여부 진단 → 불필요한 단계 제거 및 프로세스 단순화 근거 제공
대기열별 총 소요 시간	각 대기열에서 소요된 전체 시간(대기시간 + 작업시간)	병목 구간의 정량적 측정 → 자원 집중 및 자동화 목표 설정에 활용
대기열 내 작업 시간	대기 상태를 제외하고 실제 작업이 수행된 시간	생산성 분석을 위해 불필요한 대기시간과 실제 작업시간 구분 → 리드타임 최적화 시 대기와 작업을 명확히 구분해야 정확한 개선이 가능함
대기열 별 대기 시간	작업을 수행하지 않고 단순히 기다린 시간	지연 원인 규명 및 SLA 위반가능성 파악 → 고객 경험 향상과 SLA 준수를 위해 필수적으로 관리 필요
대기열 처리량	특정 대기열을 통해 처리된 타임라인 인스턴스 수 (처리량이 크면 자원 집중도가 높은 반면, 적으면 자원 낭비 가능성 시사)	부하 분산 및 자원 할당 최적화 → 자원별 업무 분배 및 자동화 고려를 위한 기초 지표
대기열 경과 시간	대기열에 머무른 시간이 경과하면서 오래된 케이스가 누적되는 현상을 보여 주는 것으로 처리 우선순위의 관리의 필요성을 보여 줌	장기 미처리 케이스 모니터링 → 오래된 케이스는 업무 비효율과 연결되므로 지속적 모니터링 필요
전/후 대기열	현재 대기열과 직접적으로 연결된 상·하위 대기열을 보여 줌	프로세스 '경로 분석', 병목 전후 단계 파악 → 특정 지연이 앞뒤 단계와 어떻게 연결되는지 파악해야 개선 방안이 현실화됨
예외 수	표준 경로를 벗어난 예외 케이스 수를 의미 - 예외는 종종 오류, 규정 위반, 긴급 처리로 발생함	규정 준수 여부 점검, 예외 처리 비용 관리 → 예외는 리스크와 직결되므로 이를 정량적으로 관리해야 재발 방지 대책 수립이 가능

(1) 필요성

반복해서 언급하지만 많은 조직에서 문서화된 업무 흐름은 이상적인 모습일 뿐 실제로는 다르게 수행되는 경우가 많습니다. 또한 RPA나 ERP 등 자동화 시스템 도입 이후에도 사람과 시스템 간 역할 경계가 불분명하거나 협업이 필요한 단계에서 조직 간 역할 중복 또는 단절이 발생하는 문제가 지속됩니다. 이러한 문제를 해결하기 위해 '대기열 분석'은 업무 프로세스 내에서 실제 사람, 시스템, 조직 단위 간 대기 흐름과 업무 책임 구조를 시각화하여 역할 기반 비효율과 협업 단절을 명확히 식별할 수 있게 합니다.

- **실제 업무 책임 구조의 가시화:** 문서상의 역할 분담이 아닌 실제로 누가 어떤 업무를 처리하고 있는지를 데이터로 정확히 파악
- **대기 시간과 처리 시간의 정확한 분리:** 실제 작업이 수행되는 시간과 단순히 대기하는 시간을 구분하여 생산성 분석의 정확성 확보
- **조직 간 협업 단절 지점 식별:** 부서나 시스템 간 업무 전환에서 발생하는 지연이나 책임을 구체적으로 식별
- **리소스 편중과 병목의 구조적 원인 파악:** 특정 역할이나 사람에게 업무가 과도하게 집중되어 발생하는 병목의 정확한 위치와 규모 확인
- **자동화와 수동 처리의 경계 명확화:** 자동화 대상임에도 수동으로 처리되고 있는 부분이나 역할 간 충돌 구간을 식별

(2) 언제 유용한가?

'대기열 분석'은 단순히 '프로세스 경로'가 아닌, 실제 사람이 개입되는 업무 책임 체계와 실행 관계를 분석해야 할 때 효과적입니다.

특히 전체 프로세스 흐름은 정상인데도 사람이 개입되는 부분에서만 병목이 발생하거나 책임이 불분명한 경우, 구조적 해법을 제시할 수 있습니다.

 왜 프로세스 마이닝인가?

- **협업 조직 간 업무 전환에서 지연이 반복될 때**: 부서 간 또는 시스템 간 업무 이관 과정에서 발생하는 구조적 지연 원인을 분석
- **특정 직원이나 팀에 업무가 과도하게 집중되어 리스크가 커질 때**: 업무 분배의 불균형과 그로 인한 병목 현상을 정량적으로 확인
- **프로세스가 여러 시스템/부서에 걸쳐 있어 책임 소재가 불분명할 때**: 복잡한 협업 구조에서 실제 책임과 역할을 명확히 규명
- **자동화 도입 후 예상과 다른 결과가 나타날 때**: 자동화와 수동 처리 간의 경계나 역할 충돌 지점을 구체적으로 식별
- **동일 업무의 담당자별 성과 편차가 클 때**: 개인 역량의 문제인지 구조적 업무 분배의 문제인지를 객관적으로 구분

(3) 실무 적용 포인트

'대기열 분석'을 실무에서 효과적으로 활용하기 위해서는 역할과 책임을 명확히 정의하고 실행 흐름에서 발생하는 병목이나 중복을 파악함으로써 전사 업무의 투명성과 책임성을 강화하는 것이 중요합니다.

특히 분석 결과를 바탕으로 업무 재분배, 권한 조정, 협업 프로세스 개선 등 구체적인 조직 운영 개선으로 연결하고, 개선 효과를 지속적으로 모니터링하는 체계를 구축해야 합니다.

[표 IV-14] '대기열 분석' 실무 적용 예

분석 목적	실무 활용 예시
역할별 처리 속도 비교	동일 단계를 담당한 직원 · 조직별 평균 소요 시간 비교
책임 이관 흐름 분석	업무가 어떤 조직/시스템에서 다음으로 전환되는지 시각화
리소스 병목 탐지	일부 역할이나 사람에게 업무가 편중되어 병목 발생 여부 확인
반복 수행 탐지	담당자가 동일 단계를 여러 번 처리하는 루프 탐지
역할/시스템 간 충돌 확인	업무가 자동화 대상임에도 수동으로 처리되고 있는 부분 식별

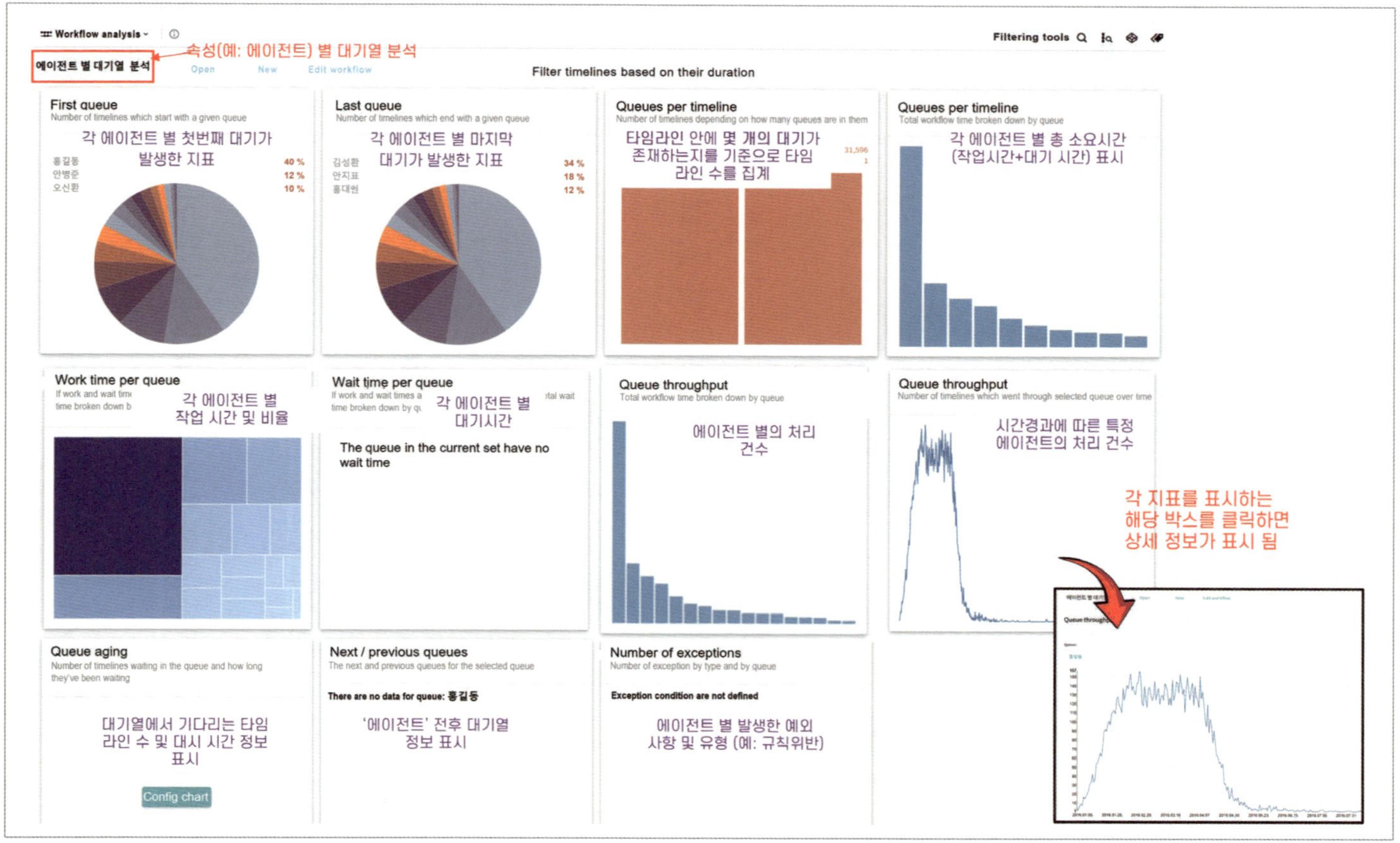

[그림 IV-17] '대기열 분석' 화면 예시

'대기열 분석'은 다음 기능을 제공한다.

▶ 프로세스 인스턴스가 거치는 작업 대기열(queue) 흐름을 단계별로 시각화한다.

▶ 각 대기열 시작과 종료 시간, 처리량, 대기 시간 등을 정밀하게 분석한다.

▶ 첫번째 대기열부터 마지막 대기열까지의 흐름 속에서 병목, 지연, 반복을 식별할 수 있다.

▶ 예외 발생, 대기열 간 이동 패턴, 대기별 처리 성능 등의 실행 데이터를 구조적으로 파악할 수 있다.

▶ 실제 운영 현장에서의 특정인이나 부서가 자신의 일을 마친 뒤, 다음 단계의 담당자에게 업무를 넘겨주는 시점을 측정하고, 작업 분배의 비효율성을 개선하는 데 유용하다.

4.9 '선행 단계 분석'

'선행 단계 분석'은 특정 이벤트가 발생하기 직전의 프로세스 경로와 조건을 추적하여, 그 이벤트를 유발한 주요 흐름이나 조합을 규명하는 분석 기능으로서, 선택한 이벤트(예: 반려, SLA 위반, 반복 처리 등)를 기준으로, 특정 이벤트 앞에 어떤 이벤트들이 얼마나 자주, 어떤 경로로 발생했는지를 시각적으로 분석할 수 있도록 지원합니다.

이 기능은 특정 이벤트의 해당 단계를 야기하는 '원인적 흐름'을 찾는 데 초점을 두고 있으며, 일반적인 빈도 기반의 프로세스 분석보다 문제의 '선행 징후'를 규명하는 데 특화되어 있습니다.

(1) 필요성

많은 조직이 프로세스 성능을 측정할 때 문제 이벤트(지연, 오류, 반려 등)의 결과만 기록하고 분석을 마치지만, 문제가 왜 발생했는지를 알기 위해서는 그 이벤트 직전에 어떤 경로가 반복적으로 나타났는지를 추적해야 합니다. 따라서 '선행 단계 분석'은 다음과 같은 이유로 매우 중요합니다.

- **문제 발생의 근본 원인 추적:** 지속적으로 발생하는 SLA 초과, 승인 실패, 고객 불만 등의 선행 경로와 조건을 체계적으로 확인
- **원인적 흐름의 규명:** 특정 문제 이벤트가 어떤 경로 또는 담당자 조합에서 빈번하게 야기되는지를 패턴으로 식별
- **예방 중심 개선 전략 수립:** 결과만 보지 않고 문제 발생 전에 어떤 패턴이 반복되는가를 찾음으로써 선제적 대응 가능
- **숨겨진 인과관계의 발견:** 표면적으로는 연관성이 없어 보이는 이벤트들 사이의 실제 인과관계를 데이터로 입증
- **위험 신호의 조기 감지:** 문제로 이어질 가능성이 높은 선행 패턴을 식별하여 예방적 조치 가능

(2) 언제 유용한가?

'선행 단계 분석'은 문제가 반복적으로 발생하지만, 실행 데이터를 기반으로 '어떤 흐름이 문제를 유발했는가?'를 밝혀 줍니다. 즉 프로세스 문제의 '결과'가 아닌 '원인 흐름'을 추적해야 할 때 매우 유용하며, 다음과 같은 상황에서 특히 강력한 분석 도구가 됩니다.

- **SLA 초과가 반복되지만 특정 조건에서만 발생하는 경우:** 초과 발생 전 단계 이벤트에서 반복 경로나 담당자 조합을 탐색하여 패턴 발견
- **고객 이탈, 반려, 반복 처리 등이 많아지고 있지만 공통점이 명확하지 않을 때:** 문제 이벤트로 이어지는 선행 경로 및 이벤트의 공통 패턴을 체계적으로 분석
- **담당자 또는 조직별로 문제 발생 빈도가 다를 때:** 특정 그룹에서 문제가 많이 발생하는 선행 조건과 경로를 규명
- **예외 경로를 제거하거나 정상 흐름으로 유도할 전략을 설계할 때:** 예외 상황으로 이어지는 선행 패턴을 파악하여 사전 차단 방안 수립
- **개선 조치 이후 문제 유발 경로가 줄었는지 확인하고자 할 때:** 개선책의 실제 효과를 선

행 경로 변화로 검증

(3) 실무 적용 포인트

'선행 단계 분석'을 실무에서 효과적으로 활용하기 위해서는 문제 이벤트의 정의를 명확히 하고, 의미 있는 선행 경로를 식별할 수 있는 적절한 시간 범위와 분석 깊이를 설정하는 것이 중요합니다.

특히 발견된 선행 패턴을 바탕으로 예방적 모니터링 체계를 구축하고, 위험 신호 감지 시 자동 알림이나 개입 프로세스를 연결하여 실제 문제 예방으로 이어지도록 하는 것이 핵심입니다.

[표 IV-15] '선행 단계 분석' 실무 적용 예

분석 목적	활용 예시
반복되는 SLA 초과 원인 규명	초과 발생 이전 이벤트에서 반복 경로나 담당자 조합 탐색
반려 또는 에러 발생 루트 식별	반려된 이벤트 직전의 결정적 이벤트 탐색
고객 불만 케이스 원인 진단	이탈 또는 불만 발생 전 이벤트 비교 분석
승인 실패/재심사 경로 추적	특정 조건에서 발생한 승인 실패 경로 식별
자동화 전후 이벤트 흐름 변화 측정	자동화 적용 이후 선행 이벤트 구성 변화 확인

🔍 KEY TAKEAWAY

'선행 단계 분석'은 다음 기능을 제공한다.
- ▶ 특정 이벤트가 발생하기 전에 주로 어떤 이벤트가 선행되었는지를 분석한다.
- ▶ 다양한 경로에서 동일 이벤트에 이르는 공통된 선행 이벤트를 식별할 수 있다.
- ▶ 지연, 예외, 오류 등의 원인이 되는 선행 단계 이벤트를 추적하는 데 유용하다.
- ▶ 빈도와 소요 시간 기준으로 선행 이벤트의 영향도를 정량적으로 평가할 수 있다.
- ▶ 문제 이벤트의 근본 원인(근본 경로)을 파악하여 선제적 개선 조치를 설계할 수 있다.

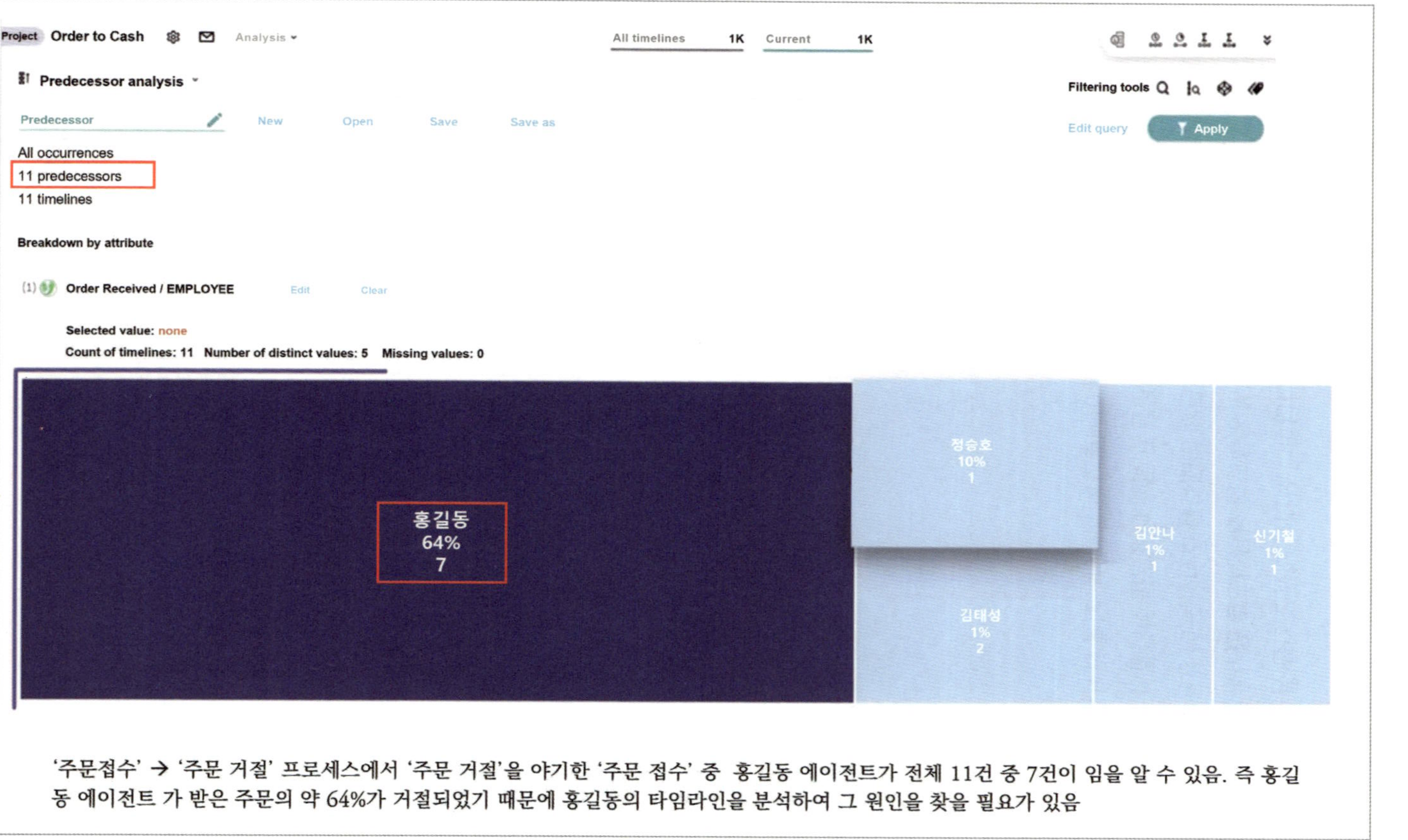

'주문접수' → '주문 거절' 프로세스에서 '주문 거절'을 야기한 '주문 접수' 중 홍길동 에이전트가 전체 11건 중 7건이 임을 알 수 있음. 즉 홍길동 에이전트 가 받은 주문의 약 64%가 거절되었기 때문에 홍길동의 타임라인을 분석하여 그 원인을 찾을 필요가 있음

[그림 IV-18] '선행 단계 분석' 화면 예시

4.10 '분포 분석'

'분포 분석'은 프로세스 실행 결과가 시간, 비용, 처리 시간, 반복 횟수, 담당자 등의 기준에 따라 어떻게 분포되어 있는지를 시각적으로 분석하는 기능입니다. 이 분석은 개별 프로세스 인스턴스의 주요 지표들(처리 시간, 리드 타임, 반복 횟수 등)이 전체 인스턴스 집합에서 어떤 분포 형태를 보이는지를 분포 그래프를 통해 명확하게 보여 줍니다.

분포 형태는 정규분포, 비정규분포, 편향분포, 이상값Outlier을 포함한 분포 등 다양한 패턴으로 나타날 수 있으며, 이를 통해 프로세스 성과의 일관성과 변동성을 정확히 파악할 수 있습니다.

이 분석은 단순히 평균이나 최대/최소 수치를 넘어서, 전체 프로세스 실행 결과의 패턴과 분산을 파악하는 데 중점을 둡니다.

'분포 분석'은 차원(이벤트와 속성의 세트)을 기반으로 하되 속성은 '숫자' 유형을 포함하여야 합니다.

(1) 필요성

프로세스 분석 시 흔히 사용하는 평균값이나 SLA 초과율 등은 전체 분포의 형태를 반영하지 못하는 단순 요약 값이며, 실제로는 일부 케이스만 유독 지연되거나 특정 조건에 편향이 집중되는 등의 구조적 편차가 평균값으로는 발견되지 않습니다.

따라서 다음과 같은 분석을 위해서는 '분포 분석'이 필요합니다.

- **전체 분포 패턴의 정확한 파악:** 개별 프로세스 인스턴스들이 정규분포, 편향분포, 이상값 포함 등 어떤 분포 형태를 보이는지 시각적으로 확인
- **평균값이 감추는 편향과 이상값 탐지:** 전체 평균은 양호해도 일부 케이스에서 극심한 지연이나 반복이 발생하는 현상을 정확히 식별
- **정상 처리 범위와 비정상 사례의 구분:** 어떤 케이스가 일반적인 처리 범위에 속하고 어떤 케이스가 예외적인 상황인지를 객관적으로 판단

- **자동화 적합 영역의 과학적 선별:** 처리 시간이나 패턴이 안정적으로 분포된 영역을 식별하여 자동화 후보 도출
- **성과 지표의 왜곡 방지:** 평균 기반 KPI나 대시보드가 실제 현실을 정확히 반영하는지 분포 확인을 통해 검증

(2) 언제 유용한가?

'분포 분석'은 편차와 이상값이 성능에 영향을 미치는 경우, 그리고 전체 평균이 진실을 왜곡하고 있을 가능성이 있는 경우를 분석하는 데 매우 중요한 역할을 수행합니다. 특히 평균값만 보고 문제없다고 판단했지만 실제 고객이나 담당자는 불만이 많은 경우, 그 원인은 분포의 꼬리 부분에 있을 수 있습니다.

- **SLA 기준은 충족되는데도 고객 만족도가 낮은 경우:** SLA 범위 내에서도 처리 시간 분포가 고객 기대와 다르게 형성되어 있는지 확인
- **반복 처리율이 낮은 경우에도 일부 케이스에서 높은 반복 발생:** 평균적으로는 문제없어 보이지만 특정 조건에서 심각한 반복이 발생하는 패턴 탐지
- **동일 프로세스를 처리하는 담당자 간 성과 차이가 클 때:** 개인별 처리 시간이나 품질 지표의 분포를 비교하여 편차 원인 분석
- **자동화 또는 개선 대상이 정상 구간인지 비정상 구간인지 구분할 필요가 있을 때:** 분포 분석을 통해 개선이 필요한 영역과 이미 안정적인 영역을 과학적으로 구분
- **KPI나 대시보드에 사용되는 수치가 평균 기반일 때:** 평균값이 실제 현실을 왜곡하고 있지 않은지 분포 확인을 통해 검증

(3) 실무 적용 포인트

'분포 분석'을 실무에서 효과적으로 활용하기 위해서는 평균값 이외에도 중간값, 최소-최대,

백분위 값을 이용하여 왜곡된 흐름, 과잉 처리, 비효율 집단을 찾아내는 체계적 접근이 필요합니다. 특히 분포의 형태(정규, 편향, 다봉형 등)에 따라 서로 다른 해석과 개선 전략을 적용하고, 이상값의 원인을 별도로 분석하여 전체 프로세스 개선에 반영하는 것이 중요합니다.

[표 IV-16] '분포 분석' 실무 적용 예

분석 목적	실무 활용 예시
SLA 범위 내 분포 확인	SLA 초과율은 낮지만, 실제 체류 시간이 높은 이상 사례 식별
작업 시간 편차 분석	특정 담당자 또는 고객군에 따른 처리 시간 편차 확인
반복 수행 횟수 분포	일부 사례에서 평균보다 훨씬 높은 횟수 이상 반복 → 재작업 원인 분석
리드 타임의 이상 값 탐지	일반 케이스의 평균소요일보다 훨씬 긴 소요 사례 존재
자동화 적합 영역 선별	작업 시간이 짧고 분포가 안정적인 반복 영역 식별 → 자동화 후보 도출

🔍 **KEY TAKEAWAY**

'분포 분석'은 다음 기능을 제공한다.

▶ 특정 지표(처리 시간, 대기 시간, 반복률 등)의 분포 상태를 시각적으로 분석한다.

▶ 평균, 중앙값, 분위수, 최댓값과 최솟값 등 통계 지표를 기반으로 분산을 파악할 수 있다.

▶ 지표 간 편차나 이상값을 식별하여 프로세스 안정성을 진단한다.

▶ 시간대, 부서, 지역 등 다양한 조건별로 분포 패턴을 비교할 수 있다.

▶ 성과 편차의 원인을 파악하고, 기준값 설정과 SLA 정의에 활용할 수 있다.

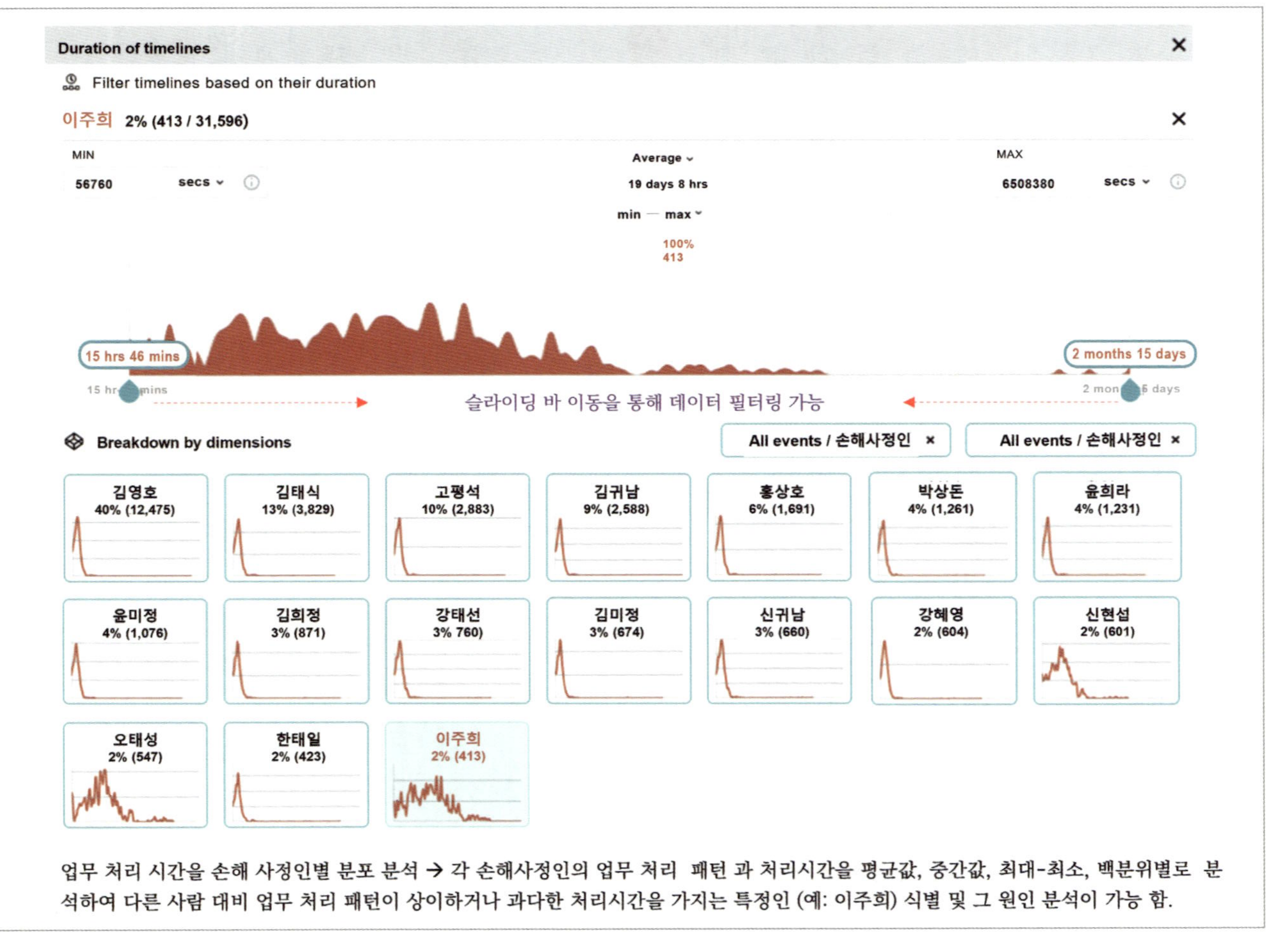

업무 처리 시간을 손해 사정인별 분포 분석 → 각 손해사정인의 업무 처리 패턴 과 처리시간을 평균값, 중간값, 최대-최소, 백분위별로 분석하여 다른 사람 대비 업무 처리 패턴이 상이하거나 과다한 처리시간을 가지는 특정인 (예: 이주희) 식별 및 그 원인 분석이 가능 함.

[그림 IV-19] 분석 분포 화면 예시

4.11 '기한 초과 분석'

'기한 초과 분석'은 프로세스 인스턴스 또는 특정 단계가 '사전에 정의된 마감 시간(기한 마감 또는 SLA 기준)'을 초과했는지 여부를 판단하고, 그 위반 사례를 식별하며, 잠재적 위반 발생 가능성까지 예측하는 기능입니다.

'기한 분석'은 다음 2가지 용도로 활용할 수 있습니다.

- **사후 분석용:** 과거에 수행된 프로세스 인스턴스 중 '기준 시간 초과(마감 위반)'한 건을 필터링하여 문제 사례를 빠르게 탐색할 수 있음.
- **예측 기반(사전 감시)용:** 이벤트 로그를 기반으로 모델을 생성한 후, 이를 기반으로 모니터링 과정에서 현재 실행 중인 인스턴스가 향후 마감 위반 가능성이 있는지 예측하고, 경고를 설정할 수 있음

'기한 초과 분석'은 단순한 보고서 수준을 넘어, 리스크 예측과 SLA 기반 경영의 도구로 확장될 수 있습니다.

(1) 필요성

기존의 일반적인 성과 측정 방식은 전체적인 처리 속도나 효율성에 초점을 맞추지만, 실제 비즈니스에서는 정해진 시간 내에 완료되는지 여부가 더욱 중요한 경우가 많습니다. 이러한 환경에서는 단순한 평균 처리 시간보다는 기한 준수와 위반이라는 이분법적 성과 기준을 정확히 측정하고 예측할 수 있는 전문적 도구가 필요합니다. '기한 초과 분석'은 바로 이러한 요구에 부응하여 프로세스의 시간 성과를 명확한 기한 준수 여부를 기준으로 평가하고 관리할 수 있게 합니다.

- **이분법적 성과 기준의 정밀한 측정:** 평균 처리 시간과 달리 명확한 기한 준수/위반을 기

준으로 한 성과 평가 체계 구축

- **예측 기반 사전 개입 체계 확립:** 과거 데이터를 이용하여 구축된 예측 모델을 통해 현재 진행 중인 케이스의 기한 위반 가능성을 사전 예측
- **기한 기반 자동 의사결정 지원:** 마감 임박 시점이나 위반 위험도에 따른 자동 우선순위 조정, 리소스 재배치, 에스컬레이션 트리거 설정
- **복합적 기한 관리의 체계화:** 하나의 프로세스 내에서도 단계별로 다른 기한이 설정된 경우, 각각의 준수 여부를 통합적으로 관리
- **기한 성과의 예측 가능성 확보:** 단순한 모니터링을 넘어 향후 기한 초과를 예측하여 선제적 자원 계획과 리스크 관리 가능

'기한 초과 분석'은 실시간 경고 설정 + 과거 위반 사례 분석 + 조건별 예외 탐지를 하나의 기능으로 통합 제공하며, 실행 기반 SLA 관리를 가능하게 합니다.

(2) 언제 유용한가?

'기한 초과 분석'은 단순한 속도 문제가 아니라 고객 신뢰, 계약 이행, 내부 책임 구조와 직결된 주요 성과 지표입니다. 특히 기한 준수가 고객 신뢰나 계약 이행과 직결되어 위반 시 즉시 비즈니스 리스크로 이어지는 상황에서 가장 효과적으로 활용됩니다.

- **법적 기한이나 규제 요구사항이 존재하는 업무:** 세무 신고, 허가 갱신, 감사 대응 등 법적 기한이 명확히 정해진 프로세스의 준수 관리
- **고객과의 SLA 협약이 명문화된 경우:** 콜센터 응답 시간, 배송 기한, 처리 완료 시간 등 구체적 약속 이행 모니터링
- **프로젝트나 이벤트의 마일스톤 관리:** 제품 출시, 시스템 구축, 이벤트 준비 등 마감일이 정해져 있는 업무의 진척 관리
- **내부 성과 평가가 기한 준수 중심으로 설계된 조직:** KPI나 성과급이 기한 준수율과 직접

연결된 업무 환경

- **연쇄적 기한 구조를 가진 복잡한 프로세스:** 하나의 지연이 전체 일정에 연쇄적 영향을 미치는 복합 프로세스의 관리

(3) 실무 적용 포인트

'기한 초과 분석'은 리스크 탐지, SLA 평가, 실시간 모니터링, 경고 체계 수립 등 다양한 방식으로 활용할 수 있습니다.

[표 IV-17] '기한 초과 분석' 실무 적용 예

적용 목적	활용 방식 및 기대 효과
SLA 초과 사례 탐지	과거 인스턴스 중 위반된 건을 조건 기반으로 검색하여 원인 분석
위반 위험 예측	아직 완료되지 않은 인스턴스 중 기한 초과 가능성 높은 건 자동 감지
실시간 경고 설정	마감 임박 시 사용자 또는 팀에게 실시간 알림 전송 (예: 80% 도달 시 경고)
SLA 기반 성과 평가	부서별, 프로세스 유형별 마감 준수율 비교 및 리포트화
계약 리스크 대응	SLA 위반율이 높은 조건(지역, 시간대, 부서 등)을 식별하여 대응 전략 수립

🔍 **KEY TAKEAWAY**

'기한 초과 분석'은 다음 기능을 제공한다.

▶ 프로세스 인스턴스가 사전에 정의된 마감 시간(SLA 기준)을 초과했는지 여부를 식별한다.

▶ 실시간 모니터링과 예측 모델을 통해 진행 중인 건의 마감 위반 가능성을 사전에 경고한다.

▶ 마감 위반 주요 원인을 규명하고, 시간 기반의 자동 트리거로 대응 절차를 실행한다.

▶ 계약 리스크와 고객 신뢰 저하를 방지하기 위해 기한 기반 성과 관리 체계를 구축한다.

▶ 반복 위반 조건(지역, 시간대, 담당자 부재 등)을 식별해 개선 조치를 설계한다.

▶ 주말·공휴일·야간 등 특수 상황에 대응할 수 있는 선처리·대체 승인·자동화 방안을 마련한다.

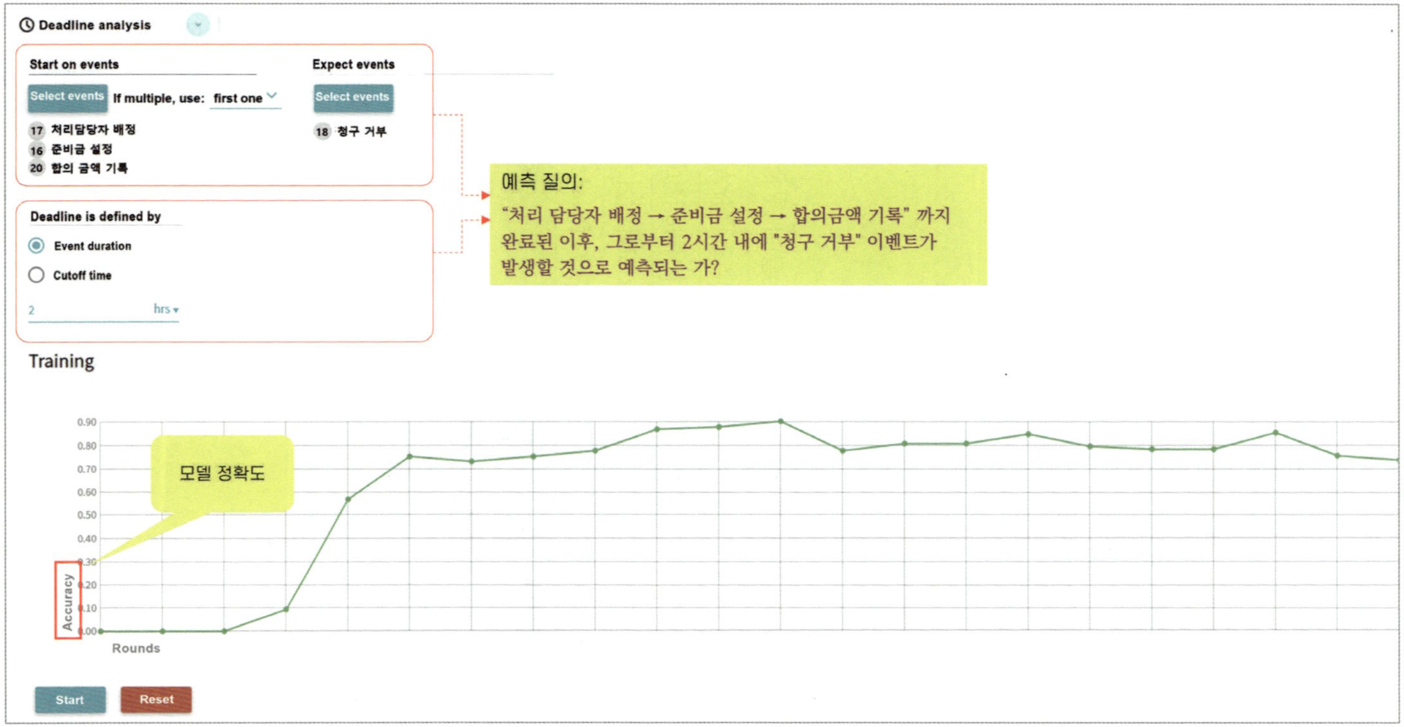

[그림 IV-20] '기한 초과 분석' 예측 모델 학습 화면 예시

4.12 '규정 위반 분석'

'규정 위반 분석'은 정의된 '표준 프로세스 경로'를 기준으로, 실제 수행된 프로세스 인스턴스가 해당 경로를 얼마나 잘 따르고 있는지 비교·검증하는 기능입니다.

사용자가 사전에 설정한 '정상적인 흐름' 또는 '정책적 절차'를 프로토콜로 구성하면, 각 프로세스 인스턴스가 해당 경로를 정확히 따랐는지, 어디에서 벗어났는지, 각 단계의 선후가 잘못되지 않았는지, 특정 단계 수행을 누락하지 않았는지, SLA에서 정의된 시간을 초과하지 않았는지를 자동 분석합니다.

이 기능은 규정 준수Compliance, 감사 대응, 업무 표준화 수준 진단, 예외 흐름 탐지에 특히 유용하며, 대규모 이벤트 로그에서도 정상 흐름과 이탈 흐름을 빠르게 구분해 낼 수 있습니다.

(1) 필요성

대부분의 기업은 조직이 설정한 표준 프로세스 경로와 실제 실행 경로 간의 일치도를 정량적으로 측정하고, 위반 사례의 유형과 위험도를 체계적으로 분류 관리할 필요성이 있습니다. 기존의 일반적인 프로세스 분석이 효율성이나 속도에 초점을 맞추는 반면, '규정 위반 분석'은 '정확성'과 '규정 준수율'이라는 차별화된 관점에서 프로세스를 평가합니다.

이 분석은 단순한 편차 확인을 넘어서 각 위반 사례의 리스크 수준과 비즈니스 영향도를 세밀하게 구분하여 분석함으로써, 조직이 설정한 표준 프로세스 경로와 실제 실행 경로 간의 일치도를 정량적으로 측정하고 위반 사례의 심각도를 체계적으로 평가할 수 있게 해 줍니다.

- **규정 준수율의 정량적 측정 체계 확립:** 표준 흐름 대비 실제 이탈 비율을 수치화하고, 이탈의 심각도를 객관적으로 평가할 수 있는 측정 기준 제공
- **위반 유형의 체계적 분류와 우선순위 설정:** 단순한 순서 변경부터 중요 단계 누락, 컴플라이언스 규정 위반까지 다양한 위반 유형을 리스크 수준에 따라 분류하고 대응 우선순위 결정

- **실시간 규정 준수 모니터링 체계 구축**: 위반 발생 즉시 이를 감지하고 자동 알림을 통해 즉각적인 개입이 가능한 모니터링 시스템 기반 제공
- **감사 대응을 위한 객관적 증거 확보**: 내부 통제나 외부 감사 시 규정 준수 상황을 데이터로 입증할 수 있는 구체적이고 추적 가능한 증거 자료 생성
- **지속적 표준화 수준 진단**: 조직 전체 또는 부서별 표준화 달성 수준을 정기적으로 측정하여 지속적 개선의 방향성 제시

(2) 언제 유용한가?

'규정 위반 분석'은 프로세스의 효율성보다는 정확성과 규정 준수가 비즈니스 성공의 핵심 요소인 환경에서 매우 중요한 역할을 수행합니다. 특히 규제가 엄격하거나 표준화된 절차의 준수가 법적, 계약적 의무인 상황에서 가장 효과적으로 활용됩니다.

- **규제 산업의 컴플라이언스 관리**: 금융, 의료, 제약 등 엄격한 규제 하에서 운영되는 업무의 규정 준수 상황을 실시간 모니터링
- **다지점 운영 조직의 표준화 관리**: 여러 지점이나 자회사가 동일한 표준을 따르고 있는지 확인하고 편차가 큰 지점을 식별
- **신규 시스템 도입 후 안정화 검증**: 새로운 프로세스나 시스템 도입 후 직원들이 정해진 절차를 제대로 따르고 있는지 확인
- **고위험 업무의 안전 관리**: 안전사고나 품질 문제와 직결되는 업무에서 필수 절차 누락이나 순서 위반 등의 위험 요소를 사전 차단

(3) 실무 적용 포인트

'규정 위반 분석'을 실무에서 효과적으로 활용하기 위해서는 표준 프로세스를 명확하고 측정 가능한 형태로 정의하고, 위반의 심각도와 비즈니스 영향도에 따른 차등적 대응 체계를 구

축하는 것이 중요합니다.

특히 위반 발생 시 단순한 지적이나 교육을 넘어서 위반 원인의 근본적 해결과 재발 방지를 위한 프로세스 개선으로 연결하여, 규정 준수가 업무 효율성과 함께 향상될 수 있도록 하는 것이 핵심입니다.

[표 IV-18] '규정 위반 분석' 실무 적용 예

적용 목적	활용 방안
프로세스 규정 준수도 측정	표준 흐름 대비 이탈 비율, 이탈 지점, 조건을 시각화
감사 대응 및 리스크 진단	비정상 루트 자동 탐지 → 사후 설명 또는 개선 조치 근거 제공
예외 패턴 추적	특정 유형의 예외가 반복되는 루트, 시간대, 담당자 분석
업무 표준화 현황 점검	부서/지점 간 프로토콜 준수 편차 확인
사용자 교육 효과 검증	교육 전후 이탈률 비교 · 분석을 통해 교육 효과 측정

🔍 **KEY TAKEAWAY**

'규정 위반 분석'은 다음 기능을 제공한다.
▶ 표준 프로세스 경로 대비 실제 수행 경로의 일치 여부를 자동 검증한다.
▶ 처리 순서, 단계 누락, 추가 단계, 승인 루트 이탈 등을 식별한다.
▶ 법규, 내부 규정, 산업별 컴플라이언스 준수 여부를 정량적으로 측정한다.
▶ 반복되는 예외 패턴을 시간대, 담당자, 조건별로 분석한다.
▶ 규정 위반 리스크를 사전에 탐지하고 경고 · 제어 기능과 연계한다.
▶ 부서 · 지점 간 규정 위반 편차를 파악하여 표준화 수준을 점검한다.
▶ 교육 · 정책 변경 전후의 준수율 변화를 비교해 효과를 검증한다.

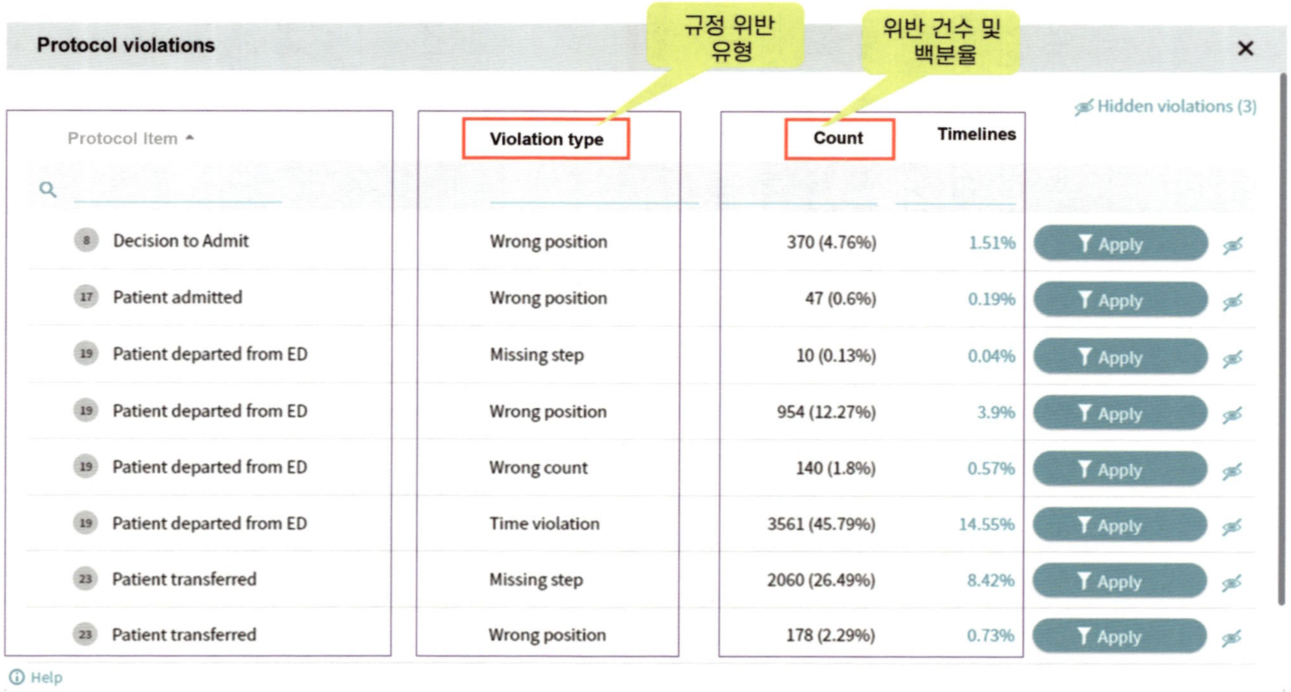

Protocol violations

'규정 위반 분석'은 각 이벤트의 규정 위반 유형, 위반 건수 등을 일목요연하게 보여주며, 각 위반 사항에 대한 내용을 추적할 수 있게 함

[그림 IV-21] '규정 위반 분석' 화면 예시

4.13 '예측 분석'

'예측 분석'은 현재 진행 중인 프로세스 인스턴스가 앞으로 어떤 경로를 따를지, 그리고 완료까지 얼마나 걸릴지, 특정 기한(SLA 등)을 지킬 수 있을지를 사전에 예측하는 기능입니다.

'예측 분석'은 수집된 이벤트 로그 데이터를 기반으로 머신러닝 기반 예측 모델을 학습하여, 과거 유사한 인스턴스의 진행 패턴을 참조함으로써 미래 경로와 완료 시간, SLA 준수 여부 등을 예측합니다.

이 기능은 단순한 '현재 상태 파악'을 넘어서, 앞으로 발생할 병목, 마감 초과, 예외 흐름 가능성까지 가시화해주며, 선제적 대응을 가능하게 합니다.

'예측 분석'에서는 훈련한 모델의 정확도와 혼동 매트릭스Confusion matrix[41]테이블 값을 보여줍니다. 다음 페이지 그림의 '예측 모델 예시 화면'에서 표시되는 혼동 매트릭스 값의 의미는 다음과 같습니다.

		Actual	
		Admit(입원)	Discharged(미입원)
Predicted	Admit(입원)	TP 값: 92.358%	FP 값: 0.000%
	Discharged(미입원)	FN 값: 0.175%	TN 값: 77.467%

위의 TP, FP, FN, TN의 의미는 다음과 같습니다.

① **TP(True Positive):** 92.358%

- '참'을 '참'으로 예측함
- 위의 예측 모델에서 92.358%가 입원할 것으로 예측하였고, 실제 입원율도 동일함. 즉 '입원환자'를 '입원'이라고 잘 예측한 경우에 해당

② **FP(False Positive):** 0%

---

41) 혼동 매트릭스는 분류 모델의 예측 결과와 실제 정답을 교차해 보여 줌으로써 성능을 한눈에 평가할 수 있는 표입니다.

- '거짓'을 '참'으로 예측한 것으로 '1종 오류'라고도 함
- 위의 예측 모델에서 0%가 '입원'할 것으로 예측하였는데, 실제 환경에서도 아무도 입원하지 않은 경우. 즉 이 값이 0%이기 때문에, 모델 오류가 발생하지 않았음

③ FN(False Negative): 0.175%

- 참을 거짓으로 예측한 것으로 '2종 오류'라고도 함
- 예측 모델에서 0.175%를 '미입원'으로 예측하였는데 실제로는 '입원'한 케이스 발생

④ TN(True Negative): 77.467%

- 거짓을 거짓으로 예측함
- 예측 모델에서 77.467%가 '미입원' 할 것으로 예측하였고, 실제 '미입원' 비율도 동일함. 즉 '미입원' 환자를 '미입원'이라고 정확하게 예측한 경우

(1) 필요성

기존의 프로세스 분석이 과거 데이터를 기반으로 한 사후 진단에 머무르는 반면, 예측 분석은 현재 상황을 바탕으로 미래 결과를 예상하여 문제 발생 이전에 선제적 조치를 가능하게 하며, 이는 단순한 모니터링을 넘어 능동적 프로세스 관리로의 진화를 의미합니다.

- **선제적 의사결정 지원 체계 구축:** 문제 발생 후 대응이 아닌 문제 발생 이전에 예방적 조치를 취할 수 있는 과학적 근거 제공
- **동적 자원 관리와 우선순위 조정:** 예측된 미래 상태에 따라 인력이나 시스템 자원을 사전에 재배치하고 업무 우선순위를 조정
- **고객 경험의 사전 최적화:** 고객 케이스의 예상 결과를 바탕으로 VIP 대응이나 특별 관리가 필요한 케이스를 미리 식별
- **리스크 기반 프로세스 제어:** 위험도가 높은 케이스를 사전에 감지하여 자동 에스컬레이션이나 추가 검토 절차를 트리거
- **성과 목표의 달성 가능성 사전 평가:** 현재 진행 상황을 바탕으로 월말이나 분기말 성과

목표 달성 가능성을 미리 예측하여 대응 전략 수립.

(2) 언제 유용한가?

'예측 분석'은 '지금만 보는 것'이 아니라, '이대로 가면 어떻게 될 것인가?'에 대한 예측 값을 제시합니다. 특히 사전 대응의 가치가 사후 대응보다 현저히 큰 상황에서 가장 효과적으로 활용됩니다.

- **진행 중인 프로세스에 대한 SLA 위반 위험을 사전에 알고 싶은 경우:** 현재 진행 상황을 바탕으로 마감 시간 내 완료 가능성을 예측하여 선제적 조치 결정
- **리소스가 제한되어 있어 예측 기반 업무 우선순위 결정이 필요한 경우:** 한정된 자원을 가장 효과적으로 활용하기 위해 예상 결과에 따른 우선순위 재조정
- **VIP 고객 또는 민감 케이스에 선제 대응이 중요한 조직:** VIP 고객이나 리스크가 큰 케이스를 미리 식별하여 특별 관리 체계 적용
- **실시간 대시보드 기반 모니터링과 예측을 결합하여 운영할 경우:** 현재 상태 모니터링과 미래 예측을 통합하여 더욱 정교한 운영 관리 실현
- **프로세스가 복잡하고 다양한 흐름으로 분기되며 패턴이 일정치 않을 경우:** 복잡한 프로세스에서 경험이나 직감으로는 예측하기 어려운 미래 결과를 데이터로 예측

(3) 실무 적용 포인트

'예측 분석'은 현재 프로세스를 기반으로 미래를 예측할 수 있기 때문에, 경영 및 운영 판단을 위한 실시간 시나리오 계획 도구로 사용될 수 있습니다.

[표 IV-19] '예측 분석' 실무 적용 예

적용 목적	활용 예시
SLA 위반 사전 탐지	SLA 초과가 예상되는 인스턴스 자동 식별 및 경고
작업량 예측	부서/시스템별 향후 예상 부하량 시뮬레이션
리소스 재 배분	예상 병목에 따라 인력이나 자동화 로직 선제 배치
예외 루트 사전 차단	잘못된 흐름으로 진행될 가능성이 높은 건 자동 분기 또는 제어
고객 대응 개선	VIP 고객, 클레임 위험 고객에 대한 선제적 응대 판단 기준 제공

🔍 KEY TAKEAWAY

'예측 분석'은 다음 기능을 제공한다.

▶ 현재 진행 중인 프로세스의 미래 경로, 완료 시간, SLA 준수 여부를 사전에 예측한다.

▶ 과거 이벤트 로그를 학습한 머신러닝 모델을 활용해 현재 업무 프로세스에서 병목, 기한 초과, 예외 발생 가능성을 식별한다.

▶ 혼동 매트릭스를 통해 모델의 예측 정확도와 오류 유형을 정량적으로 검증한다.

▶ SLA 위반 예상 건을 사전 탐지해 우선 처리나 경로 변경 등 선제 대응을 가능하게 한다.

▶ 자원 제약 환경에서 예측 기반 업무 우선순위를 설정한다.

▶ VIP 고객·민감 케이스에 대한 조기 대응 판단 근거를 제공한다.

▶ 실시간 모니터링과 예측을 결합해 운영 효율성과 리스크 대응력을 향상한다.

▶ 복잡하고 변동성이 큰 프로세스에서도 시나리오 기반 의사결정을 지원한다.

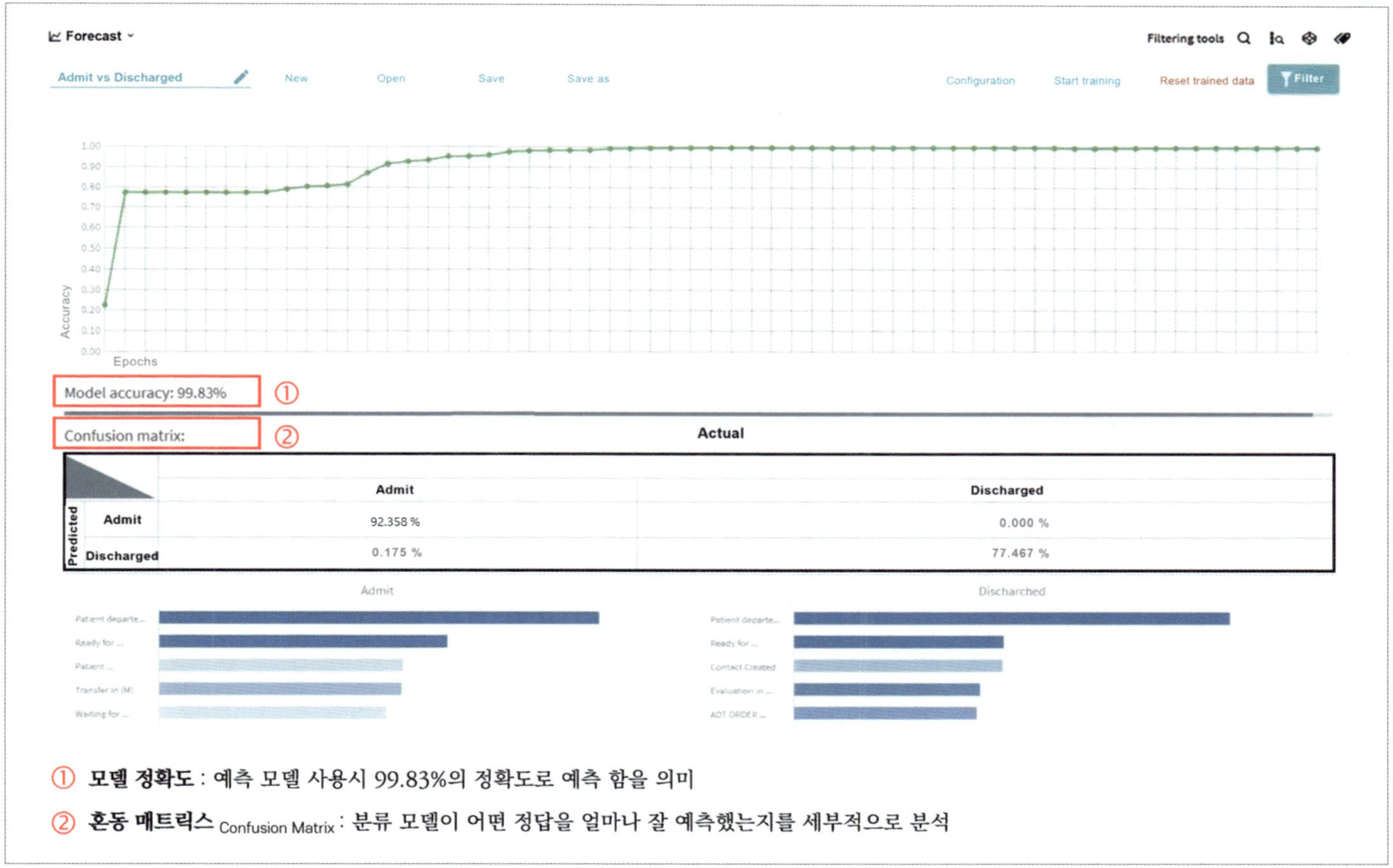

① **모델 정확도** : 예측 모델 사용시 99.83%의 정확도로 예측 함을 의미

② **혼동 매트릭스** Confusion Matrix : 분류 모델이 어떤 정답을 얼마나 잘 예측했는지를 세부적으로 분석

[그림 IV-22] '예측 분석'의 예측모델 화면 예시

4.14 '시뮬레이션'

비즈니스 프로세스 개선은 항상 일정 수준의 리스크를 동반합니다. 처리 단계의 순서를 바꾸거나, 추가 리소스를 투입하는 등의 변경은 때로는 기대 이상의 효과를 가져오기도 하지만, 반대로 예상치 못한 부작용으로 이어질 수도 있습니다. 따라서 실제 시스템에 적용하기 전에 다양한 시나리오를 미리 시험해 보는 것이 매우 중요합니다.

'시뮬레이션' 기능은 바로 이러한 '가상의 실험실 역할'을 수행합니다. '시뮬레이션'은 이벤트 로그 기반의 실행 데이터를 기반으로 변경된 프로세스의 동작을 가상 환경에서 실험해 보는 기능으로서, 이를 통해 시나리오 변경, 정책 수정, 리소스 재배치, 지연 시간 조정 등이 프로세스 성능에 어떤 영향을 미치는지 사전 예측할 수 있습니다.

다시 말해, 실제 운영 환경을 변경하기 전에 '가정what-if' 조건을 설정하여 결과를 예측해 보는 디지털 실험 도구라고 볼 수 있습니다.

(1) 필요성

현실의 프로세스 환경에서는 수많은 변수들이 복합적으로 상호작용하여 예측하기 어려운 결과를 만들어 냅니다. 이러한 복잡성으로 인해 단순한 이론적 계산이나 경험적 추정만으로는 개선 조치의 실제 효과를 정확히 예상하기 어렵고, 결과적으로 많은 개선 프로젝트가 예상과 다른 결과를 가져오거나 예기치 못한 부작용을 발생시키는 문제가 빈번히 발생합니다.

이러한 현실적 한계를 극복하기 위해 '시뮬레이션'은 프로세스 개선에 수반되는 불확실성과 복잡성을 체계적으로 관리하고, 데이터 기반의 과학적 검증을 통해 최적의 의사결정을 지원할 수 있게 해 주는 매우 중요한 기능입니다.

- **프로세스 변경 전·후 성과 사전 비교:** 새로운 승인 체계를 도입하거나 작업 순서를 바꿨을 때, 전체 처리 시간이나 병목 구간에 어떤 변화가 생기는지를 시뮬레이션으로 미리 비교 확인

- **리소스 조정의 효과 분석:** 인력 또는 자원을 추가하거나, 업무를 다른 팀으로 재배치할 경우 처리량이나 SLA 만족도가 어떻게 바뀌는지를 예측
- **정책 시나리오 실험:** 규칙 강화, 작업 병렬화, 경고 조건 추가 등 다양한 정책 변경이 실제 프로세스 성과에 어떤 영향을 미치는지 시뮬레이션을 통해 사전 분석
- **동적 환경 변화에 대한 견고성 테스트:** 업무량 변동, 시장 상황 변화, 시스템 장애 등 외부 변수 변화에 대한 프로세스의 적응 능력과 안정성 사전 검증

(2) 언제 유용한가?

시뮬레이션 분석은 프로세스 변경이 실제 운영에 어떤 영향을 줄지 미리 검증하고 싶은 상황에서 매우 유용합니다.

이는 복잡한 프로세스를 맹목적으로 바꾸기보다는, 시나리오별 효과를 데이터 기반으로 시뮬레이션 한 후 적용 여부를 결정할 수 있기 때문에 이행에 따른 위험을 최소화할 수 있습니다.

- **전사적 프로세스 혁신 프로젝트:** 조직 전체에 영향을 미치는 대규모 변화의 파급 효과와 최적 추진 전략을 사전 검증
- **인적 자원 재배치 계획:** 인력 투입이나 변경 전 자원 재배치가 전체 프로세스에 미치는 영향을 사전 시뮬레이션
- **SLA 개선 목표 달성 전략:** 개선 목표 설정 후 각 조치별로 SLA 충족률 변화를 사전 시뮬레이션 하여 실현 가능성 검증
- **프로세스 변경 효과 분석:** 프로세스 변경 시 전후 효과를 사전에 정량적으로 비교 분석하여 최적 변경 방안 도출 가능

(3) 실무 적용 포인트

'시뮬레이션'을 실무에서 효과적으로 활용하기 위해서는 현실의 복잡성을 적절히 반영하면

서도 분석 가능한 수준으로 모델을 단순화하는 균형감각이 중요합니다. 특히 시뮬레이션 결과의 한계와 가정을 명확히 인식하고, 실제 적용 시 발생할 수 있는 예상치 못한 변수들에 대한 대비책을 함께 수립하여 시뮬레이션의 예측력을 실제 성과 개선으로 전환하는 체계적 접근이 필요합니다.

[표 IV-20] '시뮬레이션' 실무 적용 예

항목	설명
시나리오 정의	변경하려는 조건 또는 정책을 설정(예: 대기시간 단축, 특정 리소스 투입 등)
가정 설정	"만약 A가 B보다 빠르면", "리소스 X가 두 배 늘어나면" 등 조건을 수치화
시뮬레이션 실행	기존 로그 데이터를 재연하여 변경 후 상황을 분석
지표 비교	변경 전후의 KPI(처리시간, 비용, SLA, 병목 등) 비교 분석
정책 선택	가장 효과적인 정책안을 도출하여 실제 적용 여부 결정

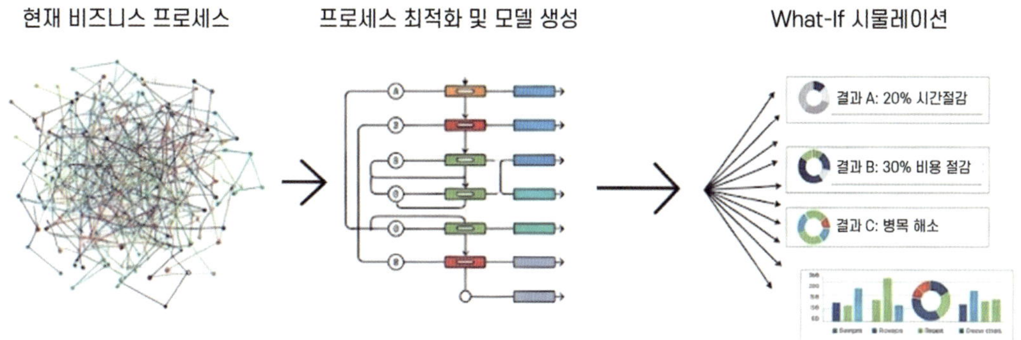

[그림 IV-23] '시뮬레이션' 절차

🔍 **KEY TAKEAWAY**

'시뮬레이션 분석'은 다음 기능을 제공한다.

▶ 프로세스 변경, 정책 수정, 리소스 재배치 등의 효과를 실제 적용 전 가상 환경에서 검증한다.

▶ 이벤트 로그 기반의 실행 데이터를 활용하여 변경 시나리오별 처리 시간, 비용, SLA 충족률 변화를 사전 시뮬레이션한다.

▶ 병목 완화, 리소스 투입 효과, 정책 변경 결과 등을 사전 검토해 불필요한 시스템 변경이나 리스크를 줄인다.

▶ 업무량 급증, 신규 시스템 도입, 인력 재배치 등 다양한 상황에서 사전 대응 전략을 수립할 수 있다.

▶ 변경 전후 KPI를 비교하여 ROI 관점에서 가장 효과적인 개선안을 선택한다.

▶ 시나리오 정의, 가정 설정, 시뮬레이션 실행, 지표 비교, 정책 선택의 전 과정을 체계적으로 설계한다.

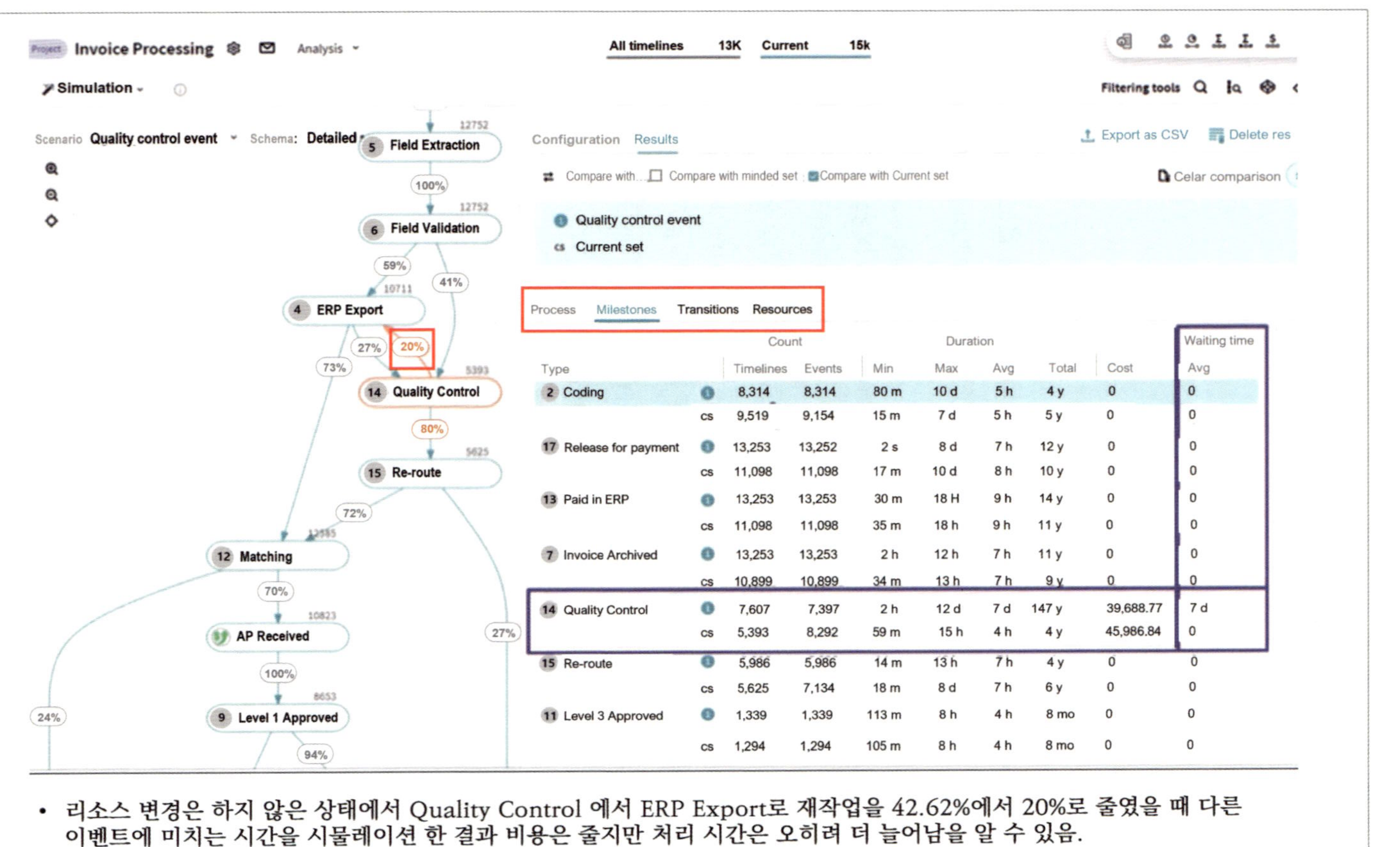

| Type | Count | | Duration | | | | Cost | Waiting time |
	Timelines	Events	Min	Max	Avg	Total		Avg
2 Coding	8,314	8,314	80 m	10 d	5 h	4 y	0	0
cs	9,519	9,154	15 m	7 d	5 h	5 y	0	0
17 Release for payment	13,253	13,252	2 s	8 d	7 h	12 y	0	0
cs	11,098	11,098	17 m	10 d	8 h	10 y	0	0
13 Paid in ERP	13,253	13,253	30 m	18 H	9 h	14 y	0	0
cs	11,098	11,098	35 m	18 h	9 h	11 y	0	0
7 Invoice Archived	13,253	13,253	2 h	12 h	7 h	11 y	0	0
cs	10,899	10,899	34 m	13 h	7 h	9 y	0	0
14 Quality Control	7,607	7,397	2 h	12 d	7 d	147 y	39,688.77	7 d
cs	5,393	8,292	59 m	15 h	4 h	4 y	45,986.84	0
15 Re-route	5,986	5,986	14 m	13 h	7 h	4 y	0	0
cs	5,625	7,134	18 m	8 d	7 h	6 y	0	0
11 Level 3 Approved	1,339	1,339	113 m	8 h	4 h	8 mo	0	0
cs	1,294	1,294	105 m	8 h	4 h	8 mo	0	0

- 리소스 변경은 하지 않은 상태에서 Quality Control 에서 ERP Export로 재작업을 42.62%에서 20%로 줄였을 때 다른 이벤트에 미치는 시간을 시뮬레이션 한 결과 비용은 줄지만 처리 시간은 오히려 더 늘어남을 알 수 있음.

- 이 경우 Transition 탭과 Resource tab 에서 어느 이벤트 구간에서 얼마만큼의 시간이 소요되는지, 그리고 추가 자원을 투입할 경우 어떠한 결과가 나타나는지를 시뮬레이션을 통해 미리 확인 할 수 있음

[그림 IV-24] '시뮬레이션 분석' 화면 예시

'병렬 대조 분석'은 비교 분석 기능으로, 두 개 이상의 서로 다른 프로세스 집단이나 조건을 동일한 기준하에서 병렬적으로 대조 분석할 수 있게 합니다.

이 기능은 단순히 수치나 지표를 비교하는 데 그치지 않고, 프로세스 흐름, 처리 시간, 병목 구간, 예외 발생 패턴 등을 시각적으로 비교하여 차이를 명확히 드러내는 분석 도구입니다.

예를 들어, 동일한 고객 주문 프로세스를 수행하는 두 부서 또는 두 국가 간의 업무 방식의 차이점을 하나의 분석 화면에서 직접 비교할 수 있으며, 모범사례Best Practice를 식별하거나 비효율의 원인을 발견하는 데 사용될 수 있습니다.

(1) 필요성

대부분의 조직에서는 동일한 업무가 여러 부서, 지역, 시스템에서 각각 수행되고 있지만, 이들 간에 나타나는 성과 차이가 단순한 우연의 결과인지 아니면 구조적 원인에서 비롯된 체계적 차이인지를 정확히 구분하기 어려운 상황에 직면해 있습니다. 더욱이 단순한 수치 비교만으로는 이러한 성과 차이를 발생시키는 근본적 요인과 메커니즘을 파악하는 데 한계가 있어, 효과적인 개선 전략 수립에 어려움을 겪고 있습니다.

'병렬 대조 분석'은 서로 다른 조건이나 환경에서 수행되는 동일한 프로세스를 체계적으로 비교하여 성과 차이의 원인과 개선 기회를 과학적으로 도출할 수 있게 합니다.

- **동일 조건에서의 공정한 성과 비교 기준 확립:** 서로 다른 환경 요인을 통제하고 실제 실행 역량의 차이만을 정확히 측정할 수 있는 비교 분석 체계 구축
- **모범 사례의 과학적 식별:** 우수한 성과를 보이는 그룹의 실행 패턴을 구체적으로 분석하여 다른 그룹에 적용 가능한 성공 요인 추출
- **성과 격차의 근본 원인 규명:** 단순한 결과 차이를 넘어서 그 차이를 만드는 프로세스 설계, 자원 배치, 실행 방식의 구체적 차이점 발견

- **변화 관리의 효과 검증**: 특정 그룹에 적용된 개선 조치나 새로운 방식이 실제로 성과 향상에 기여했는지를 다른 그룹과의 비교를 통해 객관적 입증
- **조직 학습과 지식 전파의 과학적 기반 마련**: 경험이나 추측이 아닌 데이터 기반으로 성공 패턴을 다른 조직이나 팀에 체계적으로 전수

(2) 언제 유용한가?

'병렬 대조 분석'은 동일한 프로세스가 여러 조건에서 수행되어 성과 차이가 발생하고 있으며, 그 차이의 원인을 정확히 파악하여 전체적인 성과 향상을 도모해야 할 때 핵심적인 역할을 수행합니다. 특히 조직 내 격차 해소나 전사적 표준화가 중요한 목표인 상황에서 가장 효과적으로 활용됩니다.

- **다지점 운영 조직의 성과 편차 분석**: 여러 지점이나 지역에서 동일한 서비스를 제공할 때 지점 간 성과 차이의 원인과 개선 방안을 체계적으로 도출 분석
- **신규 시스템 도입 전후의 성능 차이 분석**: 새로운 시스템이나 프로세스의 실제 효과를 기존 방식과 정량적으로 비교하여 도입 효과를 객관적 검증
- **고객 세그먼트별 서비스 품질 차이 검증**: VIP와 일반 고객, 신규와 기존 고객 등 서로 다른 고객군에 대한 실제 서비스 수준의 차이를 정량적으로 측정
- **벤치마킹이나 모범 사례 전파 프로젝트**: 우수 성과 그룹의 실행 방식을 다른 그룹에 적용하기 전 성공 요인을 구체적으로 분석하고 적용 가능성을 검토

(3) 실무 적용 포인트

'병렬 대조 분석'을 실무에서 효과적으로 활용하기 위해서는 비교 대상 그룹 간의 동질성을 확보하고 차이를 발생시키는 핵심 변수를 정확히 식별하는 것이 중요합니다. 특히 우수한 성과를 보이는 그룹의 성공 요인을 다른 그룹에 적용할 때는 맥락의 차이를 충분히 고려하고, 단순한 모방

 왜 프로세스 마이닝인가?

이 아닌 핵심 원리의 적응적 적용을 통해 실제 성과 개선으로 이어지도록 하는 것이 핵심입니다.

[표 IV-21] '병렬 대조 분석' 실무 적용 예

항목	설명
비교 그룹 정의	·비교할 집단(예: 부서, 지역, 시스템 버전 등)을 명확하게 분리하여 데이터 필터 기준 설정 ·그룹 간 비교의 의미가 있으려면 기준이 일관되고 상호 독립적이어야 함
공통 KPI 설정	·비교 분석의 목적에 맞는 핵심 성과 지표를 사전에 정의 ·예: 평균 처리 시간, SLA 달성률, 반복 작업률, 병목 발생 시간 등. 동일 기준이 아니면 비교의 의미가 저하됨
시각적 비교 분석 수행	·병렬 대조 분석을 통해 대조 그룹간 실행 패턴을 직관적으로 분석
차이의 원인 분석	·차이가 나는 부분은 다른 분석 기능을 추가적으로 활용하여 수치상의 차이만 확인하는 것이 아니라, 그 차이를 유발하는 구조적 요인(리소스 분배, 승인 경로, 담당자 정책 등)을 함께 분석해야 함
개선 전략 수립	·성과가 우수한 집단의 실행 흐름을 벤치마킹하여, 다른 그룹에도 유사한 실행 조건을 적용하는 방안 검토 ·단순한 복제가 아닌 맥락 이해가 중요

🔍 **KEY TAKEAWAY**

'병렬 대조 분석'은 다음 기능을 제공한다.

▶ 두 개 이상의 프로세스 집단이나 조건을 동일 기준에서 병렬 비교하여 차이를 시각적으로 식별한다.

▶ 단순 수치 비교를 넘어 프로세스 흐름, 처리 시간, 병목 구간, 예외 발생 패턴 등을 함께 분석한다.

▶ 부서·지역 간, 고객 유형 간, 제품군 간 등의 성과 차이를 데이터 기반으로 파악하고 모범 사례를 식별한다.

▶ 신규 시스템 도입 전후의 변화나 정책 변경 효과를 직관적으로 비교 검증한다.

▶ 비교 그룹은 명확하게 정의하고, 동일한 KPI를 설정해야 분석의 신뢰도가 높아진다.

▶ 차이가 확인되면 원인을 구조적으로 분석하여 리소스, 경로, 정책 등 개선 요인을 도출한다.

▶ 성과가 우수한 집단의 실행 흐름을 벤치마킹하되, 단순 복제가 아닌 상황과 맥락을 반영한다.

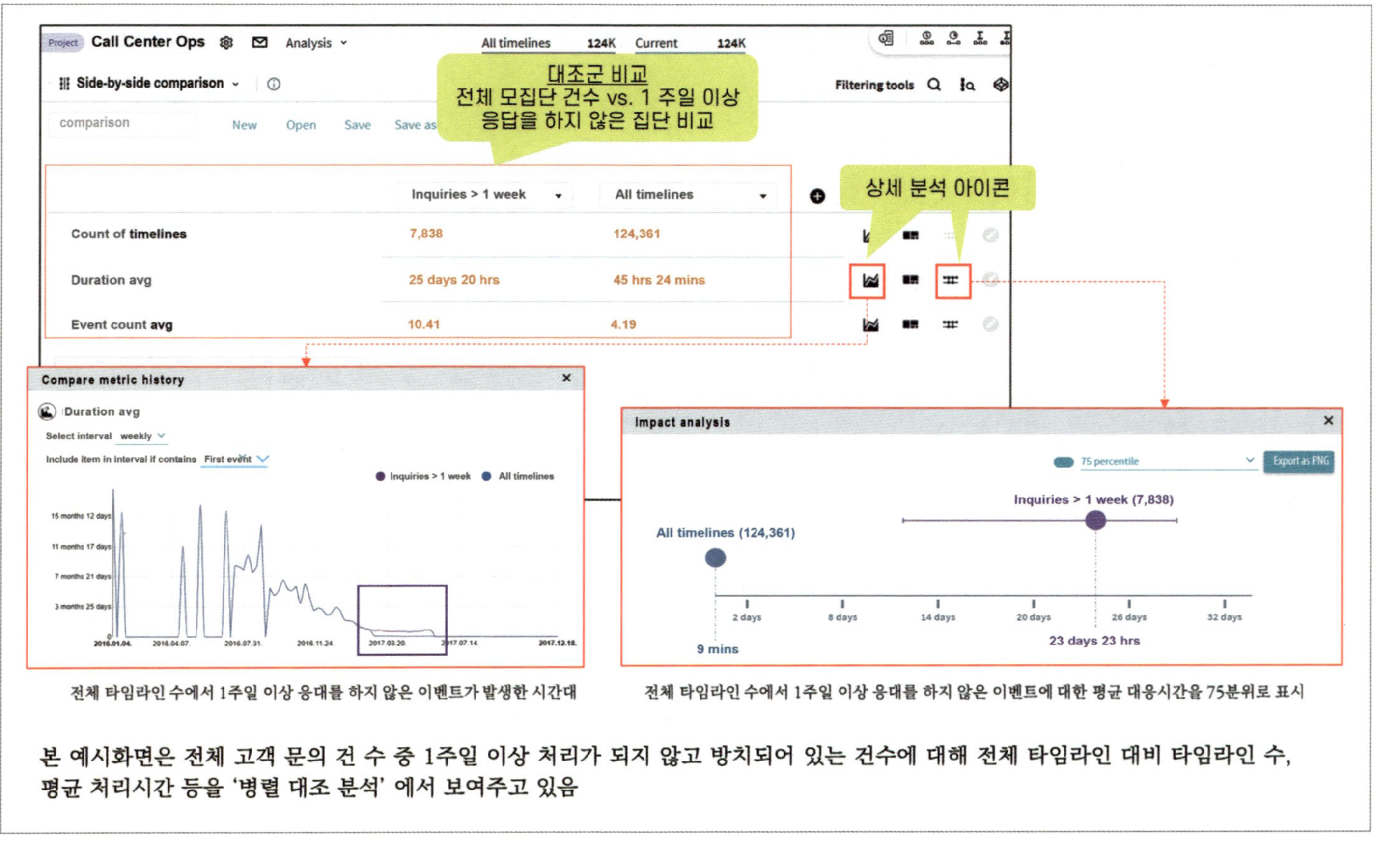

본 예시화면은 전체 고객 문의 건 수 중 1주일 이상 처리가 되지 않고 방치되어 있는 건수에 대해 전체 타임라인 대비 타임라인 수, 평균 처리시간 등을 '병렬 대조 분석' 에서 보여주고 있음

[그림 IV-25] '병렬 대조 분석' 화면 예시

4.16 '대시 보드'

'대시보드'는 특정 목표나 비즈니스 프로세스와 관련된 주요 성과 지표를 쉽게 볼 수 있도록 합니다.

대부분의 프로세스 마이닝의 대시보드는 차트, 지표, 히스토그램, 정적 데이터 등 다양한 옵션을 표시할 수 있으며, 필요시 특정 타임라인에 대해 더 깊이 있는 분석을 하거나, 서로 다른 매개변수로 결합하여 분석의 범위를 다양하게 할 수 있습니다.

'대시보드'는 프로젝트 내 모든 타임라인에 대한 정보를 고려하여 전체 프로세스 통계를 표시하며, 이를 통해 사용자는 문제 영역을 심층적으로 분석하고 프로세스의 비효율성 및 병목 현상을 식별할 수 있습니다.

이러한 전략적 대시보드는 조직 내 여러 수준의 관리자들에게 유용하며, 의사 결정자가 비즈니스의 건강과 기회를 모니터링하는 데 필요한 빠른 개요를 제공합니다.

기본 또는 사용자 정의로 구성한 대시보드를 사용하면 비즈니스 파트너나 다른 조직 부서와 다양한 프로세스 통계를 쉽게 공유할 수 있는데, 이 경우 대시보드에 대한 접근을 안전하게 제공할 수 있으며, 다른 사용자가 무엇을 볼 수 있을지 완전히 제어할 수 있습니다.

또한 대시보드는 프로젝트 데이터에 접근해서는 안 되는 사람들과 성과 통계를 공유하고자 할 때 매우 유용합니다.

(1) 필요성

각각의 프로세스 분석 기능들이 특정 관점에서의 깊이 있는 분석을 제공하는 반면, 실제 프로세스 운영에서는 여러 지표들 간의 연관성과 전체적인 상황을 종합적으로 파악하여 신속한 판단을 내려야 하는 경우가 많으며, 이를 위해서는 복잡한 분석 결과를 직관적이고 실행 가능한 형태로 요약하여 제시하는 통합 인터페이스가 필수적입니다. '대시보드'는 다양한 프로세스 마이닝 분석 기능들로부터 도출된 핵심 인사이트와 성과 지표를 통합하여 실시간 의사결정을 지원할 수 있습니다.

- **다차원 성과 지표의 통합적 모니터링:** 처리 시간, SLA 준수율, 병목 발생, 예외 처리율 등 서로 다른 관점의 지표들을 단일 화면에서 종합적으로 관찰
- **실시간 상황 인식과 신속한 대응 체계 구축:** 프로세스 상태 변화를 즉시 감지하고 임계 상황 발생 시 자동 알림을 통해 즉각적인 개입을 가능하게 함
- **계층별 맞춤형 정보 제공:** 운영 담당자, 팀 리더, 경영진 등 각 계층의 관심사와 권한에 맞는 차별화된 정보를 효율적으로 제공
- **추세 기반 전략적 의사결정 지원:** 단기적 변동과 장기적 추세를 구분하여 전술적 조치와 전략적 계획 수립을 동시에 지원
- **성과 관리와 책임 체계의 투명성 확보:** 각 부서나 팀의 성과를 공정하고 투명하게 비교할 수 있는 객관적 기준과 시각화 수단 제공

(2) 언제 유용한가?

'대시보드'는 프로세스 상태를 지속적으로 모니터링하고 데이터 기반의 신속한 의사결정이 필요한 모든 운영 환경에서 핵심적인 역할을 수행합니다. 특히 KPI를 기반으로 다양한 이해관계자 간의 정보 공유가 필요한 상황에서 가장 효과적으로 활용됩니다.

- **일일 운영 관리와 실시간 모니터링:** 운영 관리자나 팀 리더가 부서별 프로세스 흐름과 병목 현황을 추적하여 즉각적인 조치 결정
- **SLA 기반 서비스 관리:** 현재 SLA 충족률을 목표 대비 지속적으로 추적하고 위반 위험 시 자동 경고를 통해 선제적 대응
- **경영진 보고와 성과 리뷰:** 핵심 성과 지표와 추세를 대시보드로 집약하여 정기적인 경영 보고나 성과 평가 회의에서 활용
- **위기 상황이나 예외 상황 관리:** 시스템 장애, 업무량 급증, 인력 부족 등 비정상 상황에서 전체 상황을 한눈에 파악하고 대응 우선순위 결정
- **다부서 협업 프로젝트 관리:** 여러 부서가 관련된 복잡한 프로세스에서 각 부서의 기여도

   왜 프로세스 마이닝인가?

와 전체 진행 상황을 투명하게 공유 보고

(3) 실무 적용 포인트

'대시보드'를 실무에서 효과적으로 활용하기 위해서는 사용자의 역할과 의사결정 패턴에 맞는 정보 구성과 시각화 방식을 설계하고, 단순한 수치 표시를 넘어서 실행 가능한 인사이트를 제공하는 것이 중요합니다.

특히 알림과 경고 기능을 통해 수동적 모니터링에서 능동적 관리로 전환하고, 대시보드를 통해 발견된 이상 징후나 개선 기회를 즉시 상세 분석으로 연결할 수 있는 드릴다운 체계를 구축하는 것이 핵심입니다.

[표 IV-22] '대시보드' 실무 적용 예

항목	설명
목표 KPI 선정	조직의 핵심 관리 지표(SLA, 처리량, 병목 시간 등)를 명확히 정의해야 함
사용자 맞춤 설계	부서별/직책별로 대시보드 구성을 달리할 수 있으며, 권한 기반 필터링 가능
위젯 구성 전략	시계열, 막대형, 원형, 트리맵 등 다양한 시각화 방식 선택 가능
실시간 연동 설정	이벤트 로그가 수집되는 주기에 따라 대시보드의 업데이트 주기도 자동 조정 가능
알림 및 경고 설정	SLA 하락, 병목 급증, 예외 흐름 비율 상승 등 임계값 기반 자동 경고 설정 가능

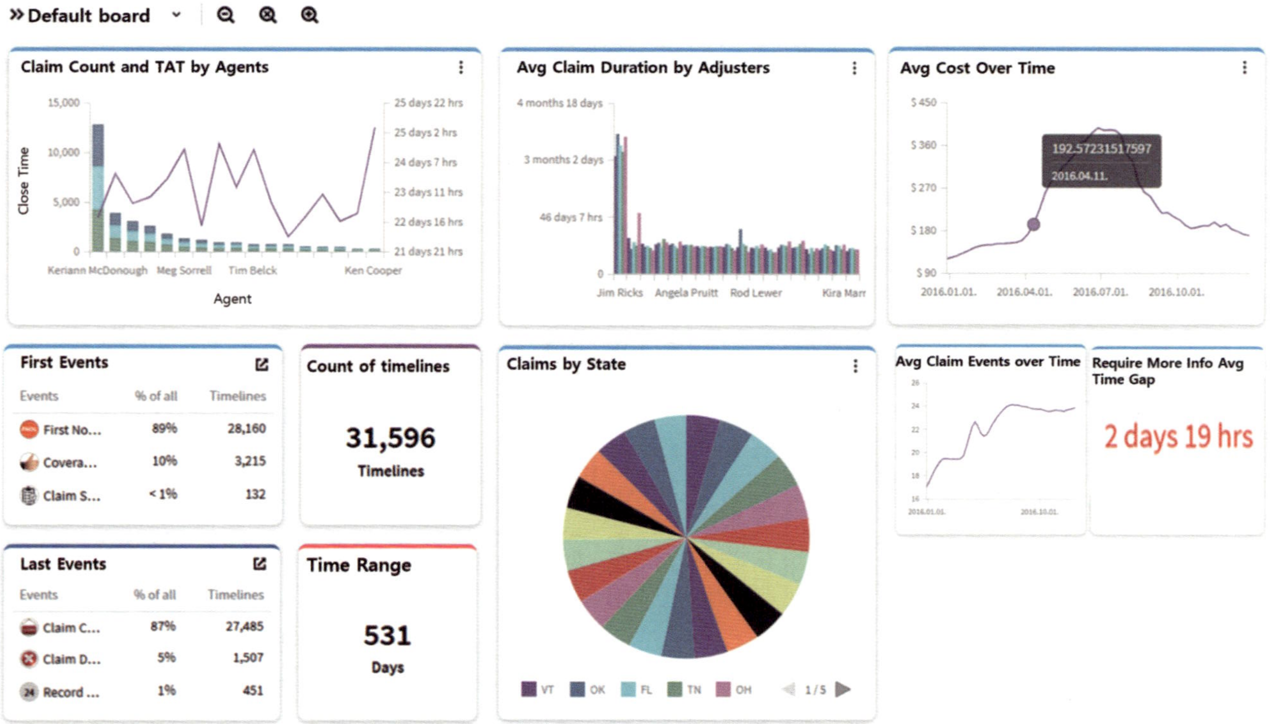

대부분의 프로세스 마이닝 제품은 대시보드 커스터마이징 기능을 제공

[그림 IV-26] '대시보드' 예시 화면

'대시 보드'는 다음 기능을 제공한다.

▶ 특정 목표나 비즈니스 프로세스와 관련된 주요 성과 지표(KPI)를 한 화면에서 직관적으로 확인할 수 있도록 구성한다.

▶ 다양한 분석 결과(타임라인 분석, 워크플로우 분석, 병목 분석, 기한 분석, 예측 분석 등)를 통합하여 실시간으로 제공한다.

▶ 지표 간 상관관계와 흐름을 동시에 비교·관찰함으로써 이상 징후나 리스크를 조기에 식별한다.

▶ 운영 관리자, 프로젝트 리더, 경영진 등 사용자별 맞춤 구성이 가능하며, 권한 기반 필터링을 통해 데이터 접근을 제어한다.

▶ SLA, 처리량, 병목 시간 등 핵심 KPI의 변화 추이를 지속적으로 추적하여 성과 기반 운영 체계를 강화한다.

▶ 경고 임계값을 설정하여 SLA 하락, 병목 급증, 예외 흐름 비율 상승 등 주요 위험 상황을 자동 알림으로 발송한다.

▶ 실시간 데이터 연동과 시각화 위젯(차트, 트리맵 등) 구성을 통해 신속한 의사결정을 지원한다.

5

프로세스 마이닝 어떻게 진행할 것인가?

디지털 전환이 조직 전반에 걸쳐 빠르게 확산되고 있는 오늘날, 단순한 시스템 구축만으로는 경쟁력을 확보하기 어려워졌습니다. 이제는 기술을 실제 업무 흐름에 효과적으로 연결하고, 운영 성과를 지속적으로 개선할 수 있는 실행 기반의 접근이 필수적입니다. 이러한 실행 중심 전략의 핵심에 바로 '프로세스 마이닝'이 있습니다.

이 기술은 과거의 '정성적 인터뷰 기반 개선' 방식의 한계를 극복하고, 데이터 기반의 정량적 개선 활동을 가능하게 해줍니다. 하지만 아무리 유망한 기술이라 해도 무작정 도입한다고 해서 원하는 효과를 얻을 수는 없으며, 제대로 된 단계별 준비와 실행 전략이 뒷받침되어야 합니다.

많은 기업들이 프로세스 마이닝에 관심을 가지면서도, 막상 도입하려고 하면 다음과 같은 질문에 부딪히곤 합니다.

- 어디서부터 시작해야 하는가?
- 어떤 데이터를 준비해야 하며, 어떤 프로세스를 분석해야 하는가?
- 처음에는 어떤 범위로 적용하고, 이후 어떻게 확산시켜야 하는가?
- 전사 확산과 내재화를 위해 어떤 체계를 갖추어야 하는가?

                                왜 프로세스 마이닝인가?

이 장에서는 바로 이러한 질문에 답하기 위해, 프로세스 마이닝을 실제 조직에 도입할 때의 전체 실행 로드맵을 단계별로 구분하여 제시합니다. 이는 단순한 이론적 설명이 아니라, 실제 기업에서의 적용을 고려한 현실적이고 구체적인 실행 항목과 조건들을 중심으로 다음의 세 가지 주요 단계로 나누어 설명합니다.

① **준비 단계:** 프로세스 마이닝 도입 전, 목적 설정, 대상 프로세스 선정, 데이터 진단, 조직 인식 제고 등 기초 기반을 마련하는 단계
② **PoC단계:** 소규모 프로세스를 실제로 분석하여 기술의 효용성과 개선 효과를 실험적으로 검증하는 단계
③ **본 프로젝트 단계:** 성공적인 PoC 결과를 바탕으로 분석 범위를 확대하고, 데이터 거버넌스 체계와 내부 역량을 구축하여 전사적 내재화와 확산을 추진하는 단계

또한, 이 장의 마지막에는 각 단계에서 반드시 고려해야 할 핵심 성공요소와 실무자 관점에서 흔히 발생하는 실패 요인도 함께 정리하여, 단계별 실행의 성공률을 높이는 전략적 통찰을 제공합니다.

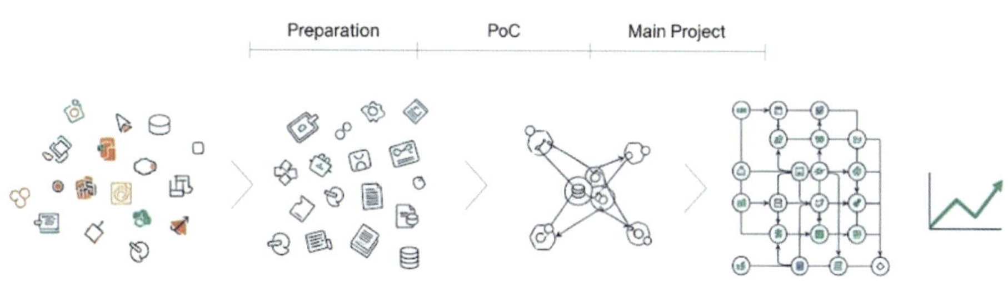

[그림 IV-27] 프로세스 마이닝 접근 전략

5.1 준비 단계: 성공적인 분석을 위한 기반 마련

프로세스 마이닝 도입의 시작은 도구 선택이나 분석 착수가 아니라, 이를 통해 해결하고자 하는 문제를 정의하고 조직과 데이터의 준비 수준을 진단하는 것에서 출발합니다. 이 단계가 견고해야 이후의 PoC와 전사 확산이 탄탄하게 이어질 수 있습니다. 특히 '우리는 이미 프로세스를 잘 알고 있다'는 조직 내 신념이나, 데이터가 존재하지만 접근되지 못하는 현실 등, 실제 도입 시 발생하는 많은 장벽들이 이 시점에 발견되고 조율되어야 합니다.

준비 단계는 다음 3가지 단계로 구성됩니다.

(1) 비즈니스 목표 정의

프로세스 마이닝은 분석을 위한 분석이 아닙니다. 도입 목적이 명확하지 않으면, 데이터만 시각화되고 실질적 개선으로 연결되지 못하는 결과를 초래할 수 있습니다. 따라서 다음의 세 가지 측면에서 목표를 명확히 해야 합니다.

첫째, 해결하고자 하는 운영 문제가 무엇인지 구체화해야 합니다. 예를 들어 '고객 클레임 처리 지연', '구매 승인 병목', '업무 반복에 따른 비용 증가' 등이 될 수 있습니다.

둘째, 이 문제 해결이 전사 전략과 어떻게 연결되는지를 정의합니다. 디지털 전환, 비용 절감, 고객 만족 향상 등 기업의 전략 목표와 프로세스 마이닝의 도입 효과를 연결 지을 수 있어야 합니다.

셋째, 기대하는 개선 성과를 정량적인 KPI로 수치화 합니다. 예를 들어 리드타임 20% 단축, SLA 달성률 95% 유지, 프로세스 비용 15% 절감 등이 될 수 있습니다.

이를 통해 프로젝트의 방향성과 경영진 보고 시의 설득력을 동시에 확보할 수 있습니다.

주요 액티비티	내용
도입 목적 구체화	· 조직 내 해결 과제 및 문제점 정의 · 현업 인터뷰 또는 VOC 분석 활용
전략적 연계성 확보	· 도입 목적이 디지털 전략, 비용 효율, 품질 향상 등 상위 전략과 연계되는지 확인
KPI 정의	· 정량적 성과 목표 수립(예: 리드타임, 처리 시간, 재작업률 등)

(2) 대상 프로세스 선정

모든 프로세스를 동시에 분석할 수는 없습니다. 따라서 초기 단계에서는 분석 가치가 높고, 데이터 확보가 가능한 프로세스를 선별하여 집중하는 전략이 필요합니다.

첫번째 기준은 데이터 접근성입니다. ERP, CRM, BPM 등 시스템 기반 프로세스로 이벤트 로그가 남아 있는지 여부가 핵심입니다.

두번째는 비즈니스 중요도입니다. 고객과 직접 연결되거나, 운영 비용에 크게 영향을 미치거나, 규제 대응에 필수적인 프로세스가 우선순위입니다.

세번째는 개선 여력입니다. 과거 내부 감사 지적, SLA 미달 기록, 반복 클레임 등 개선 신호가 명확히 존재하는 프로세스가 PoC 대상이 되기에 적합합니다.

이러한 기준에 따라 1~2개 핵심 프로세스를 우선 선정하고, 향후 확산 계획의 기반으로 삼습니다.

[표 IV-24] 대상 프로세스 선정을 위한 주요 태스크

주요 액티비티	내용
프로세스 후보 발굴	· 전사 프로세스 목록화 · 과거 감사 보고서, 운영 성과 지표 분석 활용
선정 기준 수립	· 로그 데이터 유무, 중요도, 개선 여력 기준 마련
분석 대상 확정	· PoC 적용 대상 · 1~2개 프로세스 선정 및 경영진 승인

(3) 데이터 준비 가능성 진단

프로세스 마이닝의 핵심은 이벤트 로그입니다. 하지만 단순히 데이터가 존재한다고 해서 분석이 가능한 것은 아닙니다. 데이터 구조, 품질, 추출 가능성, 통합 가능성 등 다양한 관점에서의 준비 점검이 필요합니다.

우선, 고유 식별자, 이벤트 이름, 이벤트 발생시각 이 세 가지 핵심 필드가 존재해야 하며, 이벤트 수행의 순서를 확보할 수 있어야 합니다.

다음으로, 단일 시스템 내에 모든 데이터가 있는지, 여러 시스템에서 통합이 필요한지를 파악해야 하며, 데이터 간의 연결 고리가 존재하는지를 확인해야 합니다. 예를 들어 주문 ID를 통해 발주, 입고, 결제의 흐름을 연결할 수 있는가가 중요한 조건입니다.

또한, 샘플 데이터를 통해 중복, 누락, 오류 등 품질 문제를 사전에 진단하고, IT 부서와의 협업을 통해 추출 주기 및 형식을 명확히 정의해야 합니다.

[표 IV-25] 데이터 준비를 위한 주요 태스크

주요 태스크	내용
로그 구조 진단	· 고유 식별자, 이벤트 이름, 이벤트 발생 시각 확인 · 다중 액티비티/이벤트 체크
품질 점검	· 중복, 누락, 이상값 여부 샘플링 · 이벤트 간 순서성 확인
추출 가능성 검토	· DB 또는 API를 통한 추출 가능성 확인 · 담당자 권한 및 보안 이슈 점검

(4) 조직 내 인식 제고

프로세스 마이닝 도구를 활용하여 실제 데이터를 분석한 후, 초기 설정했던 가설을 검증하고 실제 프로세스에서 발견된 문제점을 기반으로 더욱 정확하고 현실적인 목표를 재설정하는 단계입니다.

이는 프로세스 마이닝의 핵심적인 '통찰력 도출'과 '개선 기회 식별' 기능이 본격적으로 활용

왜 프로세스 마이닝인가?

되는 시점입니다.

주요 태스크	내용
교육 및 워크숍 운영	·프로세스 마이닝 개념 및 국내외 사례 교육 ·조직 맞춤형 커뮤니케이션 자료 제작
공감대 형성	·현업 인터뷰, 문제점 수렴을 위한 워크숍 운영 ·참여 유도 방식 설계
스폰서/챔피언 발굴	·분석 협력 부서 선정 ·실행력 있는 중간관리자 확보

5.2 PoC 단계: 분석 가능성과 개선 효과 검증

PoC는 단기간에 제한된 범위로 프로세스 마이닝을 적용하여 기술적 실현 가능성과 실질적 개선 효과를 검증하는 실험 단계입니다.

이 과정은 단순히 도구를 사용해 보는 것이 아니라, 실제 업무 데이터에 기반하여 구체적인 인사이트를 도출하고, 경영진의 확신과 내부 공감대를 확보하는 데 목적이 있습니다

PoC는 다음과 같이 5단계로 진행됩니다.

(1) 프로젝트 범위 및 기간 정의

PoC는 단기간 내 실질적인 결과를 도출해야 하므로, 분석 범위와 기간을 명확하게 제한해야 합니다. 예를 들어, '구매 요청 → 승인 → 발주'까지의 흐름만을 분석 대상으로 삼고, 데이터는 최근 3~6개월 이내의 것으로 한정하는 식입니다.

범위가 명확하지 않으면 분석이 산만해지고, 개선 인사이트가 약화될 수 있습니다. 또한 PoC에는 분석 담당자, IT 담당자, 현업 실무자가 공동으로 참여하는 작지만 집중된 태스크 포스 조직 구성이 효과 적입니다.

주요 태스크	내용
범위 설정	· 분석 시작/종료 지점 명확화 · 포함/제외 프로세스 명시
기간 설정	· 최근 3~6개월 데이터 범위 설정 · 계절성이나 예외 상황 고려
리소스 계획	· 프로젝트 기간 설정(예: 4~8주) · 분석/IT/업무 담당자 배정 및 일정 조율

(2) 데이터 수집 및 전처리

PoC 단계에서 가장 핵심적인 기술적 작업은 이벤트 로그 수집과 정제 작업입니다. 즉, 시스템으로부터 로그 데이터를 추출한 후, 프로세스 마이닝 도구가 인식할 수 있도록 필드명 정규화, 포맷 일치, 누락 데이터 보완 등 다양한 전처리가 필요합니다. 또한 로그 파일은 보통 CSV 또는 DB 추출 방식으로 준비됩니다.

이후 프로세스 마이닝 도구(ABBYY Timeline, Celonis 등)에 전처리된 데이터를 업로드하여 필드 매핑을 완료해야 실질적인 분석이 가능합니다.

[표 IV-28] 데이터 수집 및 전처리를 위한 주요 태스크

주요 태스크	내용
로그 수집	· ERP, CRM 등에서 이벤트 로그 추출 · 고유 식별자, 이벤트 이름, 이벤트 발생 시각 및 기타 · 분석 및 시뮬레이션에 필요한 데이터 확보
데이터 정제	· 누락/중복/이상값 제거 · 이벤트 이름 표준화 및 타임스탬프 정규화
데이터 업로드 및 매핑	· 프로세스 마이닝 도구에 데이터 업로드 · 필드별 구조 정의 및 변환 매핑 수행

(3) 프로세스 데이터 분석 및 결과 도출

이벤트 로그가 프로세스 마이닝으로 업로드되면 프로세스 마이닝 도구가 자동으로 현재 프로세스를 분석하여 시각화합니다. 이 과정에서 관리자 및 업무 담당자는 자신이 알고 있다고 생각했던 흐름과 실제 수행 방식 간의 차이를 명확히 인식하게 됩니다.

프로세스 마이닝은 병목 지점 탐지, 예외 경로 식별, SLA 위반 구간 분석을 중심으로 핵심적인 인사이트를 제공하며, 관리자는 이를 활용하여 리드타임, 처리 시간, 재작업률과 같은 주요 성과 지표를 파악하고, 결과는 프로세스 마이닝의 대시보드나 리포트 기능을 통해 정리할 수 있습니다.

[표 IV-29] 프로세스 데이터 분석 및 결과 도출을 위한 주요 태스크

주요 태스크	내용
프로세스 흐름 분석	· As-Is 프로세스 자동 시각화 · 상위(上位) 프로세스 변형, 병목 경로 확인
예외 흐름 탐색	· 재작업, 우회 경로, 누락 단계 등 규칙 외 흐름 파악
KPI 분석	· 평균 처리 시간, SLA 달성률, 예외 발생 비율 측정

A. 개선 인사이트 도출

PoC의 핵심은 단순한 분석 결과 나열에 그치지 않고, 실질적인 개선 시나리오를 제시하는 것입니다. 예를 들어 '승인 지연'이 병목이라면, 병렬 승인 방식 전환, 승인 기준 완화, RPA 연계 등의 실행 아이디어를 함께 도출해야 합니다.

또한 프로세스 마이닝의 시뮬레이션 기능을 통해 개선안을 적용했을 때 예상되는 성과를 수치로 제시하면 경영진의 설득력이 크게 향상됩니다.

[표 IV-30] 개선 인사이트 도출을 위한 주요 태스크

주요 태스크	내용
문제 원인 분석	· 병목 활동의 조건 및 책임 부서 추적 · 예외 흐름 발생 원인 정리
개선 시나리오 도출	· 병렬화, 자동화, 조건 변경 등 구체적 실행안 설계
효과 예측 및 시뮬레이션	· 개선안 적용 시 KPI 변화 시뮬레이션 · 예상 비용 절감 또는 속도 개선 수치화

B. 경영진 보고 및 확산 전략 수립

PoC 결과는 프로젝트의 다음 진행을 결정짓는 중요한 근거가 됩니다. 따라서 단순 보고서가 아니라, 경영진이 이해하기 쉬운 핵심 인사이트와 수치 중심의 요약 자료로 전달해야 합니다.

이와 함께, 분석 효과를 전사적으로 확대하기 위한 확산 전략(우선 적용 프로세스, 분석 범위, 예상 ROI 등)도 함께 정리해야 합니다.

[표 IV-31] 경영진 보고 및 확산 전략 수립을 위한 주요 태스크

주요 태스크	내용
결과 요약 및 리포팅	· 주요 문제 요약 및 개선 효과 시각화 · Before/After 중심 보고서 구성
경영진 공유	· 요약 슬라이드 구성 및 발표 세션 운영 · 기대 ROI 및 확산 타당성 제시
확산 로드맵 수립	· 전사 대상 프로세스 우선순위 정리 · 향후 프로젝트 일정 및 조직 체계 설계

5.3 본 프로젝트 단계: 전사적 확산 및 내재화

본 프로젝트 단계는 단순히 분석 프로세스를 반복하는 것이 아니라, 프로세스 마이닝을 조직의 일상적 의사결정 체계와 업무 흐름 속에 통합하는 것을 목표로 합니다. 이를 통해 분석 결과가 일회성 보고서에 머무르지 않고, 실제 운영 개선과 전략적 통찰의 근거로 자리 잡게 됩니다.

PoC를 통해 프로세스 마이닝의 유용성을 입증했다면, 이제 전사 차원의 확산과 운영 내재화 단계로 전환해야 합니다. 이 단계에서는 더 많은 프로세스를 분석하고, 분석 활동을 조직 내 표준 운영 체계로 정착시키며, 고급 기능을 적용하여 지속적인 성과 창출로 이어지도록 해야 합니다.

(1) 분석 대상 확대

PoC의 성공 이후에는 분석 대상을 전략적으로 확장하는 것이 필요합니다. 단순히 프로세스 수를 늘리는 것이 아니라, 분석 가치가 높은 프로세스를 선별하고, 점진적으로 확대 적용해야 합니다.

예를 들어, 구매 프로세스 다음으로는 고객 응대, 재고 관리, 인사 프로세스 등 전사 운영에 영향을 미치는 흐름부터 확장할 수 있습니다. 확산 시에는 데이터 접근성, 부서 협조 가능성, 개선 기대 효과 등을 고려해 우선순위를 설정합니다.

[표 IV-32] 분석 대상 확대를 위한 주요 태스크

주요 태스크	내용
확산 대상 선정	· 유사 시스템을 사용하는 부서 중심으로 분석 가능성 평가 · 각 부서의 문제점 수렴
단계별 확산 계획 수립	· 1차(핵심부서), 2차(지원부서), 3차(전사) 등 단계적 확산 로드맵 수립
확산 우선순위 조정	· 데이터 품질, 분석 가치, 내부 수용성 등을 기준으로 순위 지정

(2) 데이터 거버넌스 및 자동화

분석이 반복되려면 매번 수작업으로 데이터를 준비하는 방식에서 벗어나야 합니다. 이를 위해서는 이벤트 로그 수집의 자동화와 데이터 표준화가 필수입니다.

예를 들어, ERP 시스템에서 발생하는 이벤트를 정해진 주기마다 자동 추출하고, 통합 스키마에 맞게 정제하여 저장하는 방식이 필요합니다

또한 부서 간 용어 차이, 필드 이름의 불일치, 포맷 불균형 등도 전사적 데이터 표준을 통해

해소해야 합니다.

[표 IV-33] 데이터 거버넌스 및 자동화를 위한 주요 태스크

주요 태스크	내용
자동 수집 체계 설계	· 로그 자동 추출을 위한 스크립트 또는 API 연동 · 저장 주기와 형식 정의
데이터 스키마 표준화	· 전사 공통 필드 정의(예: 고유 식별자, 이벤트 코드 등) · 명명 규칙 및 포맷 정리
품질 검증 체계 운영	· 이상값 탐지, 누락 경고 시스템 구축 · 분석 전 사전 유효성 검사 로직 운영

(3) 분석 결과 기반 운영 개선

분석이 의미 있으려면 결과가 실제 운영 개선으로 이어져야 합니다.

이를 위해 분석 결과를 바탕으로 업무 표준서 개정, 시스템 변경, 정책 수정 등 실행 조치를 취하고, 변경 이후의 성과를 지속적으로 모니터링합니다.

또한 반복적인 개선 주기를 만들기 위해서는 정기적인 분석, 효과 검증, 피드백 수렴의 지속적 개선 루프가 필요합니다.

[표 IV-34] 운영 개선을 위한 주요 태스크

주요 태스크	내용
운영 개선 실행	· 분석 인사이트 기반으로 정책/업무 흐름 변경 · 시스템 자동화 또는 조건 설정 반영
개선 효과 모니터링	· KPI 변화 대시보드 구축 · 개선 전후 비교 리포트 작성
피드백 루프 운영	· 실무자 의견 수렴 채널 운영 · 지속적 개선 요청 및 이슈 관리 체계화

   왜 프로세스 마이닝인가?

(4) 사내 역량 내재화

지속 가능한 분석 체계를 만들기 위해서는 외부 컨설턴트 의존에서 벗어나, 내부 인력 중심의 운영 체계를 구축해야 합니다. 이를 위해 전담 조직 구성, 사용자 교육, 분석 가이드 제작 등이 필수입니다.

또한 분석에 관심과 역량이 있는 내부 구성원을 '프로세스 챔피언'으로 육성하여, 자발적인 개선 문화를 유도할 수 있습니다.

[표 IV-35] 사내 역량 내재화를 위한 주요 태스크

주요 태스크	내용
전담 조직 구축	· PI[42] 및 프로세스 분석 전담 팀 구성 · 분석, 자동화, 전략 등 역할 분담 명확화
사용자 교육 운영	· 기본/심화 과정 운영 · 워크숍 및 실습 중심 커리큘럼 구성
분석 가이드 제작	· 데이터 추출, 분석 절차, KPI 정의 등을 포함한 표준 매뉴얼 문서화

(5) 고도화

마지막 단계에서는 단순 프로세스 분석을 넘어, 예측 분석, 시뮬레이션, 디지털 트윈 등 고급 기능을 활용한 전략적 운영 체계로 발전해야 합니다. 예를 들어, SLA 위반 가능성을 사전에 예측하고, 경보를 통해 사전 대응하는 방식이 이에 해당합니다.

또한 다수의 프로세스를 실시간으로 감시하고 이상 흐름을 탐지하는 '프로세스 트윈'을 구축함으로써, 분석에서 실행까지의 사이클을 최소화할 수 있습니다.

---

42) Process Intelligence(프로세스 인텔리전스)는 기업 내에서 발생하는 다양한 업무 흐름과 활동 데이터를 수집·분석하여, 프로세스의 실제 실행 현황을 실시간으로 파악하고 개선을 유도하는 기술 및 전략을 말합니다.

[표 IV-36] 고도화를 위한 주요 태스크

주요 액티비티	내용
AI 기반 예측 도입	· SLA 위반, 처리 지연 등 예측 모델 설계 및 학습 · 경보 트리거 설정
시뮬레이션 기반 의사결정	· 리소스 변경, 병목 제거 등 가상 시나리오 설계 및 비교 분석
디지털 트윈 구현	· 전체 프로세스 실시간 모니터링 대시보드 구축 · 자동 경고 및 조치 로직 연계

5.4 프로젝트 마이닝 수행을 위한 체크리스트

이상으로 프로세스 마이닝 도입을 위한 준비 단계, PoC 실행, 본 프로젝트 확산에 이르기까지 각 단계별 실행 전략과 구체적인 실무 방안을 살펴보았습니다. 이 절의 내용을 바탕으로 기업 내 해당 조직은 프로세스 마이닝 도입 초기의 사전 점검에서부터 분석 실행, 전사 확산 및 고도화에 이르기까지 전체 여정을 체계적으로 계획하고 수행할 수 있는 기준을 갖출 수 있을 것입니다.

아래에서는 이 장의 핵심 내용을 다시 정리하고, 각 단계를 성공적으로 수행하기 위한 체크리스트를 제시합니다.

[표 IV-37] 프로세스 마이닝 수행을 위한 단계별 체크리스트

구분	핵심 과업	주요 체크 항목	확인여부
1. 준비 단계	도입 목적 정립 및 사전 기반 마련	· 프로세스 마이닝 도입 목적이 명확히 정의되어 있는가? · 분석 대상 프로세스가 비즈니스 중요도 및 데이터 접근성을 기준으로 선정되었는가? · 이벤트 로그의 3대 요소(고유 식별자, 이벤트 이름, 이벤트 발생 시각)가 확보 가능하고 추가적인 분석 항목이 도출되었는가? · 관련 부서와 협업 구조가 마련되어 있는가? · 조직 내 인식 제고 활동이 사전에 이루어졌는가?	□ 예 □ 아니오
2. PoC 단계	파일럿 분석을 통한 가치 검증	· 분석 범위와 기간이 명확하게 정의되었는가? · 이벤트 로그가 성공적으로 추출 및 정제되었는가? · 프로세스 마이닝 내 업로드 및 필드 매핑이 정확히 이루어졌는가? · 병목, 예외 흐름 등 주요 인사이트가 도출되었는가? · 개선 아이디어 및 효과 예측이 포함된 보고서가 작성되었는가? · 경영진 대상 결과 공유 및 피드백이 수행되었는가?	□ 예 □ 아니오
3. 본 프로젝트 단계	전사 확산 및 운영 내재화	· 분석 대상 프로세스가 단계별로 확장되고 있는가? · 이벤트 로그 수집 및 품질 관리가 자동화되었는가? · 분석 결과가 실제 운영 개선에 반영되고 있는가? · 사내 프로세스 마이닝 담당 조직 또는 담당자가 지정되었는가? · 사용자 교육과 분석 가이드라인이 마련되어 있는가? · 시뮬레이션, 예측 등 고급 기능 확장이 고려되고 있는가?	□ 예 □ 아니오

디지털 전환 시대에 많은 기업이 막대한 투자를 했음에도 불구하고 비효율에 직면하는 근본적인 원인은 실제 업무 프로세스를 정확히 파악하지 못하기 때문입니다.

이러한 문제의 해결책으로 프로세스 마이닝 기술이 대두되고 있습니다. 프로세스 마이닝은 기업의 IT 시스템에 기록된 이벤트 로그 데이터를 기반으로 실제 업무 진행 과정을 자동으로 시각화하고 정량적으로 분석하는 기술로, 문서화된 절차와 실제 실행 과정 사이의 숨겨진 간극을 드러내어 병목 현상, 재작업, 지연 요인 등을 명확히 식별할 수 있게 합니다.

프로세스 마이닝은 초기 1세대에서 단순한 프로세스 발견과 분석에 초점을 맞추었지만, 2세대로 발전하면서 AI와 머신러닝을 접목한 프로세스 인텔리전스 플랫폼으로 진화하여 실시간 모니터링, 미래 예측, 가상 시뮬레이션을 통한 선제적 의사결정까지 지원하는 능동적 혁신 도구가 되고 있습니다.

프로세스 마이닝이 제공하는 주요 분석 기능으로는 프로세스 전체 구조를 즉시 파악하는 프로세스 경로 보기, 경로별 성능을 정량 분석하는 경로 분석, 개별 케이스를 시간 축으로 추적하는 타임라인 분석이 있습니다. 또한 성과 지표의 시간적 변화를 추적하는 지표 히스토리 분석, 병목 구간을 식별하는 병목 분석, 속성별 성과 차이를 비교하는 세분화 분석 등도 핵심 기능입니다.

더 나아가 미래 상태를 예측하는 예측 분석, 개선 시나리오를 사전 검증하는 시뮬레이션, 서로 다른 그룹을 체계적으로 비교하는 병렬 대조 분석과 같은 고급 기능들이 있으며, 이 모든 분석 결과를 통합하여 실시간 의사결정을 지원하는 대시보드가 전체 시스템을 완성합니다.

결론적으로 프로세스 마이닝은 단순한 데이터 분석 도구를 넘어, 기업이 정량적 데이터를 기반으로 의사결정하고 지속적 개선을 추진하여 디지털 전환을 성공적으로 이끌어 나가는 데 필수적인 경영 도구입니다.

[그림 IV-28] 프로세스 마이닝 요약

태스크 마이닝:
보이지 않는 비효율성을
찾아내는 현미경

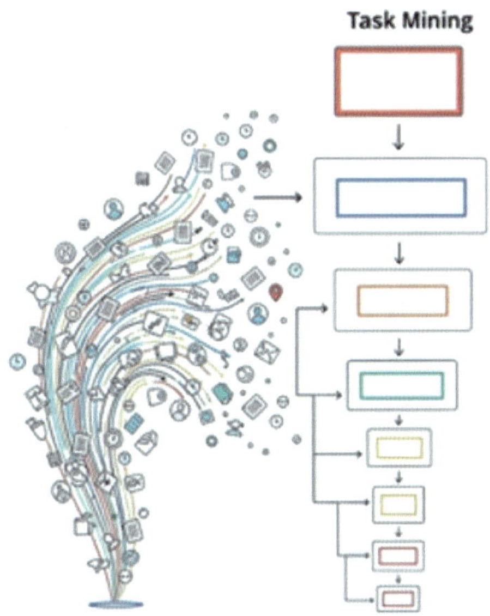

프로세스 마이닝이 기업 전체의 복잡한 비즈니스 프로세스 흐름을 항공 사진처럼 넓게 조망한다면, 태스크 마이닝은 개별 직원이 수행하는 업무의 세밀한 행동과 패턴을 현미경으로 들여다보듯 분석합니다.

예를 들어, 프로세스 마이닝이 '주문 처리 프로세스 전체가 어떻게 흘러가는가?'를 보여 준다면, 태스크 마이닝은 '주문 입력 담당자가 어떤 애플리케이션을 어떤 순서로 클릭하고, 각 단계에서 얼마나 시간을 소비하며, 어떤 실수를 반복하는가?'와 같은 사람 중심의 미시적 업무 행태를 드러냅니다.

태스크 마이닝은 단순히 프로세스의 '무엇What'을 넘어 '어떻게How'와 '왜Why' 특정 업무가 비효율적인지까지 분석할 수 있어, 보이지 않는 비효율성과 자동화 도입 기회를 발견하는 데 결정적 역할을 합니다. 따라서, 이를 프로세스 마이닝과 함께 활용할 경우 업무 최적화와 디지털 전환을 위한 깊이 있는 인사이트를 제공합니다.

Mining inshts
Start
Data Entry
Processing
Approval
End
Mining inshts

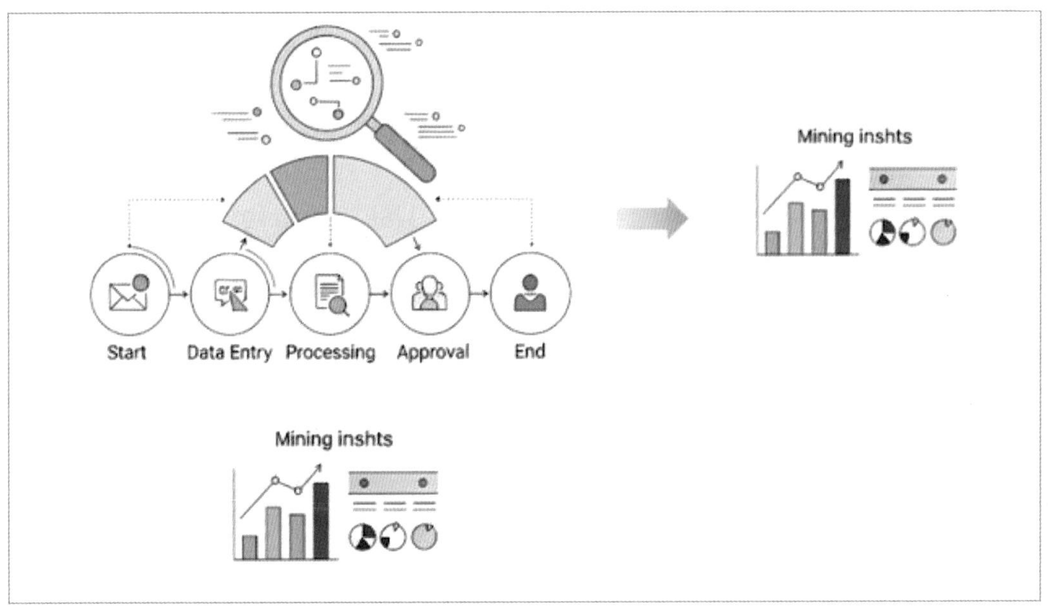

[그림 V-1] 태스크 마이닝

1

태스크 마이닝 개요:
"업무 효율성 혁신의 새로운 지평"

태스크 마이닝은 직원들의 실제 업무 수행 방식을 상세하게 분석하여 숨겨진 비효율성을 찾아내고 생산성을 극대화하는 혁신적 기술입니다. 기존 프로세스 분석으로는 파악하기 어려운 사람 행동 기반의 업무 흐름을 정량적으로 시각화하여, 경영자와 관리자의 데이터 기반 의사결정을 지원합니다.

본 절에서는 태스크 마이닝의 핵심 개념과 비즈니스 가치를 설명합니다.

1.1 '태스크 마이닝', 왜 지금 주목받고 있는가?

디지털 전환 시대에 많은 기업이 자동화를 통한 효율성 향상을 추구하고 있습니다. 하지만 여전히 수많은 업무가 직원의 수작업에 의존하며, 그 과정에서의 비효율성은 쉽게 파악하기 어려운 것이 현실입니다.

태스크 마이닝은 이러한 한계를 극복하는 핵심 솔루션입니다. 이는 데스크톱 활동 데이터를 통해 실제 태스크 실행 과정을 투명하게 보여 주며, 구체적인 비용 절감과 생산성 향상의 기회를 제공합니다.

1.2 '태스크 마이닝'은 '프로세스 마이닝'과 어떻게 구분되는가?

태스크 마이닝과 프로세스 마이닝은 모두 프로세스 분석을 목표로 하지만, 데이터 수집 방식과 분석 대상에서 명확한 차이를 보입니다. 이러한 차이점을 이해하는 것은 각 기술의 고유한 강점을 파악하는 데 중요합니다.

(1) 프로세스 마이닝

- **데이터 소스:** 주로 시스템 로그 데이터, 이벤트 로그 (예: ERP, CRM, BPM 시스템의 트랜잭션 기록) 활용
- **분석 초점:** 시스템 간의 프로세스 흐름, 시스템 중심의 자동화된 프로세스를 분석하고 최적화하는 데 강점이 있으며, 거시적인 관점에서 전체 프로세스 흐름을 파악하는 데 적합
- **주요 분석 결과:** 프로세스 변형, 병목 현상, 재작업, 표준 프로세스와의 불일치 등을 식별

(2) 태스크 마이닝

- **데이터 소스:** 사용자의 데스크톱 상호작용 데이터(예: 마우스 클릭, 화면 캡처, 복사 및 붙여넣기 등)를 직접 캡처 및 분석
- **분석 초점:** 사람의 개입이 많은 수작업 프로세스, 개별 작업자의 활동, 데스크톱 기반의 업무 흐름을 상세하게 분석하고 개선하는 데 강점이 있으며, 미시적인 관점에서 작업자 수준의 비효율성을 발견하는 데 적합

즉, 프로세스 마이닝이 '무슨 일이 일어났는가What happened'를 프로세스 관점에서 분석한다면, 태스크 마이닝은 '어떻게 일이 수행되는가How it happened'를 사용자 관점에서 상세하게 분석하는 것으로 요약할 수 있습니다.

[표 V-1] 프로세스 마이닝과 태스크 마이닝 차이

구분	태스크 마이닝	프로세스 마이닝
데이터 소스	· 사용자 상호작용 데이터 예: 마우스 클릭, 키보드 입력, 애플리케이션 사용 시간, 화면 캡처 등	· 시스템 로그 데이터, 이벤트 로그 예: ERP, CRM, BPM 시스템 등의 이벤트 타임라인 기록
분석 초점	· 개별 작업자의 활동 · 데스크톱 기반 업무 흐름의 미시적 분석	· 시스템 간의 프로세스 흐름, 거시적인 관점에서 전체 프로세스 흐름을 파악하는 데 적합
핵심 질문	· '어떻게' 수행되는가?(How it happened?)	· '무슨' 일이 일어났는가?(What happened?)
주요 발견	· 불필요한 반복 작업 · 비효율적인 애플리케이션 전환 · 수작업 오류 · 개인별 작업 편차 · 비가시적 유휴 시간 등	· 프로세스 변형, 병목 등 비효율적 요소 · 전체 프로세스 병목 현상 · 시스템 간 재작업 · 표준 프로세스와의 불일치 등
주요 개선 기여	· RPA 대상 업무 발굴 · 업무 표준화 · 직원 생산성 향상 · 특정 태스크 효율화 등	· 전체 프로세스 최적화 시스템 통합 필요성 진단 · 거시적 병목 해결

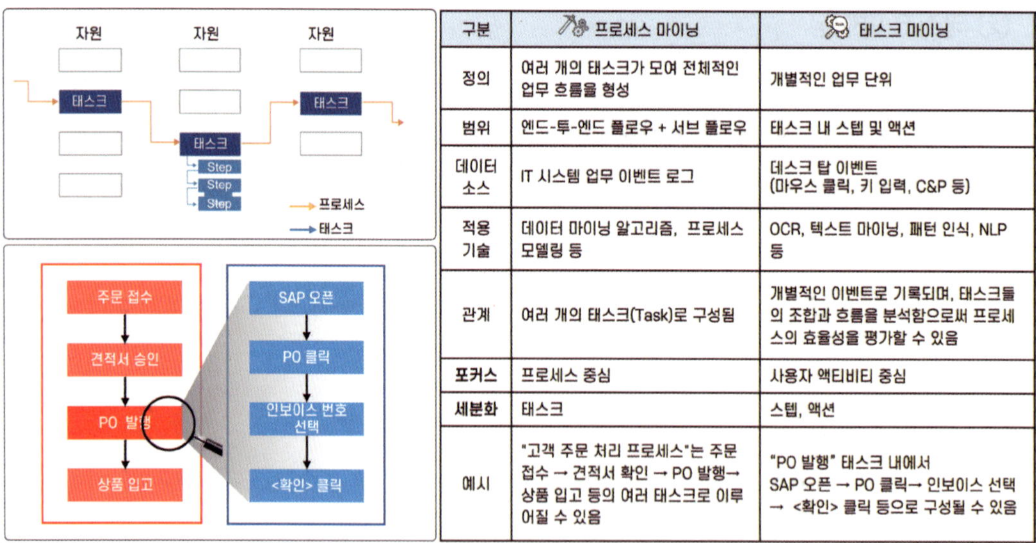

구분	프로세스 마이닝	태스크 마이닝
정의	여러 개의 태스크가 모여 전체적인 업무 흐름을 형성	개별적인 업무 단위
범위	엔드-투-엔드 플로우 + 서브 플로우	태스크 내 스텝 및 액션
데이터 소스	IT 시스템 업무 이벤트 로그	데스크 탑 이벤트 (마우스 클릭, 키 입력, C&P 등)
적용 기술	데이터 마이닝 알고리즘, 프로세스 모델링 등	OCR, 텍스트 마이닝, 패턴 인식, NLP 등
관계	여러 개의 태스크(Task)로 구성됨	개별적인 이벤트로 기록되며, 태스크들의 조합과 흐름을 분석함으로써 프로세스의 효율성을 평가할 수 있음
포커스	프로세스 중심	사용자 액티비티 중심
세분화	태스크	스텝, 액션
예시	"고객 주문 처리 프로세스"는 주문 접수 → 견적서 확인 → PO 발행 → 상품 입고 등의 여러 태스크로 이루어질 수 있음	"PO 발행" 태스크 내에서 SAP 오픈 → PO 클릭 → 인보이스 선택 → <확인> 클릭 등으로 구성될 수 있음

[그림 V-2] 프로세스 마이닝과 태스크 마이닝 관계

  왜 프로세스 마이닝인가?

태스크 마이닝을 이용하면 관리자는 현장에서 실제 어떤 방식으로 업무가 수행되는지를 객관적으로 파악할 수 있으며, 불필요한 반복 업무, 비효율, 오류 패턴 등을 매우 쉬운 방법으로 정량적으로 이해할 수 있습니다.

1.3 '태스크 마이닝'과 '프로세스 마이닝' 통합을 통한 시너지 창출

태스크 마이닝과 프로세스 마이닝은 각각 강력한 분석 도구이지만, 이 둘을 결합하면 기업 프로세스에 대한 이해도를 극대화하고 최적의 개선 전략을 수립할 수 있습니다. 두 기술의 시너지는 전사적 관점에서 프로세스를 완벽하게 파악하는 데 필수적 역할을 합니다.

- **전체 프로세스에 대한 360도 시야 확보**

  프로세스 시스템 로그 데이터와 태스크 마이닝의 사용자 데스크톱 활동 데이터를 결합하여 엔드투엔드 프로세스에 대한 완전한 가시성을 확보할 수 있을 뿐 아니라 프로세스 이벤트 간의 흐름과 사용자 활동을 모두 파악함으로써 숨겨진 비효율성을 총체적으로 발견 가능

- **정확한 자동화 기회 발굴**

  프로세스 마이닝으로 자동화 가능 영역을 식별하고, 태스크 마이닝으로 해당 영역의 개별 수작업 태스크를 상세히 분석하여 자동화에 적합하고 ROI가 높은 부분을 정확히 찾아낼 수 있음(예: 시스템 간 데이터 전송 지연을 프로세스 마이닝으로 발견하고, 그 원인이 직원의 반복적 수기 입력임을 태스크 마이닝으로 확인하여 RPA 자동화 추진)

- **문제 해결의 근본 원인 파악**

  시스템상의 병목 현상이나 오류가 발생했을 때, 그 원인이 시스템 자체의 문제인지 아니면 직원의 업무 방식에서 기인하는 것인지를 정확하게 구분하여 근본적인 해결책 마련

이 가능함

- **지속적인 프로세스 개선 문화 구축**

  두 기술을 함께 활용함으로써 기업은 끊임없이 변화하는 비즈니스 환경 속에서 프로세스의 현재 상태를 정확히 진단하고, 개선 방안을 실행하며, 그 효과를 검증하는 지속적인 프로세스 개선문화 구축이 가능함

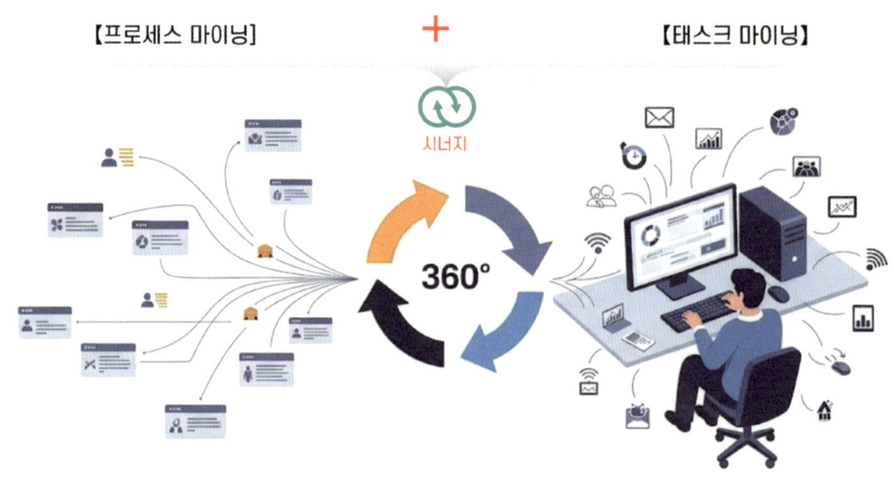

[그림 V-3] 프로세스 마이닝과 태스크 마이닝 통합을 통한 시너지 효과

1.4 '태스크 마이닝'의 핵심 가치:
"현장 업무의 투명성과 미시적 통찰력"

태스크 마이닝은 시스템 로그만으로는 파악하기 어려운 개별 직원의 구체적인 작업 방식과 그 안의 비효율성을 명확히 드러내 줍니다. 특히 사람의 손을 거치는 데스크톱 업무에 대한 깊이 있는 통찰력을 제공합니다.

태스크 마이닝이 제공하는 핵심 가치는 다음과 같습니다.

왜 프로세스 마이닝인가?

- **비가시적 업무의 가시화**

  시스템에 기록되지 않는 애플리케이션 전환, 복사/붙여넣기, 데이터 입력 방식 등 미시적 활동들을 데이터로 캡처하여 가시화

- **숨겨진 비효율성 식별**

  예상보다 긴 실제 소요 시간과 불필요한 반복 작업, 잦은 오류, 비효율적인 시스템 사용 패턴 등을 정확히 식별하여 개선 기회 발굴

- **직원별 업무 방식 분석 및 표준화 기회 발굴**

  직원별 업무 처리 방식의 차이를 분석하여 가장 효율적인 모범 사례를 식별하고, 이를 바탕으로 업무를 표준화하여 전체적인 효율성 향상에 기여

- **자동화 잠재력의 정량적 평가**

  반복적이면서 규칙적인 수작업 태스크를 명확히 식별하고, 자동화 도입 시 예상되는 시간 및 비용 절감 효과를 수치로 제시하여 자동화 투자에 대한 명확한 근거 제공

- **실질적인 직원 생산성 향상**

  직원의 업무를 감시하는 것이 아닌, 직원 스스로 비효율을 인지하고 개선하도록 돕는 데이터 기반의 피드백을 제공하며, 이를 통해 불필요한 작업에서 벗어나 더 가치 있는 업무에 집중하고 만족도를 높일 수 있게 함

[그림 V-4] 태스크 마이닝: 보이지 않는 사용자 액티비티를 가시화

▶ 태스크 마이닝은 직원 데스크톱 활동 분석을 통해 숨겨진 업무의 비효율성을 파악할 수 있다.

▶ 프로세스 마이닝은 시스템 로그 기반, 태스크 마이닝은 사용자 데스크톱 데이터 기반으로 하며 각각의 분석 초점이 다르다.

▶ 두 기술 통합 시 전체 프로세스 가시성 확보, 정확한 자동화 기회 발굴, 근본 원인 파악이 가능하다.

▶ 태스크 마이닝은 비가시적 업무 가시화, 숨겨진 비효율성 식별, 업무 표준화, 자동화 잠재력 정량화, 직원 생산성 향상에 기여한다.

2

태스크 마이닝 핵심 기능:
"사용자 행동 기반의 미시 분석"

태스크 마이닝은 사용자의 실제 데스크톱 활동을 깊이 있게 분석하고 시각화하여, 시스템 로그로는 파악하기 어려운 업무의 미시적 흐름과 비효율성을 밝혀내는 독보적 기능들을 제공합니다.

본 절에서는 태스크 마이닝의 구체적인 기능들과 업무 프로세스 개선 기여 방안을 살펴보겠습니다.

2.1 상세 활동 캡처 및 데이터 전처리:
"현장 데이터의 생생한 포착"

태스크 마이닝의 시작은 직원의 데스크톱에서 발생하는 모든 상호 작용을 정밀하게 기록하는 것입니다. 이 데이터는 이후 분석에 적합한 형태로 만들기 위해 전처리 과정을 거치게 됩니다.

- **비침해적 데스크톱 활동 기록:** 사용자의 업무 처리를 방해하지 않도록 백그라운드에서

마우스 클릭, 키보드 입력, 애플리케이션 사용 시간, 웹사이트 방문 등의 컴퓨터 사용 패턴을 자동으로 기록 → 직원의 일상 업무 흐름에 전혀 영향을 주지 않으면서도 정확한 업무 행태 분석을 위한 기초 자료로 활용

- **레코딩 정책 유연성:** 필요에 따라 사용자가 데스크톱에서 실행하는 태스크의 녹화 시작/종료 시점, 스크린-샷 포함 여부, 특정 애플리케이션/URL 포함 또는 제외 등 다양한 데스크톱 '레코딩 정책(템플릿)'을 설정 (예: 민감한 개인 정보가 포함될 수 있는 애플리케이션은 기록에서 제외 등) → 사용자 상호작용 데이터 수집 정책을 유연하게 함

- **컨텍스트 정보 및 스크린샷 캡처:** 단순한 활동 기록을 넘어, 특정 행동이 발생한 화면의 스크린-샷을 캡처하여 사용자가 화면에서 수행한 행위에 대한 더 많은 컨텍스트 정보 제공 → 분석가가 업무 과정을 깊이 이해하는 데 필수적임

- **민감 정보 자동 필터링/익명화:** 법적 및 개인 정보 보호를 위해 개인정보 보호를 위해 화면의 모든 텍스트 정보, 스크린샷, 특히 입력 필드와 관련된 데이터를 자동으로 흐리게 처리하거나 삭제 가능 → 민감한 정보가 분석 데이터에 포함되지 않도록 보장

- **중앙집중식 레코더 관리:** 기업의 방대한 사용자 데스크톱 활동 데이터를 효율적으로 수집하기 위한 핵심 기능 → 관리자는 중앙 시스템을 통해 레코딩 내용의 배포, 설정, 관리를 통합적으로 수행하며, 민감 정보 보호 정책을 일괄 적용하고 확장성 있는 데이터 수집 인프라를 구축할 수 있게 함

- **로그 검토 및 전송 제어:** 수집된 모든 로그(사용자 세션)는 클라이언트 PC에 저장되며, 분석을 위해 태스크 마이닝 분석 플랫폼으로 전송되기 전에 관리자가 직접 로그를 검토하고 승인할 수 있음 → 고객의 데이터 보안 우려를 해소하고, 시스템에 적재할 데이터를 정확히 제어할 수 있게 함

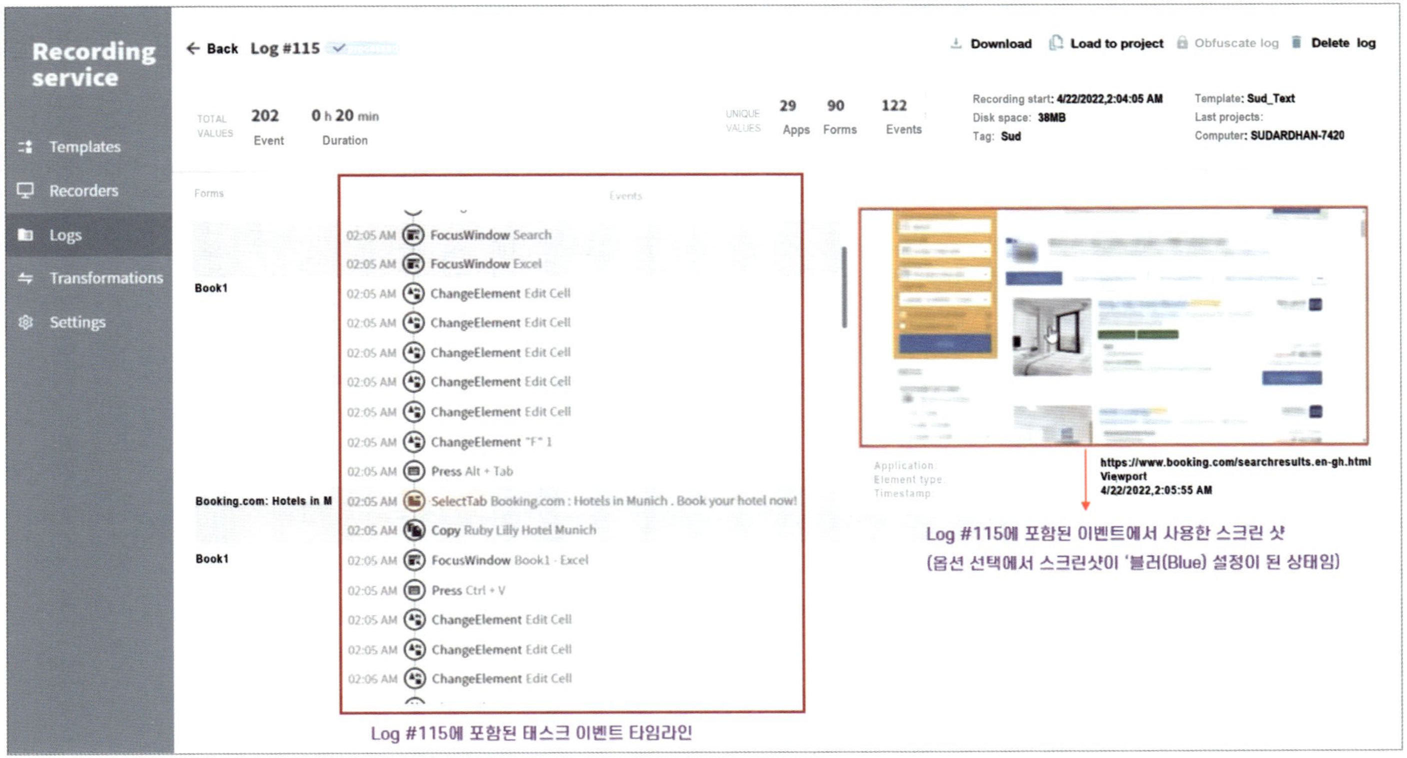

[그림 V-5] 태스크 마이닝 레코더를 통해 기록된 로그 예시 화면

태스크 마이닝은,

▶ 직원 데스크톱상의 모든 상호작용을 정밀하게 기록하여 분석 데이터로 활용한다.

▶ 백-그라운드에서 마우스 클릭, 키보드 입력, 애플리케이션 사용 시간, 웹사이트 방문 등 활동을 비침해적으로 자동 기록한다.

▶ 레코딩 정책을 유연하게 설정해 시작 · 종료 시점, 스크린샷 포함 여부, 특정 애플리케이션 · URL의 포함/제외를 정의할 수 있다.

▶ 특정 작업 화면을 스크린-샷으로 캡처하여 분석에 필요한 사용자 활동 컨텍스트 정보를 제공한다.

▶ 법적 · 개인 정보 보호를 위해 화면 텍스트, 스크린-샷, 입력 필드 데이터를 자동으로 흐리거나 삭제해 민감 정보를 제거할 수 있다.

▶ 중앙집중식 레코더 관리로 모든 기록 장치를 통합적으로 제어한다.

▶ 로그는 클라이언트 PC에 저장 후, 관리자 검토 · 승인 절차를 거쳐 분석 시스템으로 전송해 데이터 보안과 정확성을 확보한다.

2.2 지능형 태스크 식별 및 분류

수집된 방대한 활동 데이터는 의미 있는 분석을 위해 논리적인 '태스크' 단위로 식별되고 분류되어야 합니다. 태스크 마이닝은 고급 알고리즘과 유연한 설정 기능을 활용하여 개별 활동들을 하나의 완성된 태스크 단위로 묶어 냅니다.

- **자동 머신러닝 기반 태스크 분할:** 머신러닝을 활용하여 유사한 작업 패턴을 찾아 방대한 활동 흐름을 논리적인 태스크 단위로 자동 분할 → 이 과정에서 정확히 동일한 패턴이 아니더라도 충분히 일치한다면 반복 가능한 작업으로 간주하여 분석에 활용
- **수동 태스크 정의 및 수정:** 필요한 경우 사용자가 특정 활동 순서를 수동으로 정의하여 논리적인 태스크로 명명하고 시작 및 종료 시간 설정이 가능 → 자동 식별된 태스크를 수정하거나 새로운 태스크를 정의할 때 유용
- **계층적 데이터 구조화:** 수집된 활동 데이터를 애플리케이션 수준, 양식 수준(웹 페이지 또는 애플리케이션 창), 제어 수준(버튼, 텍스트 상자 등)으로 계층적으로 구조화 → 분석가가 원하는 수준에서 업무의 흐름과 상호작용을 상세히 이해할 수 있게 함
- **시뮬레이션:** 식별된 자동화 대상 태스크를 자동화할 경우 예상되는 시간 절약, 오류 감소, 비용 절감 효과를 정량적으로 시뮬레이션 → 자동화 투자에 대한 명확한 근거를 제공
- **유연한 태스크 범위 정의:** 특정 단계의 포함 또는 제외, 특정 양식의 필수 포함 여부 등을 설정 가능 → 복잡한 병렬 프로세스 작업이나 예외적인 업무 흐름까지도 유연하게 태스크로 정의할 수 있음

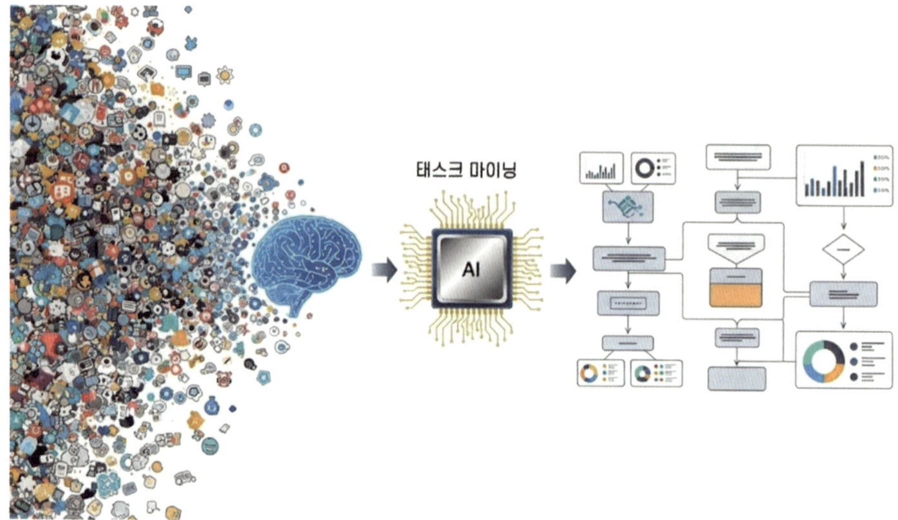

[그림 V-6] 태스크 마이닝 역할

🔍 **KEY TAKEAWAY**

지능형 태스크 식별 및 분석은,

▶ 방대한 활동 데이터를 '의미 있는 업무 단위(태스크)'로 식별·분류하여 분석 가능성을 극대화한다.

▶ 머신러닝 기반 자동 분할로 유사 작업 패턴을 효율적으로 그룹화한다.

▶ 필요시, 수동 정의 및 수정 기능을 통해 분석 목적에 맞는 맞춤형 태스크 구성을 가능하게 한다.

▶ 쿼리 인터페이스로 애플리케이션·양식·제어 수준의 세부 분석을 가능하게 한다.

▶ 계층적 데이터 구조화를 통해 자동화 시 기대효과(시간·비용·오류 절감)를 정량적으로 예측할 수 있게 한다.

▶ 유연한 태스크 범위 설정으로 복잡·예외 흐름까지 포괄적으로 분석 가능하게 한다.

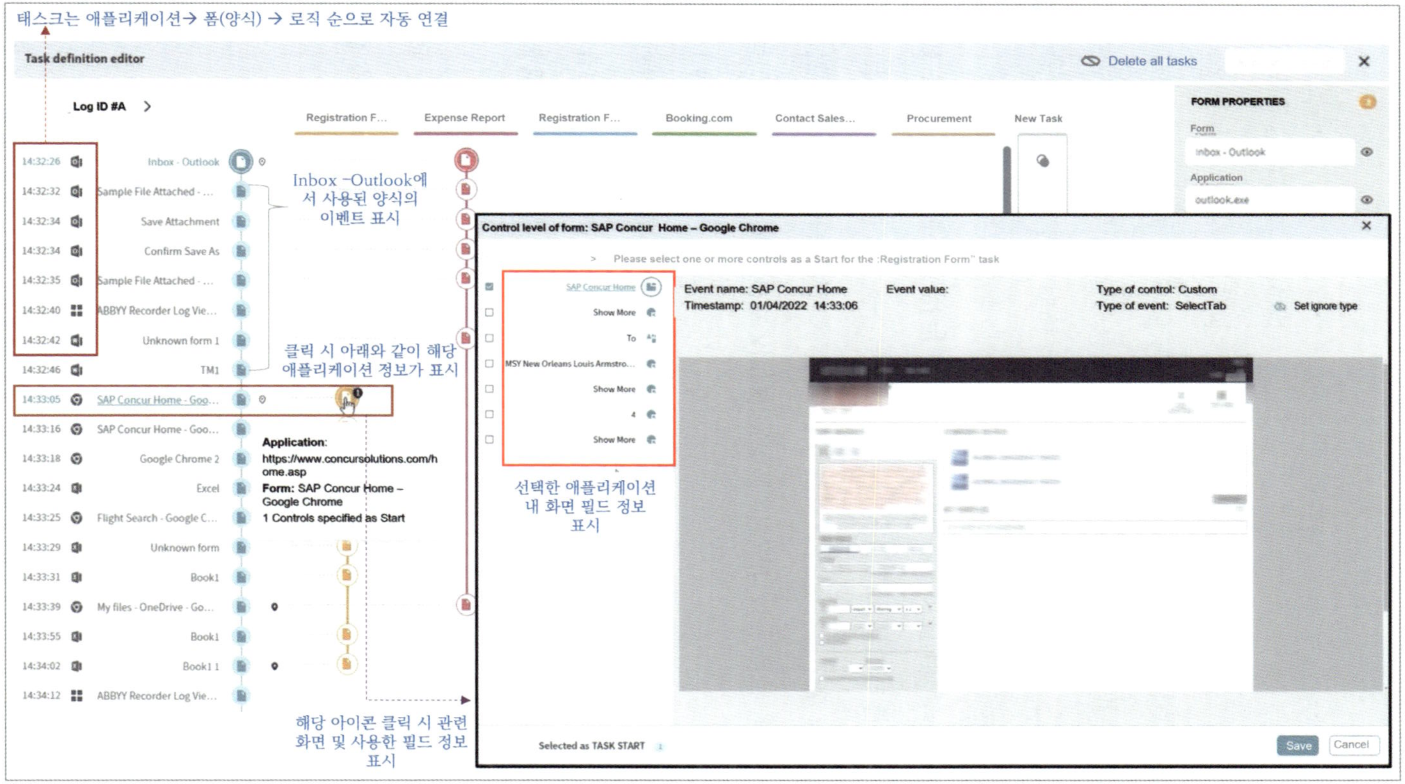

[그림 V-7] 태스크 정의 및 로그 상세 정보 확인 화면 예시

2.3 태스크 분석 및 비효율 진단
"문제점의 가시화"

태스크 마이닝은 단순히 업무를 보여 주는 것을 넘어, 각 태스크 실행 결과를 정량적으로 분석하고 비효율적인 지점(병목 현상)을 정확하게 진단합니다. 이는 데이터 기반의 개선 우선순위 설정에 핵심적인 역할을 합니다.

- **태스크별 성과 지표 비교:** 경과 시간(전체 시간 대비 특정 태스크 소요 시간), 이벤트 수 등 다양한 지표 제공 → 각 태스크의 효율성을 비교하고 비효율적인 태스크를 식별하는 데 활용

- **자동화 대상 태스크 식별 및 예상 ROI 분석:** 각 태스크의 자동화 난이도(복잡성)를 0(가장 쉬움)부터 1(가장 어려움)까지 수치화하여 보여 줌 → 태스크에 영향을 미치는 애플리케이션의 수, 작업 수행 방식의 변형 정도 등에 기반하며, 자동화 프로젝트의 복잡성과 구현 주기 예측에 활용

- **가치 이득(Gain)-복잡성 매트릭스 시각화:** X축에 이득 값(시간 절감 등)을, Y축에 자동화 난이도(복잡성)를 표시하는 차트를 통해 어떤 태스크를 우선적으로 자동화해야 할지 시각적으로 추천 → RPA 등 자동화를 위한 정량적 의사결정 가이드로 활용

- **시간 소요 분석(애플리케이션/양식 수준):** 특정 애플리케이션 내의 특정 양식에서 시간을 정확히 어디에 소요했는지에 대한 상세 정보 제공 → 업무 흐름 내의 미시적인 병목 현상이나 비효율적인 UI 사용 패턴 식별 가능

- **프로세스 스키마 및 경로 뷰:** 계층적 드릴다운 분석 기능을 통해 애플리케이션 간의 전환 흐름(프로세스 스키마)과 특정 태스크를 완료하는 모든 다양한 변형 경로를 시각화 → 자동화 엔지니어에게 실제 자동화 구축을 위한 가이드를 제공(스크린샷 정보까지 포함하여 더 풍부한 컨텍스트를 제공함)

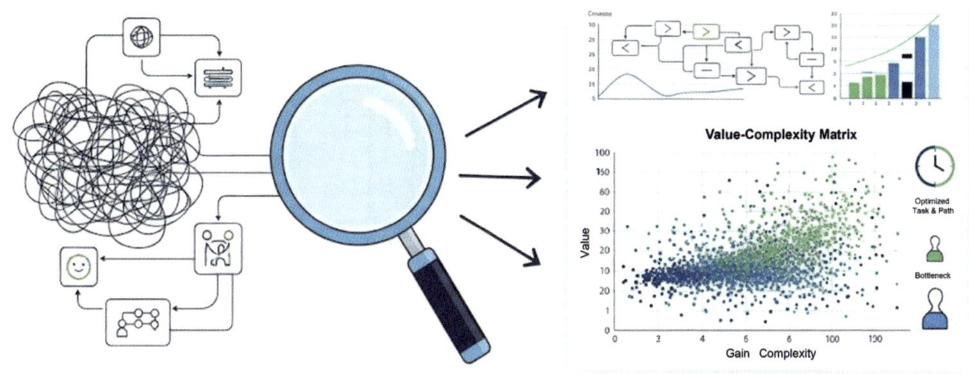

[그림 V-8] 태스크 마이닝: 애플리케이션 분석 및 시각화

▶ 태스크 마이닝은 단순 시각화를 넘어 태스크별 성능을 정량적으로 분석하여 병목 현상을 정확히 진단한다.

▶ 태스크별 성과 지표(경과 시간, 로그 적용률, 이벤트 수 등)를 비교하여 비효율 태스크를 식별한다.

▶ 자동화 난이도와 ROI 분석을 통해 자동화 우선순위를 데이터 기반으로 도출한다.

▶ 가치-복잡성 매트릭스로 최적의 자동화 대상을 직관적으로 추천한다.

▶ 시간 소요 분석으로 애플리케이션 · 양식 수준의 미시적 병목과 비효율 패턴을 파악한다.

▶ 프로세스 스키마와 경로 뷰를 통해 실제 자동화 구현을 위한 상세 경로와 컨텍스트를 제공한다.

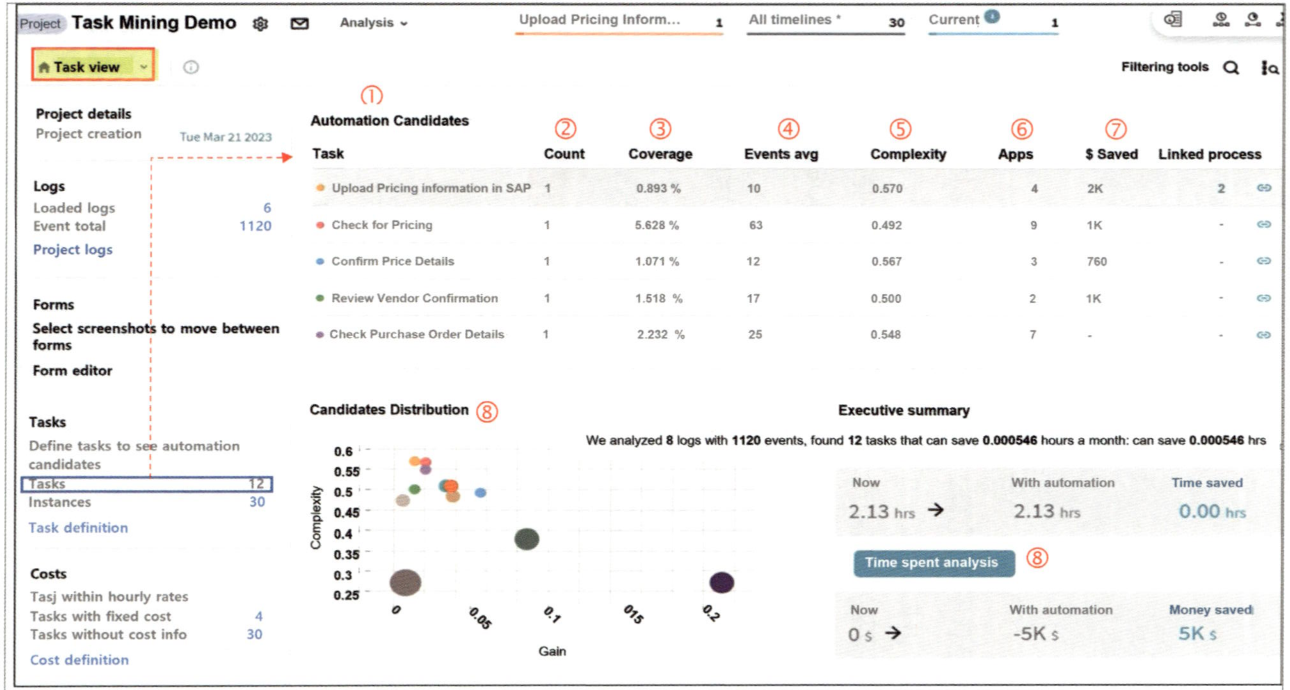

① 자동화 대상 태스크
② 식별된 태스크 수
③ 전체 로그 기록된 전체 양식(form) 중 해당 태스크와 관련된 양식의 비율
④ 태스크에 포함된 평균 액션 (예: 버튼 클릭, 탭 오픈 등) 수
⑤ 태스크 복잡성 (태스크 변형, 양식 수, 포함된 애플리케이션 등을 기준으로 결정)
⑥ 태스크를 실행할 때 사용된 애플리케이션 수
⑦ 태스크 자동화를 통해 절감될 수 있는 금액
⑧ 자동화 대상 분포 (Complexity가 낮고 Gain이 큰 태스크를 우선적으로 자동화
⑨ 자동화를 통해 절감할 수 있는 시간 및 비용

[그림 V-9] 자동화 대상 태스크 식별 및 관련 정보 제공 화면 예시

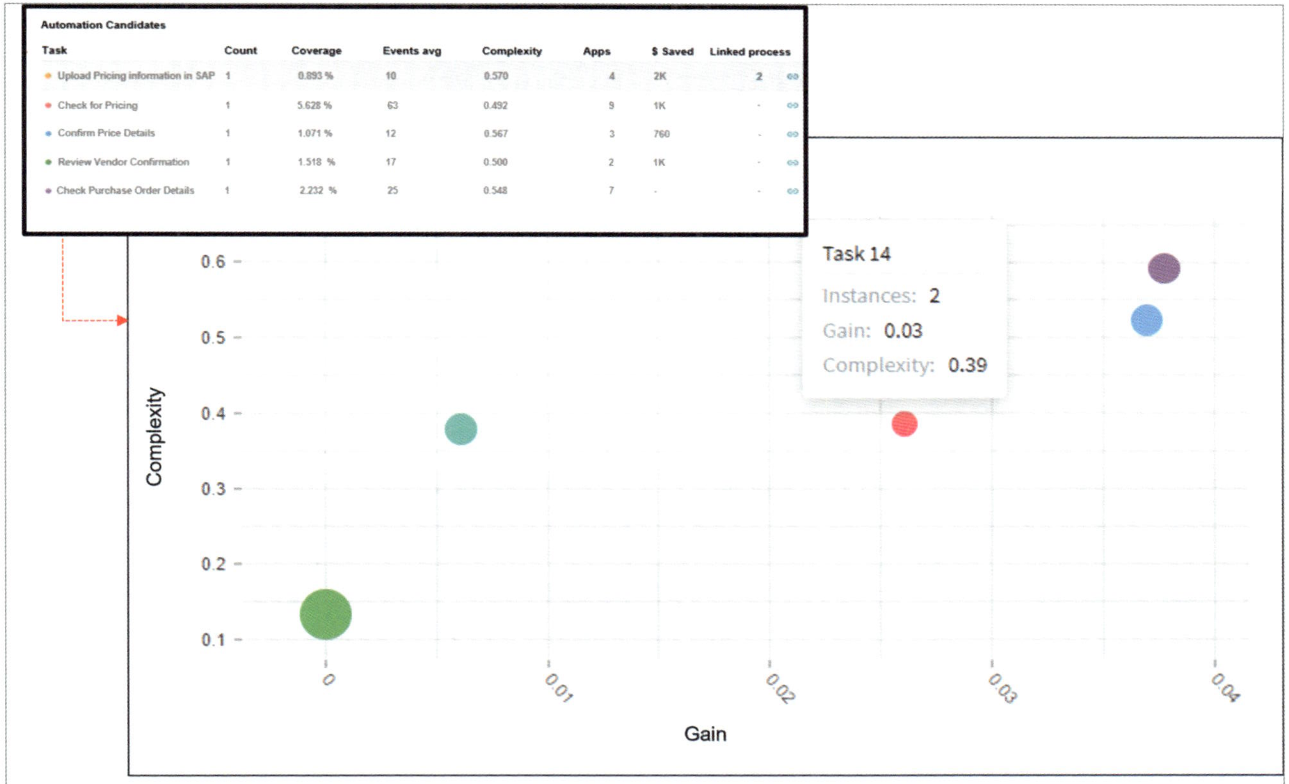

Task	Count	Coverage	Events avg	Complexity	Apps	$ Saved	Linked process
Upload Pricing information in SAP	1	0.893 %	10	0.570	4	2K	2
Check for Pricing	1	5.628 %	63	0.492	9	1K	-
Confirm Price Details	1	1.071 %	12	0.567	3	760	-
Review Vendor Confirmation	1	1.518 %	17	0.500	2	1K	-
Check Purchase Order Details	1	2.232 %	25	0.548	7	-	-

- Gain (가치 이득) : 태스크 완료에 걸리는 시간에 따라 Gain) 값이 정해지면, Gain 값이 클수록 자동화로 얻는 혜택이 커짐
- Complexity (복잡성) : "태스크에는 여러 변형이 있을 수 있음 (서로 다른 애플리케이션을 사용할 수도 있고, 양식 (form)의 수 역시 다양할 수 있음) → 이러한 요소들의 조합이 '태스크의 복잡성(complexity)'을 결정
- 원 크기: 로그 파일에서 발생하는 태스크 빈도 – 원 크기가 클수록 태스크의 발생 빈도가 높음
- 색상: 앞의 자동화 대상 태스크로 식별된 각 태스크에 대한 매트릭스 위치

[그림 V-10] 자동화 대사 태스크 분포도(이득-복잡도 매트릭스) 화면 예시

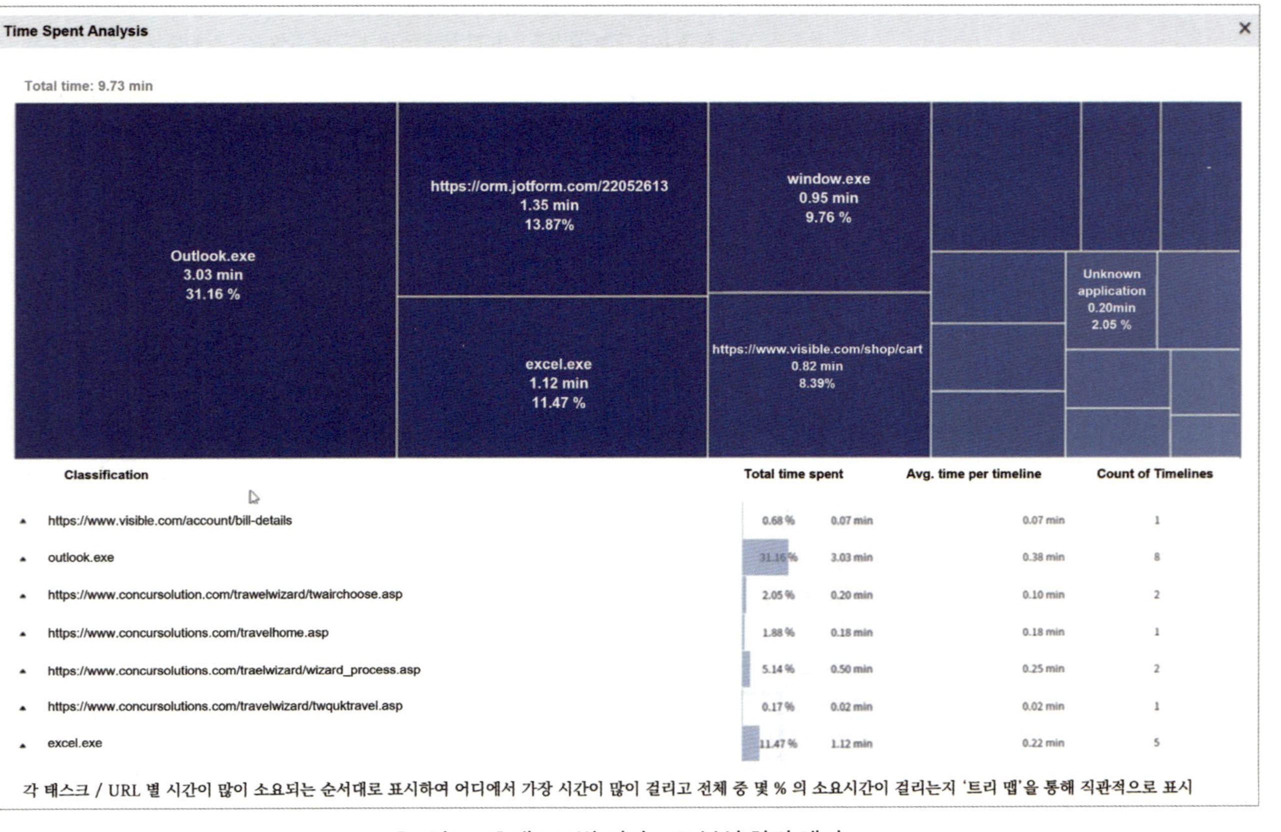

Classification	Total time spent		Avg. time per timeline	Count of Timelines
https://www.visible.com/account/bill-details	0.68 %	0.07 min	0.07 min	1
outlook.exe	31.16 %	3.03 min	0.38 min	8
https://www.concursolution.com/trawelwizard/twairchoose.asp	2.05 %	0.20 min	0.10 min	2
https://www.concursolutions.com/travelhome.asp	1.88 %	0.18 min	0.18 min	1
https://www.concursolutions.com/traelwizard/wizard_process.asp	5.14 %	0.50 min	0.25 min	2
https://www.concursolutions.com/travelwizard/twquktravel.asp	0.17 %	0.02 min	0.02 min	1
excel.exe	11.47 %	1.12 min	0.22 min	5

[그림 V-11] 태스크별 시간소요 분석 화면 예시

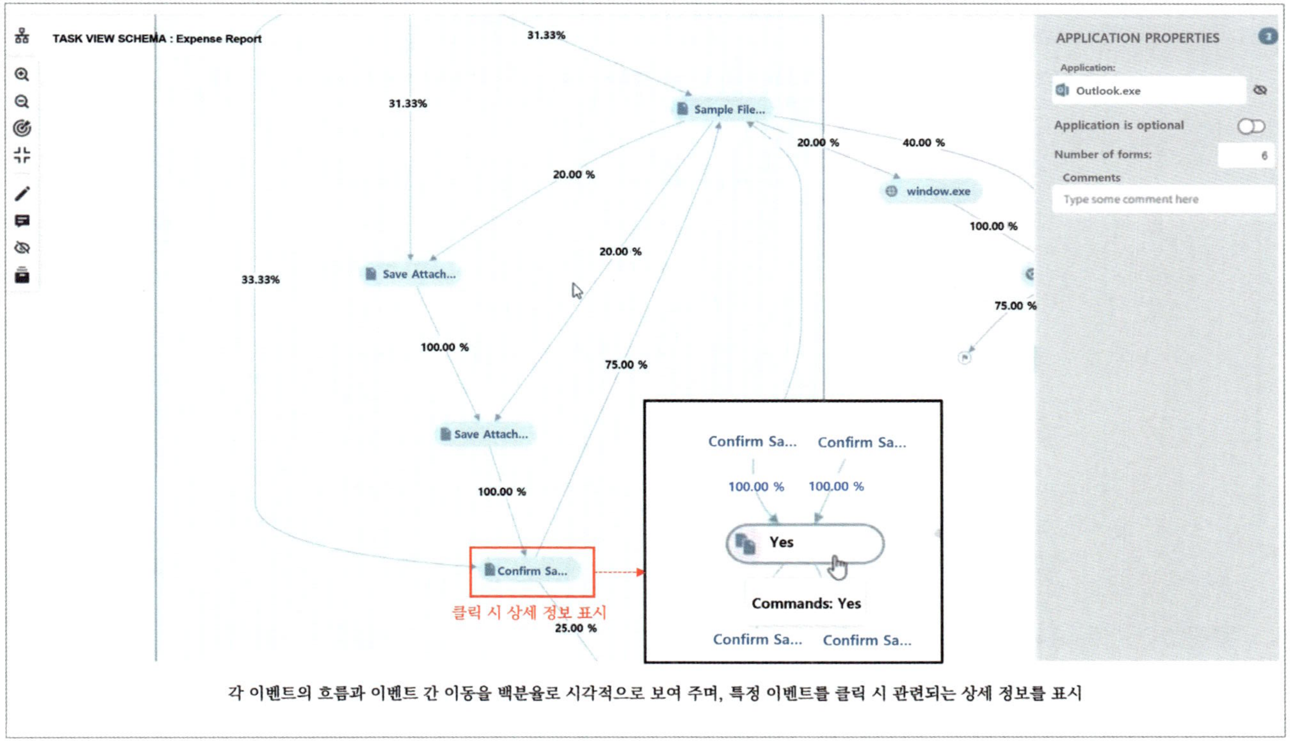

[그림 V-12] 태스크 스키마 표시 화면 예시

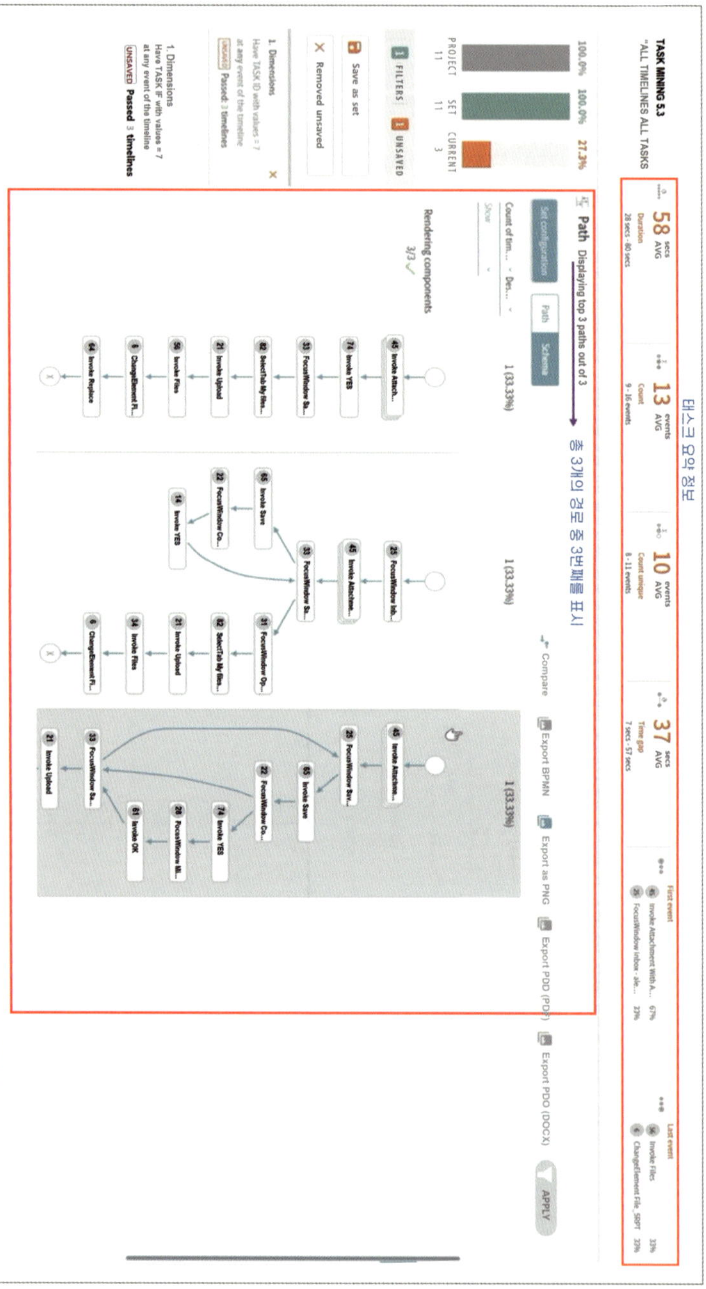

태스크 요약 정보 표시와 함께, 태스크 경로를 분석하여 발견된 변형 경로 수를 표시하고 가장 많이 사용되는 경로 순으로 이벤트의 흐름을 보여 줌

[그림 V-13] 태스크 경로 분석 화면 예시

태스크 마이닝 도입 전략:
"성공적인 자동화 전환을 위한 핵심"

태스크 마이닝 솔루션을 성공적으로 도입하고 그 가치를 극대화하기 위해서는 단순한 기술 도입을 넘어 전략적이고 단계적인 접근이 필수적입니다. 해결하고자 하는 비즈니스 문제를 명확히 정의하고, 가장 효과가 클 것으로 예상되는 프로세스에 초점을 맞춰야 합니다. 또한 조직 내 이해관계자들과의 투명한 소통을 통해 변화에 대한 긍정적 분위기를 조성하고, 솔루션 도입의 목적과 이점을 공유하여 직원들의 적극적 참여를 이끌어 내는 것이 중요합니다.

본 절에서는 태스크 마이닝 도입의 핵심 단계와 각 단계별 고려 사항을 설명하여 실질적인 로드맵 구축을 지원합니다.

[그림 V-14] 태스크 마이닝 도입: 단계적 접근 전략 필요

3.1 전략 수립 및 목표 정의:
"무엇을 얻고자 하는가?"

태스크 마이닝 도입의 첫 단계는 명확하고 측정 가능한 목표를 설정하는 것입니다. 이는 프로젝트의 방향성을 제시하고, 성공적인 도입의 기준점이 됩니다. 막연한 기대보다는 구체적인 비즈니스 문제 해결에 초점을 맞춰야 합니다.

- **비즈니스 문제 정의:** 어떤 업무의 비효율성을 해결하고 싶은가?(예: 특정 민원 처리 시간 단축, 재고 관리 오류율 감소, 고객 온-보딩 프로세스 가속화 등)
- **개선 목표 정량화:** 목표 달성 시 얻을 수 있는 재정적(비용 절감) 및 비재정적(생산성 향상, 직원 만족도) 이점을 구체적인 수치로 설정
- **프로젝트 범위 설정:** 초기에는 전체 업무가 아닌, 가장 큰 비효율성을 보이는 핵심 업무 또는 파일럿 프로젝트를 선정하여 시작하는 것이 성공률을 높이는 방법임
- **핵심 이해관계자 식별:** 경영진, 현업 부서 리더, IT 부서, 그리고 실제 업무를 수행할 직원 등 모든 관련 이해관계자를 식별하고 참여를 유도하여 공감대를 형성

[그림 V-15] 태스크 마이닝 도입 1단계: 전략 수립 및 목표 정의

왜 프로세스 마이닝인가?

태스크 마이닝 도입 초기단계에서는,

▶ 명확하고 측정 가능한 목표를 설정하여 프로젝트의 방향성과 성공 기준을 확립한다.

▶ 해결하고자 하는 구체적인 비즈니스 문제를 정의하여 개선 초점을 명확히 한다.

▶ 목표 달성 시의 재정적·비 재정적 이점을 수치로 정량화한다.

▶ 초기에는 핵심 업무나 파일럿 프로젝트를 범위로 설정하여 성공 가능성을 높인다.

▶ 경영진, 현업, IT, 실무자를 포함한 모든 이해관계자를 식별하고 참여를 유도한다.

3.2 데이터 수집 및 초기 분석:
"현실을 직시하다"

전략 수립 후에는 태스크 마이닝 기능을 이용하여 직원들의 데스크톱에서 발생하는 실제 활동 데이터를 수집하고, 초기 분석을 통해 현재 업무 프로세스의 '있는 그대로의 모습'을 면밀히 파악합니다. 이 단계는 시스템 로그만으로는 알 수 없었던 미시적인 비효율성이나 잠재적 개선 기회를 발견하는 데 중요합니다.

- **솔루션 배포 및 데이터 캡처:** 태스크 마이닝 레코더를 직원 데스크톱에 설치하여 모든 상호작용 활동 데이터를 캡처 → 데이터 보안 및 개인정보 보호 정책 준수(예: 민감 정보 자동 필터링/익명화, 특정 애플리케이션 녹화 제외 등) 고려 필요
- **세부 활동 데이터 전처리 및 태스크 그룹화:** ① 수집된 방대한 원시 활동 데이터(클릭, 입력, 복사/붙여넣기 등)를 분석 가능한 형태로 전처리 ② 머신러닝 또는 수동 정의를 통해 '경비 보고서 작성', '고객 정보 조회'와 같은 논리적인 태스크 단위로 그룹화(대부분의 태스크 마이닝 도구에서 자동 그룹 기능을 제공) ③ 각 활동의 UI 요소 정보(클릭된 버튼, 입력 필드 등)와 스크린샷 컨텍스트를 함께 가공하여 분석
- **초기 업무 패턴 모델 생성:** 전처리된 사용자 데스크톱 활동 데이터와 정의된 태스크를 기

반으로 현재 직원이 업무를 수행하는 실제 패턴을 시각적 모델로 생성 후, 애플리케이션 전환 흐름, 특정 양식 내에서의 사용자 행동 등 미시적인 업무 흐름 파악

- **사용자 행동 기반 비효율성 및 병목 현상 식별**

  시각화된 업무 패턴 모델과 초기 성과 분석 지표를 통해 직원의 반복적인 수작업, 잦은 애플리케이션 전환, 불필요한 유휴 시간, 비표준화된 작업 방식 및 특정 태스크 내의 미시적인 병목 현상 등을 정확히 식별(스크린샷 분석을 통해 수기 데이터 입력 오류와 같은 구체적인 비효율성의 원인도 함께 파악)

[그림 V-16] 태스크 마이닝 도입 2단계: 데이터 수집 및 초기 분석

3.3 개선 방안 도출 및 자동화 기회 탐색

"변화를 디자인하다"

초기 분석을 통해 태스크 마이닝으로 식별된 구체적인 문제점들을 바탕으로, 실질적인 개선 방안을 도출합니다(예: 자동화로 대체 가능한 업무 영역 도출).

이 단계에서는 현장 업무의 특성을 고려한 창의적인 접근과 함께 실현 가능성을 면밀히 검토해야 합니다.

- **문제점 심층 분석 및 근본 원인 파악:** 단순히 비효율이 발생한다는 것을 넘어, 직원의 데스크톱 활동 데이터(스크린샷, UI 요소 상호작용 기록 등)를 심층 분석하여 왜 그런 비효율이 발생하는지 근본적인 원인을 파악

  예: 특정 애플리케이션의 복잡한 인터페이스로 인한 사용의 어려움, 반복적인 수기 입력으로 인한 오류, 불명확한 업무 지침, 잦은 앱 전환으로 인한 시간 낭비 등을 구체적인 행

동 패턴을 통해 식별

- **세분화된 개선 방안 수립:** 발견된 문제점에 대해 직원 개개인의 업무 방식 개선, 특정 태스크에 대한 교육 강화, 데스크톱 애플리케이션 사용 편의성 증대, 그리고 RPA 도입과 같은 다양한 개선 방안을 논의하고 각각의 효과와 실현 가능성을 평가 → 태스크 마이닝 데이터는 어떤 개선 방안이 가장 효과적일지 판단하는 강력한 근거가 됨

- **RPA/자동화 잠재력의 정밀 평가:** 반복적이고 규칙적인 수작업 태스크 중 자동화 복잡성(다루는 애플리케이션 수, 변형 정도 등)이 낮은 업무를 우선적으로 식별하여 RPA 또는 다른 자동화 기술 적용 가능성을 평가 → 태스크 마이닝은 이러한 태스크들이 실제로 얼마나 자주, 어떤 패턴으로 반복되는지를 정량화하여 자동화의 효과를 예측할 수 있게 함

- **정량적 ROI 시뮬레이션 및 우선순위 설정:** 자동화 도입 시 예상되는 절감 시간, 오류 감소율, 인건비 절감 효과 등을 태스크 마이닝을 통해 정량적으로 시뮬레이션하여 투자수익률(ROI)을 명확하게 제시 → 가치는 높고 복잡성은 낮은 태스크부터 자동화를 시작하도록 우선순위를 설정하여 가장 효율적인 자동화 로드맵 구축

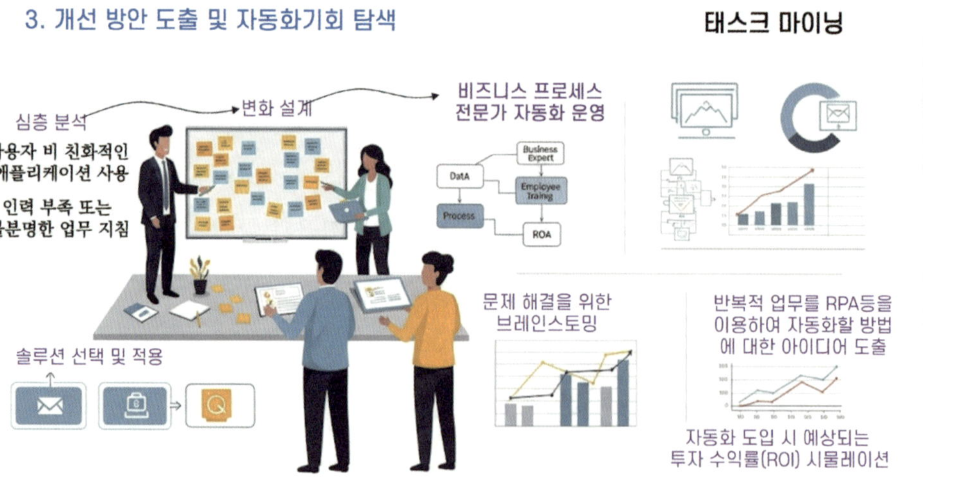

[그림 V-17] 태스크 마이닝 도입 3단계: 개선방안 설계 및 자동화 기회 식별

왜 프로세스 마이닝인가?

3.4 구현 및 지속적인 모니터링

"혁신을 현실로 만들다"

도출된 개선 방안과 자동화 기회를 실제로 구현하고, 도입 후에도 태스크 마이닝을 활용하여 모니터링하며 개선 노력을 이어 가는 것이 중요합니다. 태스크 마이닝은 일회성 프로젝트가 아닌, 현장 업무의 지속적인 혁신을 위한 핵심 도구입니다.

- **솔루션 구현 및 배포:** 개선된 업무 프로세스 또는 자동화 솔루션(예: RPA 봇)을 실제 직원들의 업무 환경에 적용(직원의 수작업 단계를 줄이거나, 애플리케이션 사용 방식을 최적화하는 등의 구체적인 변화 포함)

- **성과 측정 및 검증:** 자동화된 태스크의 실제 실행 시간, 오류율 감소, 애플리케이션 전환 감소 등 설정된 KPI를 기준으로 개선 효과를 정량적으로 측정하고 검증 → 실제 비즈니스 가치 창출 여부를 명확히 파악 가능

- **지속적인 현장 업무 모니터링:** 개선된 프로세스의 성과를 지속적으로 모니터링하고, 시간이 지남에 따라 새로운 비효율적 행동 패턴이나 예상치 못한 병목 현상이 발생하지 않는지를 지속적으로 확인 → 직원의 업무 방식 변화나 시스템 업데이트 등으로 인해 발생할 수 있는 새로운 비효율을 조기에 발견하는 데 필수적 요소임

- **데이터 기반 피드백 및 지속적 개선:** 현업 직원들의 실제 업무 경험과 피드백 그리고 태스크 마이닝이 새롭게 수집하는 데스크톱 활동 데이터를 기반으로 반복적이고 지속적인 개선 활동을 수행하여 프로세스를 최적화 → 끊임없이 진화하는 업무 환경에 맞춰 민첩하게 대응하고 생산성을 극대화 가능

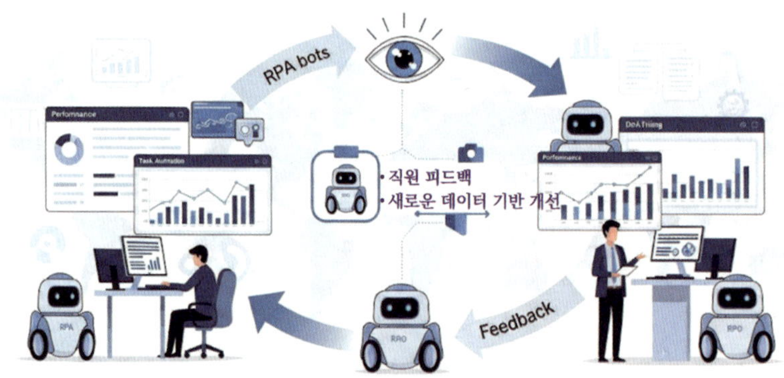

[그림 V-18] 태스크 마이닝 도입 4단계: 구현 및 지속적 모니터링

태스크 마이닝의 구현 및 지속적인 모니터링 단계에서는,

▶ 태스크 마이닝 분석 결과를 반영한 개선된 프로세스와 자동화 솔루션을 실제 업무 환경에 적용한다.

▶ KPI 기반으로 실행 시간, 오류율, 전환 횟수 등을 측정하여 개선 효과를 검증한다.

▶ 지속적으로 프로세스 성과를 모니터링하여 새로운 비효율과 병목 현상을 조기에 발견한다.

▶ 현업 피드백과 최신 활동 데이터를 반영해 프로세스를 반복적으로 개선한다.

▶ 변화하는 업무 환경에 민첩하게 대응하며 생산성을 극대화한다.

왜 프로세스 마이닝인가?

태스크 마이닝은 직원의 데스크톱에서 발생하는 모든 상호작용을 백그라운드에서 자동 기록하는 것으로 시작됩니다. 이 과정에서는 마우스 클릭, 키보드 입력, 애플리케이션 사용 패턴 등을 업무 방해 없이 수집하여 정확한 업무 행태 분석의 기초를 제공합니다.

효과적인 데이터 수집을 위해서는 조직별 요구사항에 맞는 유연한 설정 기능이 필요합니다. 관리자는 화면 레코딩 정책을 세밀하게 조정하여 기록 범위를 정의하고, 민감한 개인정보가 포함될 수 있는 애플리케이션은 사전에 제외할 수 있습니다. 아울러 단순한 활동 기록을 넘어 스크린샷을 함께 캡처하여 업무 컨텍스트 정보를 풍부하게 확보하는 한편, 법적 요구사항에 따라 민감 데이터를 자동 익명화 처리하여 데이터의 유용성과 보안성을 동시에 보장합니다.

이렇게 수집된 데이터의 체계적 관리를 위해 모든 활동 기록은 중앙 통합 관리 시스템을 통해 처리됩니다. 구체적으로 사용자 PC에 임시 저장된 로그는 관리자의 검토와 승인 과정을 거친 후에만 분석 시스템으로 전송되는 단계별 검증 절차를 통해 데이터 보안과 분석 정확성을 동시에 확보합니다.

이와 같이 체계적으로 확보된 방대한 활동 데이터는 머신러닝 기술을 통해 의미 있는 분석 단위로 변환됩니다. 시스템은 유사한 작업 패턴을 자동 인식하여 '경비 보고서 작성', '고객 정보 조회' 등 논리적 태스크 단위로 분할하며, 동시에 각 태스크의 효율성을 정량적으로 비교 분석하여 비효율 구간을 정확히 식별합니다.

이러한 상세한 분석 결과를 바탕으로 태스크 마이닝의 핵심 가치인 전략적 자동화 기회가 도출됩니다. 특히 각 태스크의 자동화 복잡성을 수치화하고 예상 효과와 함께 매트릭스로 시각화하여, 기업이 우선적으로 추진해야 할 자동화 대상을 명확히 제시하고 투자 효과를 극대화할 수 있는 로드맵을 제공합니다.

이 모든 과정을 통해 태스크 마이닝은 단순한 모니터링 도구를 넘어서는 전략적 가치를 창출합니다. 즉, 조직이 업무 실체를 데이터를 이용하여 객관적으로 파악하고, 구체적인 개선 기회를 발굴하며, 이를 실행 가능한 혁신으로 전환할 수 있도록 지원하는 핵심 역할을 수행합니다. 특히 프로세스 마이닝과 통합 활용할 때에는 거시적 프로세스 분석과 미시적 태스크 분석의 시너지를 통해 진정한 디지털 전환과 지속 가능한 업무 최적화를 실현할 수 있습니다.

부록

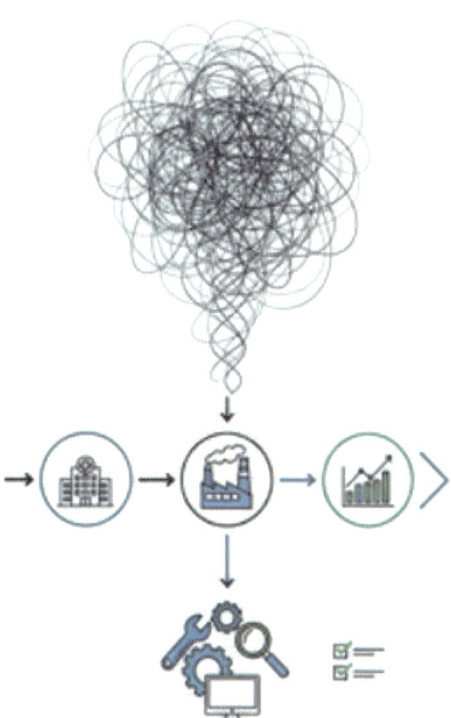

프로세스 마이닝: 산업별 Case Study[43]

본 절에서는 다양한 산업 분야에서 프로세스 마이닝이 어떻게 적용되어 실질적인 비즈니스 성과를 창출했는지에 대한 사례를 제시합니다.

각 사례는 해당 기업이 직면했던 도전과제, 주요 고통 지점, 달성하고자 했던 목표, 프로세스 마이닝 도입 이유, 프로세스 수행 과정의 어려움, 도입 전후의 업무 프로세스 변화, 그리고 전략적인 성과를 심층적으로 분석하여, 프로세스 마이닝의 전략적 가치와 실제 적용 가능성에 대한 포괄적인 이해를 돕고자 합니다.

1. 금융 서비스

사례1 북미 소재 은행 - 대출심사 승인 및 프로세스 최적화

해당 은행은 미국 전역에서 기업 대출, 주택 모기지, 소비자 대출 등 다양한 금융 상품을 제공하고 있었으며, 고객의 신용정보, 소득자료, 담보 자료 등을 여러 시스템과 채널을 통해 수집하여 심사 결정을 진행하고 있었습니다.

---

43) 본 사례 연구는 프로세스 마이닝 회사의 '케이스 연구', Research 사의 '사례 연구' 및 관련 논문을 취합하여 재편집한 내용입니다.

하지만 기존의 대출 프로세스는 복잡한 구조적 문제를 안고 있었습니다. ERP 및 내부 대출 시스템 외에도 수작업 엑셀 파일, 이메일 승인, 전화 확인 등의 절차가 혼재되어 있어 전체 흐름에 대한 실시간 파악이 어려웠고, 이로 인해 병목과 지연이 자주 발생했습니다.

■ 도전 요소 및 문제점

대출 승인 프로세스에서 리드타임이 고객 유형이나 상품에 따라 3~7일 이상 걸리는 경우가 많았고, 특히 서류 누락이나 승인이 필요한 단계에서 반복 지연이 빈번하게 발생하고 있었습니다. 각 부서간 데이터 연계 부족으로 인해 승인 프로세스가 종종 중단되거나 중복 확인이 발생했고, 대출 거절 사유에 대한 이력 추적도 제한적이었습니다.

- 수작업 중심의 신용 평가 및 문서 검증으로 인한 처리 시간 증가
- 불필요한 재작업과 반복 단계 발생
- 복잡한 규제 및 레거시 시스템 통합 문제
- 프로세스내 비표준적 변형으로 인한 문제 원인 파악이 어려움
- 고객의 긴 대기 시간과 낮은 만족도
- 높은 리드타임과 운영비용 증가

● 프로세스 마이닝 도입 이유

이 은행은 이러한 비효율을 해결하고 대출 처리 속도와 정확도를 동시에 개선하기 위해 프로세스 마이닝을 도입하기로 결정하였습니다. 또한 다양한 시스템에서 수집되는 프로세스 이벤트 로그를 통합하여 실제 심사 및 승인 프로세스를 자동으로 시각화하고 병목 지점과 예외 흐름을 실시간으로 파악할 수 있게 하며, 특히 승인지연, 서류누락, 이탈 케이스 등을 자동으로 탐지해 주는 기능도 주요 도입 이유였습니다.

□ 구현 목표

해당 은행은 프로세스 마이닝을 통해, 대출신청부터 승인까지의 전 과정을 실시간으로 추

적하고, 수작업 및 병목요소를 제거하여 리드타임을 단축하며, 고객에게 더 빠르고 정확한 서비스를 제공하는 것을 목표로 삼았습니다. 또한 각 단계별 SLA(서비스 수준 협약)를 기준으로 지연 원인을 파악하고, 자동화 가능한 작업은 시스템에 이관하여 처리 효율성과 품질을 동시에 확보하고자 하였습니다.

- 대출 신청 프로세스 가시화로 실제 프로세스 상세 흐름 파악
- 대출 승인 리드타임 단축(평균 5일 → 2일 목표)
- 병목 및 반복 심사 케이스 실시간 식별
- 대출 승인율 향상 및 거절률 원인 분석
- 규제 감사 대응 자동화 및 심사 기록 투명성 강화

○ 프로젝트 수행 과정에서의 어려움

초기의 가장 큰 도전은 방대한 데이터 량이었습니다. 소비자 대출 프로세스 초기 분석에서 수백만 개 이상의 이벤트가 식별되었는데, 이를 효율적으로 분석하기 위한 데이터 준비에 많은 시간이 소요되었습니다. 또한 여러 부서에 걸친 프로세스 변화를 추진하기 위해 경영진의 공감을 얻는 일도 도전이었으나, PoC에서 도출된 팩트 기반 인사이트(병목지점, 비효율 근원 등)를 활용해 경영진을 설득함으로써 이를 극복하였습니다.

- 다양한 레거시 시스템에 분산된 이벤트 로그 데이터를 식별하고 수집하는 데 어려움 발생
- 수집된 데이터가 불완전하거나 일관성이 없어 프로세스 데이터 품질 확보를 위한 정제 작업에 많은 시간 소요
- 분석 도중 프로세스 자체가 바뀌는 개념 드리프트Concept drift[44] 현상 발생으로 이를 반영하는 데 시간 소요

---

[44] 시간이 지남에 따라 데이터에 반영되는 업무 환경, 행동 패턴, 규칙 등이 변화함으로써, 과거 데이터를 기반으로 학습된 모델이 점점 부정확해지는 현상을 말합니다.
예를 들어, 고객의 주문 패턴이나 업무 승인 절차가 코로나 이후 비대면 중심으로 바뀌었다면, 예전 데이터를 기반으로 한 예측 모델은 더 이상 정확하지 않을 수 있습니다.

　　　　　왜 프로세스 마이닝인가?

▶ 프로세스 마이닝 도입 전·후 변화

대출 프로세스의 프로세스 마이닝 도입 전후 변화는 다음과 같습니다.

구분	도입 전	도입 후
프로세스 가시성	·전사 대출 프로세스 흐름의 시각화 어려움 ·데이터는 보유하고 있으나 실행 기반 부재	·전체 대출 프로세스 흐름을 시각화하고 이상흐름, 반복 루프 및 지연 원인 추적 가능
타임라인 분석처리 방식	·수작업 로그 분석 또는 제한된 리포팅 도구에 의존	·40여 개 시스템에서 수집된 일별 200만 건 이상의 이벤트를 통합 처리
프로세스 데이터 통합	·각 부서 및 분산 시스템에서 수행되는 프로세스 데이터가 SILO 형태로 저장되어 비효율 구간 및 병목 구간 식별이 어려움	·프로세스 마이닝 기능을 활용하여 분산 시스템에서 발생한 이벤트 로그를 타임라인 순서대로 통합 및 정규화
지연 탐지 및 대응	·병목, 고액거래 지연 원인을 사후에 추정 분석	·즉각적인 병목 탐지 및 고액거래 지연 사전 경고 기능 추가
프로세스 구조	·불필요한 반복단계 존재	·프로세스 최적화를 통한 구조 간소화 및 표준화 달성
운영 비용	·지연 및 수작업 보정에 따른 높은 운영 비용	·병목 제거로 약 120만 US$, 자동화 적용으로 총 600만 US$ 이상 비용 절감 달성
업무 개선 실행력	·병목 식별 후에도 실행 조치에 대한 논리적 연계 부족	·발견된 인사이트를 기반으로 실시간 조치 자동화(실행 기반 프로세스 개선) 적용 가능

▷ 시사점

이 은행 사례는 프로세스 마이닝이 단순한 시각화를 넘어 실질적인 비용 절감과 운영 혁신을 동시에 달성할 수 있는 전략적 수단임을 입증합니다. 특히 복잡한 대출 승인 프로세스에서 600만 달러 이상의 비용 절감을 달성한 것은 프로세스 마이닝의 실질적 가치를 보여 줍니다.

주목할 점은 40여 개의 분산된 시스템에서 발생하는 일일 200만 건 이상의 이벤트를 통합 처리하여 전사 차원의 프로세스 가시성을 확보했다는 것입니다. 이는 개별 시스템 단위를 넘어 조직 전체의 업무 흐름을 통합 관리할 수 있는 새로운 운영 패러다임을 제시합니다.

또한 방대한 데이터 처리, 조직 변화 관리 등의 도전 과제를 PoC 기반의 팩트 중심 접근법으로 극복한 경험은 유사한 프로젝트를 추진하는 조직들에게 실용적인 교훈을 제공합니다.

더 나아가 이 사례는 프로세스 마이닝이 '발견된 인사이트를 실시간 조치로 연결하는 실행 기반 개선'을 가능하게 한다는 점에서 중요한 의미를 갖습니다.

이처럼 자동화된 대응 체계 구축을 통해 지속적이고 능동적인 프로세스 개선 문화를 정착시킨 것은 디지털 전환의 궁극적 목표를 실현한 모범 사례라 할 수 있습니다.

사례2 북미 보험사 - 보험 청구 프로세스 자동화

이 보험사는 미국과 일본을 중심으로 활동하는 세계적인 보장성 보험사로, 암 보험, 입원 급여, 수술비 보장 등 다양한 건강보험 상품을 제공하고 있으며, 매년 수백만 건의 보험금 청구를 처리하고 있습니다. 보험청구는 다양한 채널(모바일, 이메일, 우편 등)을 통해 접수되며, 심사, 승인, 지급이라는 다단계 프로세스를 거쳐 완료됩니다. 기존에는 청구 유형별로 업무 흐름이 복잡하게 나뉘어 있었고, 시스템 간 데이터 연계도 미흡하여 가시성이 떨어졌습니다.

■ 도전 요소 및 문제점

해당 보험사는 청구 처리 지연, 심사 기준 편차, 문서 누락, 수작업 개입 등으로 인해 전체 프로세스의 일관성 유지와 업무처리 효율성에 문제가 있었습니다. 특히 고객 만족도 조사 결과, 청구처리 시간이 주요 불만 요인으로 지속적으로 지적되었으며, 내부적으로도 처리 비용 증가와 컴플라이언스 리스크 증가라는 이중 부담이 있었습니다.

- 청구 처리 지연으로 고객 불만족 증가
- 심사 기준이 일관되지 않아 프로세스 품질 저하
- 문서 누락 등으로 인한 승인 지연 및 오류 발생
- 수작업 개입 비율이 높아 비용 증가 및 오류 가능성 확대
- 시스템 간 데이터 연계 미흡으로 전사적 가시성 부족
- 컴플라이언스 리스크 대응이 사후적이고 수동적임

● 프로세스 마이닝 도입 이유

해당 보험사는 청구 프로세스에서 발생하는 병목 구간과 비표준 처리 경로를 정확히 파악

하기 어려운 상황이었고, 기존의 수동적인 분석 방식으로는 다양한 채널과 시스템에서 발생하는 복잡한 업무 흐름을 실시간으로 추적하고 지연이나 예외 발생 지점을 신속하게 탐지하는 데 한계가 있었습니다.

또한 청구 유형별로 분산된 업무 프로세스와 미흡한 시스템 간 데이터 연계로 인해 전체적인 가시성이 부족한 상황에서, 효율적인 업무 개선과 자동화 기회를 식별할 수 있는 객관적이고 데이터 기반의 분석 도구가 필요하였습니다. 이에 따라 프로세스 마이닝을 도입하게 되었습니다.

□ **구현 목표**

해당 보험사는 프로세스 마이닝을 도입하여 보험 청구 프로세스 전반을 실시간으로 모니터링하고, 병목 현상, 반복 작업, 수작업 개입을 제거함으로써 처리 시간과 비용을 절감하는 동시에 고객 만족도를 향상시키고자 했습니다. 또한, 청구 사기 조기 탐지, 컴플라이언스 모니터링 자동화, 청구 유형별 최적 경로 설정 등을 통해 청구 관리 체계를 전면적으로 개선하는 것을 목표로 삼았습니다.

- 청구 처리 리드타임 단축
- 병목 구간 및 예외 경로의 실시간 탐지
- 수작업 개입 최소화 및 프로세스 자동화율 향상
- 청구 사기 리스크 조기 감지 및 대응 체계 구축
- 컴플라이언스 위반 여부의 실시간 모니터링 자동화

○ **프로젝트 수행 과정에서의 어려움**

프로세스 마이닝을 도입해 보험청구 프로세스를 최적화하는 과정에서는 다음과 같은 여러 실질적인 과제에 직면하였습니다.

- **데이터 수집 및 통합의 어려움**

- 다양한 IT 시스템과 이질적인 레거시 시스템에 데이터가 분산되어 있어 수집 및 통합에 큰 어려움이 있었음
  - 보험 상품과 청구 유형에 따라 프로세스 경로가 상이하고, 모바일 앱, 이메일, 우편 등 채널별 기록 방식도 달라 로그 통합이 복잡
  - 일부 시스템은 로그 데이터를 생성하지 않거나 비표준 형식으로 저장되어 전처리와 표준화가 필수적이었음

- **변화 관리의 어려움**
  - 오랜 수작업 기반의 청구 프로세스를 자동화하는 과정에서 내부 합의 도출과 실무자의 저항
  - 직원들은 자동화로 인한 업무 축소에 대한 불안과 데이터 분석 결과의 신뢰성에 대해 우려
  - 경영진의 커뮤니케이션 강화와 초기 파일럿 성과 공유를 통해 조직 전반의 수용성 확보 필요

- **기술적 연계 및 시스템화 과제**
  - 프로세스 마이닝 결과를 RPA 등 자동화 솔루션과 연계하는 기술적 작업 필요 → 파일럿 단계를 통해 기술적 리스크를 최소화하는 전략 사용
  - 실시간 모니터링 체계 구축을 위해 IT, 심사, 리스크 관리 부서 간 긴밀한 협력 필요
  - 부서 간 우선순위와 업무 관행 차이로 인해 공통 목표 설정과 데이터 공유 합의의 어려움
  - 심사 기준 및 예외 처리 로직이 문서화되어 있지 않거나 구두로만 전달되어, 암묵적 규칙의 시스템화 과정에서 발생하는 시간 소요

 왜 프로세스 마이닝인가?

▶ 프로세스 마이닝 도입 전·후 변화

프로세스 마이닝 도입 전후 변화는 다음과 같습니다.

구분	도입 전	도입 후
평균 청구 처리 시간	·5일 이상	·평균 2일 이내로 단축
수작업 개입 비율	·청구 프로세스의 40% 이상	·자동화 및 시스템 연계로 5% 이하
병목 구간 식별	·주관적 추정/사후 분석	·데이터 기반의 실시간 병목 식별 및 시각화
청구 사기 탐지	·사후 검토에 의존	·이상행위 탐지기반의 사전 대응 가능
컴플라이언스 대응	·감사 시점에서 수작업 점검	·컴플라이언스 위반 발생 시 실시간 경고 및 기록
지속적 변화관리	·엔드투엔드 프로세스에 대한 정확한 맵이 없어 사실상 불가능	·엔드투엔드 프로세스상의 각 이벤트 간 트랜잭션 수, 처리량, 대기시간, 병목 구간, 비용 등 대부분의 내용을 투명하게 볼 수 있고 이의 실시간 모니터링을 위해 지속적 변화 관리가 가능하게 됨

▷ 시사점

이 사례는 프로세스 마이닝이 보험 산업에서 고객 신뢰 확보와 운영 비용 절감을 동시에 실현할 수 있는 효과적인 도구임을 보여 줍니다.

특히, 프로세스 마이닝의 모니터링 기능은 사후 보고 중심의 전통적인 프로세스 관리 방식을 선제적이고 자동화된 관리 체계로 전환시킴으로써, 조직의 업무 방식에 근본적인 변화를 가져왔습니다. 고객 입장에서는 청구 처리 속도의 획기적인 개선을 경험할 수 있었고, 기업 입장에서는 반복 작업 제거와 리스크 통제를 통한 운영 효율성 향상이라는 성과를 거두었습니다.

이처럼 데이터 기반의 투명한 프로세스 운영은 보험업 전반의 디지털 전환을 가속화하는 핵심 동력임을 시사하고 있습니다.

2. 제조

사례 독일 글로벌 제조사 - 주문 처리

본 사례는 상업용 주방 장비를 제조하는 독일의 글로벌 기업이 영업 프로세스의 효율화를 목표로 추진한 'Sales Excellence' 이니셔티브의 일환으로, 2019년 주문 처리 프로세스에 프로세스 마이닝을 도입한 내용입니다. 이 기업은 '고객에게 고품질의 제품을 적시에, 최상의 경험과 함께 제공한다'는 기업의 핵심 가치를 실현하기 위해, 주문 처리 과정 전반의 가시성 확보와 리드타임 단축을 주요 과제로 삼았으며, 이를 달성하기 위한 핵심 도구로 프로세스 마이닝을 전략적으로 활용하였습니다.

■ 도전 요소 및 문제점

이 기업은 프로세스 마이닝 도입 전까지 형식적인 프로세스 문서에 의존해 왔습니다. 표준 프로세스는 문서에 정의되어 있었지만, 실제 운영은 지사와 팀마다 달라 문서와 현실 사이에 큰 괴리가 있었습니다. 이를 해결하고자 프로세스 마이닝 도입 후, 미국, 프랑스, 일본 등 글로벌 지사의 주문~대금 회수 흐름을 시각화한 결과, 수많은 프로세스 변형과 예외 경로가 드러났고, 이는 관계자들에게 큰 충격을 주었습니다.

분석 결과, 같은 팀 내에서도 직원마다 처리 방식이 달랐으며, SAP 시스템의 표준 필드조차 수작업으로 수정되는 사례가 발견되었습니다. 이런 수작업과 비표준 처리 방식은 주문 지연의 핵심 원인이었고, 특히 '주문 블로킹' 현상이 두드러졌습니다. 이는 주문이 정상 흐름에서 이탈해 추가 승인 대기나 정보 누락 등으로 중단되는 상태를 의미하며, 이로 인해 영업 사이클이 지연되고 납기 일정이 늦어졌습니다.

또한 지역별로 다른 운영 방식으로 인해 업무 편차가 발생했고, 전사 차원의 성과 측정 체계 역시 부족하다는 점이 과제로 부각되었습니다.

- 문서화된 프로세스와 실제 운영 사이에 큰 차이가 존재함
- 글로벌 지사의 실제 흐름을 시각화한 결과, 다수의 프로세스 변형과 예외 경로가 확인됨

- 직원별 처리 방식이 달랐고, SAP 시스템 필드조차 수작업으로 수정되는 사례가 다수 발견됨
- 수작업 개입과 비표준 처리가 주문 지연과 비효율의 주요 원인이 됨
- '주문 블로킹' 현상으로 승인 대기, 정보 누락 등이 발생하며 영업 사이클 지연
- 지역별 운영 차이로 품질 편차가 발생하고, 데이터 기반 성과 측정 체계가 미흡함

● 프로세스 마이닝 도입 이유

이 회사는 진정한 프로세스 투명성을 확보하고, 이를 기반으로 지속적인 개선의 토대를 마련하고자 프로세스 마이닝을 도입하였습니다. 특히 영업 및 고객 서비스 프로세스를 정밀하게 분석하여 문제 지점을 데이터 기반으로 식별하고, 직관이나 추측이 아닌 사실에 근거한 의사결정을 통해 프로세스를 혁신하고자 했습니다.

핵심적으로는 주문부터 대금 회수에 이르는 전 과정을 분석해 리드타임을 단축하고, 한 번에 정확히 처리되는 비율을 높여 프로세스 품질과 고객 경험 향상을 이루는 것이었습니다. 또한, 이를 통해 숨겨진 수작업 개입과 지연 요소를 식별하고, 표준화 및 자동화 기회 발굴과, 도출된 개선 아이디어를 실행에 옮길 수 있는 전용 운영 지원 솔루션을 개발하여 실시간 실행 관리 체계를 구축하고자 하였습니다.

□ 구현 목표

해당 회사는 전체 리드타임 단축을 통해 매출 회전율을 높이고 고객 만족도 향상을 위해 프로세스 마이닝의 구현 목표를 다음의 5가지로 정리하였습니다.

- **주문 처리 프로세스의 전면적 가시화**

  전 세계 지사들의 주문부터 납기까지의 전 과정 데이터를 통합해 실제 프로세스를 시각화하고, 문서에 있는 프로세스와 현재 실행되고 있는 프로세스 간의 차이를 조직 전체가 인식하고 공감할 수 있도록 함
- **병목 및 실행 격차 제거**

반복적인 수작업, 시스템 간 중복 입력 등 비효율 구간을 식별하고 제거

예: SAP 필드의 수동 입력 → 마스터 데이터 정비 및 자동화로 전환

- **주문 블로킹 문제 해결**

  영업 사이클 지연의 주요 원인인 '주문 블로킹' 발생을 최소화하고, 이의 발생 시 실시간 모니터링 및 알림 체계를 통해 신속히 해소

- **'한 번에 정확하게 처리(First-Time-Right)' 비율 향상**

  주문이 처음부터 끝까지 오류 없이 처리되는 비율을 극대화하여 재작업이나 정정 없는 프로세스 실현

- **프로세스 준수율 향상**

  실제 수행되는 프로세스가 최적 모델을 따르는 비율을 70~90% 이상으로 끌어올려, 대부분의 주문이 표준 절차를 따르도록 유도

○ **프로젝트 수행 과정에서의 어려움**

프로젝트 초기, 프로세스 마이닝을 통해 실제 프로세스 흐름이 시각화되자 현업 부서들은 기존에 인식하지 못했던 문제들을 직접 확인하게 되었고, 변화의 필요성을 체감하였습니다. 그러나 오랜 업무 습관을 바꾸고 수작업을 줄이는 일은 쉽지 않았습니다. 예를 들어, 팀 내에서 서로 다르게 처리되던 주문 절차를 표준화하기 위해서는 직원 교육과 마스터 데이터 관리 개선이 필요하였습니다.

또한 분석 결과를 바탕으로 어떤 문제부터 해결할지 우선순위를 정하는 과정도 도전 과제였습니다. 이를 해결하기 위해 중앙집중형 전략과 타겟 분석 기법을 활용하여 영향도가 높은 문제부터 해결하는 방식으로 프로젝트를 진행하였습니다.

프로세스 마이닝의 가치를 빠르게 입증하는 것도 중요한 과제였는데, 미국, 프랑스, 일본 등 파일럿 국가에서 단기간 내 가시적 성과가 나타나면서 조직 전체로의 확산이 원활하게 이루어졌습니다.

▶ 프로세스 마이닝 도입 전·후 변화

이 회사의 프로세스 마이닝 도입 전후 변화는 다음과 같습니다.

구분	도입 전	도입 후
주문 처리 방식	·선입선출 방식으로 진행하며, 주문 지연 원인을 실시간 파악하지 못하고 사후 대응	·미결 주문 실시간 파악 및 우선순위 조정 가능
주문 지연 원인 대응	·누락 정보 발생 시, 주문이 밀리고 뒤늦게 인지 → 고객 배송 지연 초래	·지연 주문을 실시간 탐지 및 조치, 관련 팀이 사전 대응 가능
표준 절차 준수율	·70% (30%는 예외 경로: 수작업, 자료 보완 등)	·대부분의 주문이 표준 절차대로 진행
주문당 처리 시간	·일일 평균 처리 시간 과다	·처리 시간 단축으로 일별 처리 건수 증가
예외 감지/관리	·주문 블로킹 이슈 발생 후 사후 처리	·예외사항 발생의 조기 감지·대응 또는 선제적 차단
주문 거절	·늦은 대응으로 매출 기회 상실	·빠른 주문 처리로 매출 실현 ·시간 단축
조직 문화 변화	·문제 인식 및 변화 추진 어려움	·데이터 기반 논의 및 실행 ·고객경험 개선 문화 정착
기타	-	·수작업 활동 12만 건 제거 ·'First-Time-Right 비율 30% 향상 ·SOP 준수율 90%로 상승 ·2년간 3,300건 예외사항 조기 감지 및 대응 ·주문당 처리시간 평균 2시간 단축 ·주문 차단으로 인한 지연율 40% 감소

▷ 시사점

이 사례는 프로세스 마이닝이 단순한 업무 개선 도구를 넘어, 조직 전체의 운영 방식과 문화까지 변화시킬 수 있는 전략적 수단임을 보여 줍니다. 특히, 데이터를 실시간으로 가시화하고 공유함으로써 현업 구성원들이 스스로 문제를 인식하고 개선에 참여하게 만드는 방식은 기술 도입의 성공 여부가 단순히 기능적 완성도에만 달려 있지 않음을 시사하고 있습니다.

또한, 문제를 빠르게 발견하고 우선순위를 기준으로 대응하는 체계적인 실행 전략은 한정된 리소스 내에서 최대의 성과를 도출하는 데 효과적이며, 이는 변화관리 과정에서 조직의 부담을 줄이고 수용성을 높이는 핵심 요소로 작용하고 있음을 제시합니다.

무엇보다 데이터 기반의 의사결정과 실행 체계를 일상화하는 문화를 정착시키는 것이 디지털 전환의 지속 가능성을 좌우한다는 점이 확인되었으며, 이는 단기간의 성과보다 더 중요한 장기적 경쟁력으로 작용한다는 것을 보여 주고 있습니다.

따라서 이 사례는 기술 중심의 접근만으로는 완성되지 않는 디지털 전환에서 '가시성 → 참여 → 우선순위 → 일상화'라는 네 가지 실행 축이 함께 작동해야 한다는 점을 명확히 보여 주는 실증적 교훈이라 할 수 있습니다.

3. 식·음료

사례 북미 글로벌 식음료 제조기업 - Order to Cash

본 사례는 미국에 본사를 둔 글로벌 식음료 제조사로, 스낵, 음료, 스포츠 음료 등 다양한 브랜드를 보유하고 있으며, 전 세계 200여 개국에서 30만 명 이상의 직원이 근무하고 있는 기업입니다. 또한 23개 이상의 브랜드가 연매출 10억 달러를 넘겼으며, 전 세계 매출 규모는 수십억 달러에 달하고 있습니다.

■ 도전 요소 및 문제점

이 회사는 분산된 시스템과 부서 간 단절로 인해 프로세스 전반의 투명성이 부족하였고, 특히 주문 처리 및 현금 수금 과정에서 높은 오류율과 병목 현상이 지속되었습니다.

ERP 전환 이후 주문 거절률이 30%에 달하였고, SAP 시스템 내 수기 개입과 중복 입력이 빈번하여 오류 식별이 어렵다는 구조적 한계가 있었습니다. 또한 승인 회피나 송장 분할 처리와 같은 규정 미준수 사례가 잦았고, 이로 인해 운영 비용 및 리스크가 증가하였습니다.

- 프로세스 실행 경로가 지사·부서 간 일관되지 않음
- 높은 주문 거절률과 과다한 '매출채권 회전기간'으로 인한 매출 및 현금 유동성 손실

- 수작업 개입과 오류·중복 작업 일상화
- 규정 미준수 사례가 많아 통제 체계가 약함

● **프로세스 마이닝 도입 이유**

이 회사는 분산된 시스템 환경에서 발생하는 프로세스상의 문제점들을 근본적으로 해결하고자 프로세스 마이닝을 도입하였습니다. 기존의 수동적인 문제 발견 방식으로는 복잡한 업무 프로세스 내에서 오류의 원인을 정확히 파악하기 어려워, 지속적으로 증가하는 운영 비용과 리스크를 효과적으로 관리할 수 있는 자동화된 모니터링 및 분석 도구가 필요하였습니다.

- 전사적 프로세스 흐름의 실시간 가시성 확보
- 예외 및 병목 구간 자동 식별 및 데이터 기반 분석
- 예방 중심의 실시간 모니터링 및 대응 체계 마련

□ **구현 목표**

해당 기업은 매출채권 회전기간 개선 및 미수금 회수 강화, 주문 거절률 대폭 감소, 수작업 중심의 A/P 절차 자동화, 재고 손실 예방, 그리고 글로벌 CoE를 통한 확장 가능한 프로세스 모델 구축을 구현 목표로 설정하였으며, 이를 위해 다음과 같은 세부 지침을 작성하였습니다.

- 미수금 회수 속도 개선으로 수백만 달러 유동성 확보
- 주문 거절률을 약 30% → 약 4% 수준으로 감소
- 매출채권 수작업 처리 감소 및 업무 효율성 향상
- 적정 재고관리로 인한 비용 절감 및 낭비 예방
- CoE 기반으로 확장 가능한 글로벌 프로세스 프레임 구축

○ **프로젝트 수행 과정에서의 어려움**

프로젝트 진행 중에는 변화 수용성과 데이터 통합, 단계적 확장 전략, 전문 인력 확보와 지

속적인 실행 유지 관리 등 다수의 과제가 존재하였습니다. 특히 조직 내 기존 문화가 변화에 저항하였고, 전 세계 ERP 데이터의 표준화 작업은 상당한 기술적 복잡성을 수반하였습니다.

- 조직의 변화 저항과 실무 신뢰 확보의 어려움
- 다양한 ERP 환경에서의 프로세스 데이터 통합 및 표준화 과제
- 파일럿 후 점진적 확장 전략 없이 초기 대규모 전환 시 리스크
- CoE 역량 확장과 분석 인력 수요 증가에 따른 전문성 확보 필요

▶ **프로세스 마이닝 도입 전·후 변화**

이 회사의 프로세스 마이닝 도입 전후 변화는 다음과 같습니다.

구분	도입 전	도입 후
주문 거절률	·약 30%	·약 4%(도입 전 대비 86% 감소)
매출채권 회수 기간 단축	·긴 매출채권 회전일수 ·자본회수의 어려움	·수백만 달러의 유동성 확보
수작업 시간	·수기처리 중심, 비효율적 운영	·자동화로 연간 1,000시간 이상 절감
재고 폐기 비용	·유통기간 초과 제품의 빈번한 폐기로 인한 손실 과다	·초기 탐지 및 예방으로 비용 절감
처리 속도 및 고객만족	·터치시간[45] 지연, 고객불만 발생	·전 프로세스 터치 타임 단축 및 고객 만족 증대

▷ **시사점**

본 사례는 기술 중심의 접근만으로는 변화가 완성되지 않으며, '가시성 확보-데이터 기반 대응 → 표준화 → 문화적 정착'이라는 네 단계가 유기적으로 작동할 때 진정한 가치가 창출된다는 점을 보여 주고 있습니다.

프로세스 마이닝 도입 후 실제로 반복적인 수작업이 제거되고 실시간으로 문제를 감지하는

---

45) 한 작업이 완료된 후, 다음 담당자가 그 작업을 처리하기 시작하기 전까지 대기하는 시간을 의미하며, 사람이 개입하여 작업을 '터치'하기까지 걸리는 지연 시간을 뜻합니다.

조직 역량이 내재화되면서 리스크는 줄어들고 운영 민첩성은 높아졌으며, 이는 궁극적으로 조직의 경쟁력 강화를 견인하게 되었습니다.

이는 프로세스 마이닝을 단순 도구로 보는 것이 아니라, 조직 내 의사결정 체계와 업무 문화를 혁신하는 수단으로 활용하였을 때 비로소 지속 가능한 성과가 달성될 수 있음을 시사하고 있습니다.

4. 유통

사례2 유럽 식음료 유통 - 공급망 비용 분석

해당 기업은 전 세계 100개국 이상에서 500개 이상의 브랜드를 운영하는 세계 상위권 맥주 제조사 중 하나로, 방대한 글로벌 공급망을 관리하고 있었습니다. 이 제조사는 원재료 조달부터 생산, 유통, 물류, 매장 진열에 이르기까지 매우 복잡한 밸류 체인을 운영하고 있었으며, 운영 효율성과 비용 최적화가 곧 수익성과 직결되는 구조를 갖추고 있었습니다.

특히 글로벌 맥주 시장에서의 치열한 경쟁 환경에서 살아남기 위해서는 공급망 전반에 대한 실시간 가시성 확보와 이를 기반으로 한 신속한 의사결정 능력이 핵심 경쟁력으로 요구되었습니다.

■ 도전 요소 및 문제점

이 회사는 매일 수백만 건에 이르는 물류 및 재고 관련 데이터를 생성하고 있었지만, 이 데이터들이 여러 시스템에 분산되어 있어 공급망 전체 흐름을 실시간으로 파악하거나 병목과 낭비 요인을 정확히 식별하는 데 한계가 있었습니다.

특히 수요 변화에 따른 재고 최적화의 어려움, 운송 일정 지연, 중복 운송 등의 문제가 발생하면서 운영 비용이 증가하였고, 시스템 간 데이터 불일치로 인해 예측 모델의 신뢰성 또한 떨어진 상황이었습니다. 이러한 환경에서는 의사결정이 지연되었고, 실제 현장에서 발생하는 비효율의 원인을 분석하는 일조차 어려운 상태였습니다.

● 프로세스 마이닝 도입 이유

분산된 시스템 환경으로 인해 복잡한 글로벌 공급망 내에서 발생하는 낭비 요소와 비효율을 실시간으로 파악하기 어려웠고, 표준 프로세스와 실제 실행 간의 차이를 정확히 분석할 수 있는 도구가 부족하였습니다. 또한 기존의 수동적인 분석 방식으로는 빠르게 변화하는 시장 상황에 대응하기 위한 신속한 의사결정을 지원하기에 한계가 있어, 데이터 기반의 실시간 분석이 가능한 프로세스 마이닝을 도입하게 되었습니다.

□ 구현 목표

사례 기업은 프로세스 마이닝을 통해 공급망 운영의 투명성을 확보하고, 병목 현상과 반복 작업을 제거함으로써 운영 비용을 절감하고 리드타임을 단축하고자 하였습니다. 특히 물류 및 운송 경로의 효율성을 분석하고 실시간 이벤트 데이터를 기반으로 즉각적인 대응 체계를 마련하는 것을 핵심 목표로 설정하였으며, 지역별 지점과 본사 간 데이터 공유를 자동화하여 전사 차원의 협업 체계를 강화하고 이를 바탕으로 지속적인 개선 문화를 정착시키는 것을 중요한 추진 방향으로 삼았습니다.

주요 구현 목표는 다음과 같습니다.

- 실시간 공급망 프로세스 흐름 시각화
- 병목, 반복 운송, 비효율 구간 식별
- 비용 낭비 요인 제거 및 수요 예측 정확도 향상
- 지연 원인 분석 및 선제적 대응 체계 구축
- 지역별 운영 최적화를 위한 글로벌 표준화 기반 마련

▶ 프로세스 마이닝 도입 전·후 변화

이 회사의 프로세스 마이닝 도입 전후 변화는 다음과 같습니다.

구분	도입 전	도입 후
재고 관리	· 재고와 연관된 부서와의 협업 프로세스의 투명성 미확보로 예측 오차율이 높아 불필요한 재고 및 부족 현상 빈발	· 수요 예측과 관련된 업무의 명확한 프로세스 투명성 확보로 정확한 재고 관리 가능
운송 계획	· 중복 배차, 운송 계획 수립 과정에서 다수의 병목 경로 발생	· 자동화 및 프로세스 개선을 통해 평균 운송 거리 및 시간 15% 감소
비용 통제	· 운송 및 창고 운영비용이 증가하고 있었으나 정확한 원인 규명이 어려움	· 프로세스상의 낭비 요소 제거로 연간 수백만 달러 규모 절감
프로세스 모니터링	· 전사 공급망 프로세스 파악이 어려움	· 프로세스 마이닝을 통한 실시간 병목 감지 및 KPI 관련 지속적 모니터링 체계 구축
협업 체계	· 부서간 정보 공유 미흡, 현장 판단 중심 운영	· 글로벌 표준 기반의 업무 프로세스 정착 및 지속적 개선체제 구축

▷ 시사점

이 사례는 복잡한 글로벌 공급망 환경에서 프로세스 마이닝이 실질적인 비용 절감과 운영 효율성 개선을 어떻게 이끌어 낼 수 있는지를 명확하게 보여 주고 있습니다.

이처럼 프로세스 마이닝은 단순히 시스템 데이터를 집계하거나 정형 리포트를 생성하는 수준을 넘어 현장에서 발생하는 문제를 데이터 기반으로 정밀 진단하고 실시간으로 개선 조치를 실행에 옮길 수 있는 역량을 제공함으로써, 기업 운영의 디지털 전환을 가속화하는 핵심 도구로 자리매김하고 있음을 시사합니다.

5. 통신

사례 영국 글로벌 통신사 - 주문 프로세스

영국에 본사를 둔 한 다국적 통신회사는 전 세계 수십 개국에서 모바일 통신, 고정선 통신,

인터넷 서비스 등을 제공하는 글로벌 통신업계의 선도 기업 중 하나입니다. 이 기업은 방대한 규모의 네트워크 인프라와 장비를 운영하고 있으며, 수십만 명의 직원과 수억 명의 고객을 보유한 대규모 조직을 운영하고 있습니다.

이러한 글로벌 통신 서비스를 안정적으로 제공하기 위해서는 통신 장비, IT 시스템, 네트워크 구성 요소 등 고도의 기술적 전문성이 요구되는 제품들의 신속하고 정확한 조달이 필수적이었습니다. 특히 통신업계의 특성상 기술 발전 속도가 빠르고 고객 요구사항이 지속적으로 변화하는 환경에서, 효율적인 주문 프로세스는 서비스 품질 유지와 시장 경쟁력 확보를 위한 핵심 요소로 작용하고 있었습니다.

■ 도전 요소 및 문제점

해당 통신사는 프로세스 개선 이전, 전체 구매 주문 중 정확하게 처리된 비율이 73%에 불과하였습니다. 이는 약 27%의 주문이 처리 오류나 예외로 인해 추가적인 수작업 수정과 보완이 필요하였다는 것을 의미하였으며, 그로 인해 구매 처리건당 인건비와 처리 비용이 상승하고 결과적으로 리드타임이 길어지는 주요 원인이 되었습니다.

특히 한 건의 발주서를 처리하는 데 드는 평균 비용이 주요 경쟁사 대비 높은 수준이었고, 이는 프로세스 내에 존재하는 비효율성과 반복적인 재작업이 크게 작용한 결과였습니다. 또한 승인 절차 누락, 벤더 정보 오류 등 규칙 미준수 사례와 프로세스의 높은 변동성은 조달 주기를 지연시켜 조직 전체의 운영 효율성에도 부정적인 영향을 미치고 있었습니다.

결국 프로세스 편차와 낮은 자동화율은 주문 프로세스 전반에서 반복적인 비효율을 유발하는 구조적 문제로 인식되었으며, 반복적인 업무 처리와 수작업 감소를 위해 RPA를 도입하고자 하였습니다.

● 프로세스 마이닝 도입 이유

이 통신사는 구매 업무에 RPA를 도입하기에 앞서, "잘못된 프로세스를 자동화하면 오히려 문제를 더 빠르게 확산시킬 수 있다"는 인식을 바탕으로 RPA 투자 효과를 극대화하려면 먼저 기존 프로세스를 최적화해야 한다는 결론에 도달하였습니다.

그러나 기존의 분석 방식으로는 실제 발주서 처리 과정에서 발생하는 변형 패턴과 규정 미준수 사례를 정확히 파악하기 어려웠고, 어디에 자동화를 적용해야 효과적인지 판단할 수 있는 객관적인 데이터가 부족하였습니다.

또한 복잡하고 변동성이 높은 기존 프로세스 환경에서는 RPA 봇이 안정적으로 작동할 수 있는 표준화된 프로세스 모델이 부재한 상황이어서, 데이터 기반의 정밀한 프로세스 분석이 가능한 프로세스 마이닝을 도입하게 되었습니다.

□ 구현 목표

조달 프로세스의 정확도와 효율성을 높이기 위해, 해당 통신사는 프로세스 마이닝을 활용해 기존 프로세스를 정밀 진단하고, 반복적인 오류와 예외 상황, 불필요한 수작업과 재작업을 줄임으로써 구매 단가와 리드타임을 절감하고자 하였습니다. 또한 이러한 개선을 통해 프로세스 표준화 및 자동화 기반을 마련하여 궁극적으로 운영 효율성과 시장 대응 속도 향상이라는 전략적 목표 달성을 지향하였습니다.

- **프로세스 투명성 확보 및 현황 진단**

  자동화를 도입하기 전 프로세스 마이닝을 통해 실제 수행 경로, 지연 지점, 예외 발생 상황을 정량적으로 파악하여 개선 기반을 마련

- **처리 오류 및 예외 발생률 감소**

  기존 발주서 처리의 정확도가 73%에 불과했으며, 27%는 수작업 보정이 필요했던 만큼 오류 발생 요인을 구조적으로 제거

- **비효율 제거 및 비용 절감**

  경쟁사 대비 발주서 1건당 높은 처리 비용의 원인이 된 비표준 처리 흐름과 재작업 요소를 제거하여 비용 구조 개선

- **프로세스 준수율 향상 및 표준화 추진**

  승인 절차 누락, 벤더 정보 오류 등 규칙 미준수 사례를 감소시키고, 일관된 운영 체계를 정립

- **조달 리드타임 단축**

  업무 흐름의 변동성과 예외 처리로 인해 지연되던 조달 주기를 안정화시켜 제품 출시까지 소요되는 시간을 단축

- **자동화 가능성 사전 검토 및 최적화 기반 마련**

  RPA 도입 전 자동화 적합 영역을 데이터 기반으로 선별하고, 최적의 자동화 설계를 위한 기반 확보

- **프로세스 투명성 확보 및 현황 진단**

  자동화 도입 전, 프로세스 마이닝을 통해 실제 수행 경로, 예외 발생 패턴, 지연 지점 등을 정밀하게 파악하여 개선 기반 마련

- **비효율 제거 및 비용 절감**

  반복 작업, 재입력, 승인 누락 등 비표준 처리 요소를 제거하여 구매 단가와 처리 비용을 절감하고 리드타임을 단축

○ 프로젝트 수행 과정에서의 어려움

프로세스 마이닝 프로젝트를 추진하는 과정은 여러 조직적·기술적 도전 요소를 동반하였습니다.

가장 큰 과제는 여러 나라와 부서별로 분산된 조달 프로세스 데이터를 통합하는 작업이었습니다. 서로 다른 ERP 시스템을 운영하거나 승인 절차가 상이한 상황에서, 프로젝트 팀은 다양한 시스템의 로그를 추출하여 하나의 분석 환경으로 통합하고 이를 바탕으로 단일 프로세스 맵을 구성해야 하였습니다.

다음으로는 변화 관리와 교육이 중요한 과제로 부상하였습니다. 분석 결과 일부 부서의 업무 방식에 변화가 필요하다는 사실이 드러나자 초기에는 저항이 있었지만, 시각화된 데이터와 반복 오류 지점을 근거로 제시하면서 점차 내부 설득이 이루어졌습니다.

또한 기술적으로는 프로세스 마이닝 분석 결과를 RPA 설계에 반영하고, 개선된 프로세스의 성과를 추적하는 체계를 구축하는 작업도 필요하였습니다. 특히 최고 경영자의 강력한 지원 아래 '자동화 전에 반드시 프로세스 최적화가 선행되어야 한다'는 원칙이 프로젝트의 추진력

을 강화하였습니다.

이외에도 완벽한 주문 처리 비율 향상을 위해서는 내부 직원의 정확한 데이터 입력과 공급업체와의 협업 개선도 병행되어야 하였는데, 이는 프로세스 마이닝을 통해 도출된 인사이트를 공유함으로써 점진적으로 개선되었습니다.

▶ 프로세스 마이닝 도입 전·후 변화

이 회사의 프로세스 마이닝 도입 전후 변화는 다음과 같이 요약됩니다.

구분	도입 전	도입 후
주문 정확도	· 주문 처리에 대한 오류 및 예외 처리 발생 율이 27%에 달함	· 자동 처리율 향상으로 정확도 개선
오류 처리 방법	· 오류 처리 건에 대한 수작업 보정 필요	· 자동화 및 프로세스 개선으로 수작업 최소화
발주서당 평균 처리비용	· 경쟁사 대비 높음	· 프로세스 비효율구간 최적화 및 자동화로 경쟁우위 확보
재작업 및 비효율	· 업무처리 과정에서 빈번한 재작업과 비효율 존재	· 불필요한 단계 제거 및 반복 최소화
규정 준수	· 승인누락, 벤더정보 유출 등 규정 미준수 다수	· 예외사항 발생의 조기 감지 및 대응 · 표준 프로세스 적용으로 준수율 개선
프로세스 변동성	· 프로세스 흐름 불안정, 사례별 편차 큼	· 프로세스 시각화, 지속적 모니터링을 통한 통제 강화로 안정화
출시 소요 시간	· 지연 빈번, 전반적 운영에 악영향	· 리드타임 단축 및 운영 효율성 개선
자동화 기반 마련	· 프로세스 투명성 미확보로 자동화에 대한 효과 미비	· 프로세스 마이닝을 통해 자동화 적합영역 선별 및 자동화 기반 확보

▷ 시사점

해당 통신사의 사례는 프로세스 마이닝이 단순한 분석 도구를 넘어 성공적인 자동화 추진을 위한 핵심적인 선행 단계임을 보여 주는 대표적인 사례입니다. 이 기업은 RPA 도입에 앞서 프로세스 마이닝을 활용하여 구매 주문 처리 과정의 실제 흐름을 면밀하게 진단하였고, 이를 통해 오류와 예외 발생 지점을 사전에 명확히 식별하고 해결함으로써 자동화가 해결하지 못하는 근본적인 프로세스 문제를 선제적으로 개선할 수 있었습니다.

그 결과 단순히 리드타임을 줄이거나 비용을 절감하는 데 그치지 않고, 프로세스의 표준화, 규칙 준수율의 향상, 그리고 전사적인 운영 효율성 강화라는 보다 전략적인 성과를 도출하였습니다.

이 사례는 특히 자동화의 효과를 극대화하려면 반드시 그 전에 프로세스를 '보는 것', 즉 가시성과 일관성을 확보하고 병목과 변동성을 제거하는 일이 선행되어야 한다는 것을 보여 주고 있습니다.

또한 프로세스 마이닝이 단지 데이터 분석 도구가 아닌, 전략적 의사결정과 장기적 성과 창출을 가능하게 하는 인사이트 플랫폼으로 기능할 수 있음을 입증하고 있습니다.

이는 데이터 기반의 인사이트를 바탕으로 자동화의 방향을 정교하게 설계하고 실행한 모범적인 디지털 전환 사례로 평가될 수 있으며, 프로세스 마이닝 → 최적화 → 자동화라는 순차적 접근의 중요성을 시사합니다.

6. 의료

사례 미국 종합병원 - 응급실 운영 프로세스

미국 매사추세츠에 소재하고 있는 종합병원으로 대형 의료 네트워크에 소속된 200년 이상의 역사를 가진 미국 최고 수준의 의료기관 중 하나입니다.

특히 이 병원의 응급실은 지역 내 주요 응급의료 거점으로 기능하며, 하루 평균 수백 명의 환자가 응급실을 이용하고 있었습니다. 복잡하고 다양한 응급 상황에 대응해야 하는 환경에서 환자의 생명과 직결되는 신속하고 정확한 진료 프로세스의 운영은 병원의 핵심 경쟁력이자 사회적 책임이었습니다. 이러한 고도로 복잡한 의료 환경에서 효율적인 응급실 운영을 위해 프로세스 개선의 필요성이 대두되었습니다.

■ 도전 요소 및 문제점

환자가 응급실에 도착한 후 등록, 진단, 치료, 입원 혹은 퇴원 결정에 이르는 전 과정은 전자의무기록 시스템에 기록되었지만, 프로세스가 정형화되어 있지 않고 수작업으로 입력되는 경우가 많아 전체 흐름을 분석하고 개선하는 데 큰 제약이 있었습니다.

특히 대기 시간이 길어 응급실 환자가 대기 중 치료 없이 떠나는 사례가 빈번하였고, 이는 병원의 재정적 손실뿐 아니라 환자 만족도 저하로도 이어졌습니다. 이러한 상황에서 병원은 응급실 운영 전반의 비효율성을 해소하고, 체류 환자 수용 능력을 높이며, 진료 제공 역량을 증대시켜야 한다는 명확한 과제를 안고 있었습니다.

하루 수백 건의 응급 환자를 처리해야 하는 응급실에서 다양한 부서에서 생성되는 이벤트 로그는 산발적으로 흩어져 있었고, 환자의 대기 시간, 검사 요청 및 결과 확인, 입원 혹은 퇴원 결정 등 각 단계의 흐름을 명확하게 파악하기 어려운 상황이었습니다.

특히 환자 흐름의 병목 현상, 리소스의 비효율적 배분, 의료진 간 커뮤니케이션 지연 등이 복합적으로 작용하여 환자 불만 증가와 의료 서비스 품질 저하로 이어지고 있었습니다. 또한 병원이 이미 전자의무기록 시스템을 운영하고 있었음에도 불구하고, 이 시스템에 축적된 방대한 데이터로부터 실제 흐름을 시각화하거나 개선 인사이트를 도출하는 것이 쉽지 않았습니다.

결론적으로 실제 환자 이동 흐름과 시스템 내 기록 사이의 괴리가 응급실 운영을 개선하는 데 있어 가장 큰 장애물로 작용하고 있었습니다.

- 다양한 시스템과 부서에서 생성된 이벤트 로그 데이터의 단절 및 비일관성
- 환자 이동, 검사, 처방 등의 흐름 파악 어려움으로 인한 병목 구간 상시 발생
- 의료진 간 커뮤니케이션 지연 및 역할 중복으로 인한 자원 낭비
- 환자 대기 시간 증가로 인한 치료 지연 및 환자 불만
- 전자의무기록 시스템에는 많은 정보가 존재했으나 실제 흐름 기반 분석 및 개선 인사이트 도출이 어려움
- 환자 이송, 검사 결과 확인, 입원 결정 등에서 지연 요인 추적 불가
- 전반적인 프로세스의 비표준화와 예외상황 증가

● 프로세스 마이닝 도입 이유

해당 병원은 응급실의 혼잡도와 의료진 과부하 문제를 해결하고자, 환자 흐름 전반을 가시화하고 병목 지점을 데이터 기반으로 분석할 필요성을 절감하였습니다.

기존의 전자의무기록 시스템은 개별 이벤트와 환자 이력은 잘 기록하고 있었으나, 이 정보를 시간 흐름에 따라 연결하고 실제로 어떤 순서와 경로로 환자 흐름이 진행되고 있는지를 파악하기에는 한계가 있었습니다.

또한 응급실 운영의 비효율성이 지속되는 상황에서 기존의 수동적인 분석 방식으로는 환자의 도착부터 퇴실까지의 전체 동선을 실시간으로 추적하고 대기 시간 구조를 명확히 파악하기 어려웠으며, 병목 현상의 근본 원인을 정확히 식별할 수 있는 객관적인 도구가 부족하였습니다. 이에 따라 데이터 기반의 정밀한 프로세스 분석이 가능한 프로세스 마이닝을 도입하게 되었습니다.

□ 구현 목표

이 병원은 응급실의 전체 환자 동선을 실시간으로 분석하여, 다음과 같은 목표 달성을 이루고자 하였습니다.

- 병원 내원부터 의사배정까지의 평균 시간 단축
- LWBS[46] 및 LWTC[47] 효율적 관리를 통한 비용 절감
- LOS[48] 단축
- 응급실 병목 단계 및 지연 요인 실시간 식별
- 의료진 및 진료공간 배정의 최적화
- 환자 흐름 안정화 및 만족도 향상
- 프로세스 개선을 통한 추가 청구 수익 창출 기회 확보

---

46) Left Without Being Seen의 약자로 응급실에 내원하였으나 의료진에게 진료받기 전 병원을 떠난 환자
47) Left Without Treatment Completion의 약자로 치료 중이나 치료가 완료되지 전 병원을 떠난 환자
48) Length of Stay의 약자로 환자가 병원 응급실에 머무르는 시간

▶ 프로세스 마이닝 도입 전·후 변화

이 병원의 프로세스 마이닝 도입 전후 변화는 다음과 같이 요약됩니다.

구분	도입 전	도입 후
프로세스 가시성	·응급실 내원 환자 여정에 대한 프로세스 변형 파악 어려움	·응급실 도착부터 검사 입원/퇴실까지 모든 경로가 시각화됨
비용 절감	-	·도입 후 6개월 만에 500 K US$ 절감
환자당 평균 LOS단축	·환자당 평균 대기시간 2.5hrs(최대 5hr 이상)	·평균 대기시간을 1.5시간으로 단축
병상할당 지연 건수	-	·할당 지연 건수 25% 감소
추가 청구 가능 수익 창출 기회 발견	-	·10M US$ 이상
비효율 식별	·병목 원인 불명확 ·개선 우선 순위 결정 어려움	·병목 구간 자동 식별 및 원인 분석 가능 ·프로세스 개선 인사이트 확보

▷ 시사점

이 사례는 응급실처럼 비정형적이고 압박감이 높은 환경에서도 프로세스 마이닝을 활용하여 병목 지점을 정확히 측정하고 효율을 개선할 수 있음을 보여 주고 있습니다. 특히 환자 내원부터 의사 배정까지의 시간을 중심으로 환자 흐름을 디지털 방식으로 가시화함으로써, 조직 전체에 적용 가능한 시스템 수준의 혁신을 달성하였다는 점에서 그 의미가 컸습니다.

이는 단순한 운영 효율화를 넘어 응급의료 서비스의 품질 향상과 자원 최적화를 동시에 가능하게 하였으며, 병원뿐 아니라 공공의료기관 전반에서 응급실 운영 개선의 전략적 기반이 될 수 있는 중요한 시사점을 제공합니다.

또한 실시간 데이터 기반의 프로세스 분석과 병목 제거는 의료 현장의 복잡성과 불확실성을 줄이는 효과적인 수단이 될 수 있으며, 이를 통해 환자 만족도 향상과 운영 비용 절감이라는 두 가지 목표를 동시에 달성할 수 있다는 점을 입증한 사례라 할 수 있습니다.

2

프로세스 마이닝 도구 선정 가이드

프로세스 마이닝이 조직에 실질적인 가치를 제공하기 위해서는, 분석 방법만큼이나 이를 실행할 수 있는 적절한 구현 도구의 선택이 필수적입니다. 분석은 결국 도구를 통해 실행되며, 선택된 도구의 성능과 유연성, 사용자 접근성에 따라 분석의 깊이와 실행 민첩성이 달라집니다. 특히 PoC 이후 본격 확산 단계로 진입할 때, 도구의 기능 커버리지, 기술 지원 수준, 데이터 연계 가능성 등은 운영 정착 여부를 결정짓는 핵심 요소가 됩니다.

또한 도구 선택은 단지 현재 분석 요구만 충족하는 것이 아니라, 향후 예측 분석, 실시간 모니터링, 자동화 연계 등 고도화 전략까지 감안해야 할 장기적 투자 판단입니다. 따라서 조직은 명확한 평가 기준을 사전에 마련하고, 자체 요건에 부합하는 도구를 선별하는 전략적 접근이 필요합니다.

1. 도구 선정의 전략적 중요성

프로세스 마이닝은 단순한 시각화 도구가 아니라, 조직의 의사결정과 개선 실행을 근본적으로 혁신하는 분석 기반 플랫폼입니다. 따라서 어떤 도구를 선택하느냐에 따라 향후 프로젝트의 범위, 지속 가능성, 내재화 속도까지 달라질 수 있습니다.

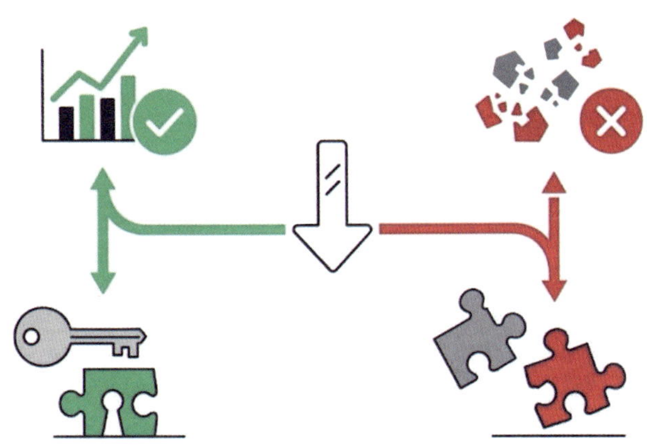

　도구 선정은 단순한 기능 비교가 아니라, 조직의 목적과 환경에 가장 적합한 도구를 찾는 과정이어야 합니다. 잘못된 도구 선택은 프로젝트 실패뿐 아니라, 구성원들의 거부감과 데이터 신뢰성에 대한 불신을 초래할 수 있습니다. 반대로, 적절한 도구는 빠른 정착과 전사적 확산의 핵심 자산이 됩니다.

2. 주요 평가 항목별 선정 기준

　프로세스 마이닝 도구는 단일 기능이 아닌, 다양한 분석 요구와 업무 환경에 대응할 수 있어야 합니다. 다음은 도구 선택 시 평가해야 할 주요 항목을 보다 세부적으로 분류한 것입니다.

평가 항목	세부 항목	주요 체크포인트
기능 커버리지	프로세스 발견	· 수동 또는 시스템에서 자동 적재 가능 여부 · 다중 시스템에서 발생하는 프로세스 관련 데이터의 자동 그룹화 및 통합 기능 여부 · 적재된 데이터의 전처리 가능 여부 · 이벤트 로그 맵핑 · 실제 수행 경로 시각화 및 비교 분석
	프로세스 분석	· 병목 식별, 경로 분석, 전체 또는 구간별 처리시간 및 비용 분석, 타임라인 상세 분석, 규정 위반 분석, 기한 분석, 구간 분석, 비교 대조 분석 등 · GUI 기반 데이터 필터링 · KPI 기반 대시보드
	모니터링	· 분석 모델 개발 후 실시간 또는 준실시간 프로세스 이벤트 모니터링 및 알람 발생
	예측 분석	· SLA 위반, 리드타임 초과 사전 경고 · AI 모델 기반 예측 기능
	시뮬레이션	· 자원 투입 변화 시 시뮬레이션 수행 · 개선안 시나리오 비교 분석
	태스크 마이닝	· 사용자 UI에서 작용하는 태스크 레코딩 및 분석 기능 · 태스크 자동 식별 및 그룹화 · 태스크 복잡도 분석 및 자동화 대상 가이드 · 자동화를 통한 ROI 예측 분석
사용자 인터페이스	화면 이동 및 필터링	· 프로세스 맵 상호작용 기능(줌, 필터 등) · No/Low code 기반 데이터셋 필터링
	접근성 및 편의성	· 마우스 클릭 기반 환경 설정 변경 가능 여부 · 사용자 그룹별 권한 설정 및 보기 설정
데이터 연계성	다양한 커넥터	· ERP, CRM 등 시스템과의 직접 연계 가능 커넥터 지원 여부
	API/실시간 처리	· 실시간 이벤트 스트리밍 수용 여부 · 외부 데이터 연동성
기술 구조	아키텍처 다양성	· 온-프레미스/클라우드(SaaS) 지원 여부
비용 구조	라이선스 정책	· 사용자 수, 이벤트 데이터 크기. 프로젝트 수 기반인지 확인 · 확산 시 비용 상승 구조 확인
	초기 vs 장기 비용	· PoC 및 본 프로젝트 구분 가격 제시 여부 · 교육/지원 포함 여부 확인

왜 프로세스 마이닝인가?

기술지원 및 서비스	기술지원 역량	· 국내 기술지원 제공 여부 · 업데이트 주기 및 장애 대응 프로세스
	교육 및 문서화	· 온라인/오프라인 교육 체계 보유
보안 및 인프라	배포 형태	· 클라우드/온프레미스 선택 가능 여부·
	권한 관리 및 감사 추적	· 사용자 접근 제어, 감사 로그 저장 및 조회 기능

3. 실무 적용 시 고려 사항

도구 평가와 선정은 단순한 기능 비교를 넘어 조직의 현실과 전략 방향을 반영해야 합니다. 이를 위해서는 실무적으로 아래 내용을 반드시 고려하여야 합니다.

- **내부 협업 구조 고려**: IT 부서뿐 아니라 데이터팀, 현업 사용자, 전략 조직의 공동 평가 참여 유도
- **확장성 및 고도화 연계 확인**: 도입 이후 실시간 분석, 디지털 트윈 등 발전 가능성까지 반영
- **온-프레미스 또는 클라우드 모두 지원 여부**: 클라우드 전용 제품인 경우 대부분의 기업에서 외부망 접속 차단으로 사용하기가 어려움
- **도입 이후 지원 계획 확인**: 정착을 위한 교육, 커뮤니티, 추가 라이선스 전략까지 장기 관점 고려

사례로 보는 프로세스 마이닝 투자 대비 효과

프로세스 마이닝에 대한 투자는 단순한 IT 솔루션 도입을 넘어, 운영 효율성 개선, 비용 절감, 규제 대응력 강화, 고객경험 혁신까지를 포함하는 전사적 가치 창출을 위한 전략입니다.

특히 글로벌 선도 기업들은 이 기술을 통해 데이터 기반의 의사결정 역량을 확보하고, 복잡한 프로세스를 자동화할 수 있는 기반을 마련하며, 시장에서의 민첩성과 경쟁력을 강화해 왔습니다.

실제로 금융, 제조, 유통, 공공 분야의 다양한 사례에서 수개월 내 ROI 달성, 수백만 달러의 비용 절감, 리드타임 단축 등 압도적인 효과를 입증하고 있습니다.

이러한 흐름 속에서 국내 기업들도 이제는 '왜'가 아니라 '언제'와 '어떻게' 도입할지를 고민해야 하는 시점입니다. 특히 디지털 전환의 실질적 성과 창출을 요구받고 있는 경영 환경에서, 프로세스 마이닝은 기존의 수동적 분석 방식을 대체할 수 있는 가장 강력한 실행 도구입니다.

하지만 여전히 많은 기업이 프로세스 마이닝 도입을 망설이는 데에는 여러 가지 의문을 가지고 있습니다. 이는 '우리 회사의 복잡한 프로세스에도 이 기술을 적용할 수 있을지?', '단순한 비용 절감을 넘어 실질적인 투자 수익ROI과 전략적 가치를 얼마나 얻을 수 있을지?'에 대한 확신이 부족하기 때문입니다.

본 절에서는 다양한 산업별 성공 사례들을 통해 프로세스 마이닝이 단순한 기술을 넘어, 기업의 투자 대비 높은 가치를 어떻게 창출하는지 구체적으로 살펴봄으로써, 위에서 제기된 의문에 명확한 해답을 제시하고자 합니다. 이를 통해 프로세스 마이닝이 가져올 수 있는 실질적인 성과와 잠재력을 확인하고, 성공적인 도입을 위한 인사이트를 얻게 될 것입니다.

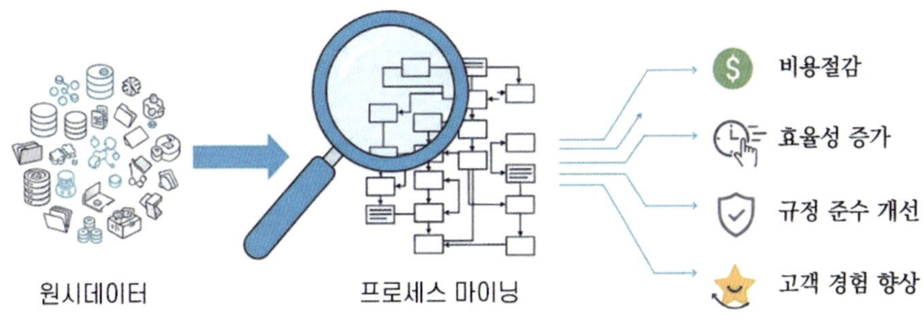

다음 표는 실제 다양한 산업에서 프로세스 마이닝 도입을 통해 그 효과가 입증된 일부 사례를 요약한 것입니다.

사례	적용 분야	정량적 효과	정성적 효과
은행			
Fortune100 금융사	거래 처리 및 고객 서비스	· 엔드투엔드 프로세스 개선 및 최적화로 연간 600만 US$ 절감 기회 식별 · 거래 처리 프로세스 비효율성 제거로 360만 US$ 절감 · 고객 서비스 프로세스 개선을 통한 240만 US$ 추가 비용 절감	· 거래에 대한 엔드투엔드 프로세스 분석으로 주요 자동화 기회 식별 · 고객 프로세스에서 주요 마찰 지점 식별을 통한 선제적 조치로 고객 경험 개선
이탈리아 은행	백오피스 업무	· 프로세스 개선 및 자동화를 통해 대출 처리 시간 대폭 단축 · 91개의 비효율적인 프로세스 식별 및 자동화로 140만 US$ 절감	· 자동화 기회의 ROI를 성공적으로 식별 및 측정 · 다양한 자동화 시나리오를 시뮬레이션하고 디지털 트윈조직(DTO)를 생성하여 전략적 의사결정으로 사용
튀르키에 은행	승인 업무	· 승인 프로세스에 대한 비효율적인 구간 제거 및 자동화로 116,000시간 절약	· 지속적인 프로세스 개선 및 최적화 확대를 통해 비즈니스 가치 및 효율성 증대 기반 마련
미국 금융사	내부감사 (출장 여행 경비 관리)	· ROI 122%(1년차), 최대 218% 예상	· 정책 준수 향상, 내부통제 강화, 감사 품질 개선
보험사			
미국 글로벌 보험사	청구 처리	· 청구 처리 속도 10배 가속화	· 프로세스 비효율성 식별 및 최적화로 자원, 비용 및 시간 절감
네덜란드 건강보험	Non-routine dental care	· 전체 프로세스 리드타임을 기존 약 28일에서 40% 단축	· 프로세스 흐름을 직관 적으로 시각화해 조직에 맞도록 적용, 주간 상황 모니터링 체계 구축
유럽 대형 보험사	자동차 보험금 청구	· 내부 정책 위반율 37% 감소 · 처리기간 30일 초과 위반율 25% 감소 · 연간 1,500만 유로 절감	· 프로세스 병목 및 비효율을 정확히 파악하여 내부 정책위반 감소 · 고객 불만 프로세스 개선으로 고객서비스 품질 향상

유럽 상업 보험사	언더라이팅	·인더라이팅 처리시간 50% 감소	·단일화된 워크플로우와 일관성 없는 리스크 평가로 인한 지연 문제 해결 ·데이터 공유의 병목을 식별하고 반복적 작업 자동화로 프로세스 간소화
통신			
영국 통신사	주문 프로세스	·업무 프로세스 개선 및 최적화로 단위 주문 비용 절감	·지속적 프로세스 개선 환경 구축
호주 통신사	고객 지원 및 현장 출동	·프로세스 마이닝 도입 후 6주 만에 800만US$ 비용 절감 ·프로세스 개선 후 처리 시간 및 비용 80% 절감	·지속적 프로세스 개선 환경 구축
헬스케어			
독일 의료 및 사회복지 기업	응급입원 업무	·응급실 업무처리 개선으로 환자 대기 시간 80% 단축	·응급실 환자 대응 서비스 최적화 ·각 연관 부서 간 의사소통 개선
미국 대형 종합병원	응급실 진료	·응급실 운영 프로세스 최적화로 1천만 US$. 추가수익 창출 기회 발견 ·환자당 재원 시간 최대 5시간 → 1.5시간으로 단축 ·LWBS 위험환자 식별을 통해 50만 US$ 비용 절감	·환자 만족도 향상 ·업무 프로세스 최적화로 인적자원 업무 부담 감소 ·추가적인 수익창출 및 비용절감 기회 발견
	보험청구 /검증	·보험청구/검증 프로세스 개선으로 500만 US$. 절감	·프로세스 모니터링을 통한 지속적인 프로세스 최적화 환경 구축
제조			
독일 글로벌 제조사	업무 프로세스 전반의 디지털 전환	·주문에서 지급까지 자동화율 24% 증가 ·재작업 11% 감소 ·재고 최적화로 870만 US$ EVA[49] 창출	·프로세스 복잡성 감소 및 투명성 증가 ·디지털 전환 가속화 ·데이터 기반의 의사결정 ·프로세스 개선 및 지속적 성과 비교 ·협업 및 모범사례 적용
독일 글로벌 제조사	주문 관리	·프로세스 개선을 통한 판매주기 40% 단축 ·비효율적인 프로세스 발견 및 이의 자동화 작용으로 120,000건의 수작업 개선	·미결 주문에 대한 선제적 초치 가능 ·프로세스 병목현상 및 실행과의 격차 신속 식별 ·주문관리 최소화 ·정시 배송 및 고객 경험 개선

---

49) Economic Value Added의 약자로 '경제적 부가가치'를 의미- 기업의 재무성과를 평가하는 지표로서, 기업이 투자 자본 비용을 고려한 후 투자로부터 창출한 가치를 측정

글로벌 식음료 기업	Order to Cash	·재고 부족 등으로 인한 주문 거절 률 15%에서 4%로 감소	·고객 불만 감소 및 만족도 향상 ·부서간 협업 및 예외 대응 신속화 ·프로세스 가시성 확보
공공			
캐나다 정부	인사보안 심사	·보안 브리핑 시간 평균 7일 → 46 시간으로 단축 ·E2E 처리 시간 약 5일 단축 ·그룹 브리핑 도입으로 세션 60% 감소 ·연간 500시간 채용 관리자 시간 절감	·프로세스 및 작업 인계 모델 구축 ·성능 및 병목 현상 진단 ·디지털 서비스 개선을 위한 디지털 프 레임워크의 일부로 프로세스 마이닝 활용
여행			
포르투갈 항공사	서비스 프로세스	·고객 여정 프로세스의 획기적 단축	·부가가치가 낮은 프로세스 통폐합으 로 처리 속도 향상 ·문제/개선 기회 신속 식별

왜 프로세스 마이닝인가?

ⓒ 신동원 · 한경우, 2026

초판 1쇄 발행 2026년 2월 19일

지은이　　신동원 · 한경우
펴낸이　　이기봉
편집　　　좋은땅 편집팀
펴낸곳　　도서출판 좋은땅
주소　　　서울특별시 마포구 양화로12길 26 지월드빌딩 (서교동 395-7)
전화　　　02)374-8616~7
팩스　　　02)374-8614
이메일　　gworldbook@naver.com
홈페이지　www.g-world.co.kr

ISBN　979-11-388-5435-1 (03320)

- 가격은 뒤표지에 있습니다.
- 이 책은 저작권법에 의하여 보호를 받는 저작물이므로 무단 전재와 복제를 금합니다.
- 파본은 구입하신 서점에서 교환해 드립니다.